中国品牌管理史上里程碑式的著作

聚焦战略

冠华／著

山东人民出版社
国家一级出版社 全国百佳图书出版单位

图书在版编目(CIP)数据

聚焦战略/冠华著. —济南:山东人民出版社,2015.3

ISBN 978-7-209-08858-9

Ⅰ. ①聚… Ⅱ. ①冠… Ⅲ. ①品牌战略-研究Ⅳ. ①F272.3

中国版本图书馆 CIP 数据核字(2015)第 032563 号

责任编辑:常纪栋

聚焦战略
冠 华 著

山东出版传媒股份有限公司
山东人民出版社出版发行
社 址:济南市经九路胜利大街 39 号 邮 编:250001
网 址:http://www.sd-book.com.cn
发行部:(0531)82098027 82098028
新华书店经销
日照市恒远印务有限公司印装
规 格 16 开(169mm ×239 mm)
印 张 21
字 数 360 千字
版 次 2015 年 3 月第 1 版
印 次 2015 年 3 月第 1 次
ISBN 978-7-209-08858-9
定 价 36.00 元

前言

冠华

这是一本让很多创业者和新品牌的CEO们感到兴奋的书,因为书中没有任何专业术语和无聊的图表,只有品牌打造的简单常识和我们接触过的众多真实案例。

这也是一本会颠覆企业多年固定营销实践的书,书中很多常识会让崇尚多元化和对大而全产品线痴迷的企业深感不安。但是有一点可以肯定的是,书中的内容是我们多年来在打造品牌的实践中,最简洁却又力量惊人的品牌要素总结。这种简单的力量不但在营销中大放光芒,对于现实中的生活和工作也有着极高的指导意义,毕竟人生苦短,没有谁可以面面俱到。

在对现代发达经济体的研究中可以看到,任何一个国家从传统经济的制造货品到现代经济的打造品牌都要经历一个起步的阶段。

韩国在20世纪60年代开始起飞,到90年代末开始放缓。二战后的日本在一片废墟上起步也差不多用了30多年的时间。

美国也是从二战后开始起步,而整个中国到80年代都还算不上真正的起飞,真正的起飞阶段应该是从20世纪90年代初邓小平同志"南方谈话"以后,以1992年"十四大"确定建立社会主义经济体制为标志,算起来,整个中国经济的起飞也才20多年,中西部地区的经济也才刚刚开始起步,中国经济还面临着很长的增长期,而支撑中国经济长期增长的除了我们的顶层制度设计和宏观环境外,更离不开无数优秀的中国企业特别是中国品牌的诞生。

套用美国经济学家的“起飞理论”，中国经济的高速增长就像飞机一样，如果说我们的整个经济体制和宏观环境就是一架符合空气动力学的飞机，那么现在和未来的中国品牌就是这架飞机的强大推动力量，二者缺一不可。看看美国即便是在经济低迷的时候也诞生了能影响全球的品牌，这些品牌更是为低迷期间的美国经济做出了不可磨灭的贡献。

跟欧美企业所经历的近一个世纪激烈的商业竞争相比，很多中国的企业都是成长于内需的巨大拉动，海尔、春兰、联想等就是那个时代的优秀代表。直至今天，你死我活的营销战争才刚刚拉开帷幕。

高速发展的中国市场正在迅速从以生产和渠道为主的卖方转变为以品牌为导向的买方市场，曾经被海尔等企业引以为豪的“顾客至上”“服务第一”的市场理论已经被具有强大代表力量的高度聚焦的品牌所取代，格力就是他们当中优秀的代表，一个空调单品就在利润率和市场份额上将很多老牌家电生产商远远甩在了身后。

然而当我们跟很多企业谈论这个现象的时候，很多品牌创始人竟然把格力现象视为偶然的例外，因为这实在是无法满足他们 1+1+1 一定大于 1 的财务观念。这并不是中国企业独有的营销观念，纵观世界 500 强的营销历史，拥有这种观点的企业比比皆是，只不过这些企业很多已经成为了昨日黄花。

根据《财富》杂志的数据统计显示，全球 500 强的品牌中，单一品类的产品利润率占企业总利润率比重 95% 以上的有 155 家，占 500 强总数的 31%；其中，占绝对主导地位的产品利润率占总利润率 70% ~ 95% 的有 201 家，占 40.2%，相关产品利润率占总利润率 70% 的有 144 家，占 28.8%。

数据再次表明了商业战争中真正的赢家属于品牌高度聚焦的企业。无论多么强大的 500 强企业，品牌的成功都是来自于一个清晰的聚焦，而不是面面俱到的多元化尝试。

美国企业大规模的多元化经营是在 20 世纪 60 年代，但是这些实行了多元化的企业非但没有取得所谓的财务成功，反而造成了大量的品牌的衰落甚至是倒闭。

在被誉为20世纪最重要的两本管理学著作《追求卓越》(In Search for Excellence)和《基业长青》(Built to last)中，这些曾经被视为全球企业榜样的品牌都曾榜上有名。

两位管理学大师汤姆·彼得斯和吉姆·柯林斯从这些品牌身上总结出了优秀品牌所需要的种种品质：优秀执行，以人为本，顾客第一，创新精神，等等。

然而这些备受大师和企业家推崇的品牌在随后的几年里纷纷出现了问题：IBM严重亏损，美国三大航空公司宣布破产，美国第二大电脑公司DEC亏损严重最终出售给康柏公司，三大汽车公司先后宣布破产重组。这些品牌身上有着一个惊人的形似之处，就是多元化和严重的品牌分裂症。

例如在书中被大师极为推崇的美国运通公司，在1990年推出运通信用卡时，曾经一度拥有美国信用卡市场一半的份额。在此之后运通公司平均每年推出的新卡数量达到了十几种之多。今天，运通信用卡的市场份额已经降至不足10%。

书中的另外一个案例就是通用汽车公司，这个曾经是全球最大的汽车公司因为旗下的众多品牌的疯狂延伸最终申请破产。而同样在多元化之路上狂奔的福特汽车几次险些倒下，终于在新任首席执行官穆拉利的带领下急踩刹车，在其“一个福特”(One Ford)的战略的指导下，出售了旗下所有福特品牌焦点之外的豪华汽车品牌，最终避免了破产的结局。

可惜的是，大量的中国企业并没有从这些品牌的衰落中学到宝贵的一课，特别是中国的汽车品牌，众多的汽车企业无不是旗下同时几十款汽车在出售，看似庞大的品牌其实虚弱不堪，许多汽车企业所谓的利润很大一部分是来自政府的补贴。

从公司资源角度看，多元化和品牌延伸让企业在多条战线上同更加强大而专业的对手作战，这直接导致了战略战术和资源的严重分散。纵观军事历史上，无论是西方的拿破仑还是东方的毛泽东，这些伟大的军事领袖都有一个共同的特点：关键时刻、关键地点集中绝对优势兵力。

从消费者心智角度看，多元化和品牌延伸让很多品牌优秀的心智代表力量被大大削弱，严重损坏了一个品牌的基础，众多的品牌无不是在用今天的多个业务的短暂财务增长来换取明天对品牌永久的损伤。财务意义上的1+1很多时候并没有得到倍数的增长，1+1很多时候只得到了1甚至是0.5。

在20世纪70年代，美国最大的500家工业企业中，实行多元化经营的占92%，数据显示，这一时期正是这些品牌竞争力最弱、利润率最低的时候。

安然、施乐、柯达、福特、通用汽车、IBM等这些品牌都曾在多元化和品牌之路上付出过惨痛的代价，并直接造成了许多全球品牌的破产。

在这些惨痛的教训下，众多的美国企业开始反思并且逐步走上了聚焦之路，正是这些聚焦的战略让美国即便是在经济非常低迷之时依然产生了很多强大而成功的全球品牌。

在我们长期为品牌提供营销战略咨询的过程中，我们几乎没有发现因为聚焦而导致失败的案例，除非是品牌所代表的品类走向消亡，例如已经破产的柯达。而所有的亏损和破产都有一个惊人的相似处——包罗万象的产品种类和大量的品牌延伸，这也使我们首次有了出一本书揭开聚焦这种极其简洁而又极富力量的战略的想法。

实际上，聚焦战略早已不是什么新鲜概念，早在20世纪初美国有独到先见之明的营销大师们就已经提出来了，只不过在那个时候聚焦还只是一个单纯的文字概念，并没有像今天这样被系统地研究和梳理过。

今天，当定位理念风靡中国的时候，我们依然很少看到多少成功的案例，大量的中国企业对定位理论无不是一看就会却一用就错，这其中,没有舍弃地“聚焦”是这些品牌失败的众多原因之一。

随着我们对聚焦战略进一步的实践和研究,我们发现品牌的成功根本不是财务意义上的1+1一定大于1的概念,更不是卖多个产品赚的钱一定会几倍于一种产品的利润,相反,我们接触的优秀品牌都是只有一个单品做出了几倍于多个产品的总和,这更让很多企业无法理解和接受。

此外,企业的高级营销经理拿着令人羡慕的工资却严重缺乏品牌打造常识。豪华的办公室里充斥着复杂而无用的营销方案,太多没有聚焦的产品,太多无法清晰描述品类的品牌,大笔浪费的广告费用和一堆延伸的名称。

看看奔驰中国不断推出的像本田飞度一样的小型轿车,就不难理解为什么奔驰的车库里摆满了卖不动的奔驰“飞度”,更不难理解为什么奔驰正在慢慢把豪华汽车第一的地位慢慢让给像捷豹、保时捷这样更加聚焦的品牌。

中国很多的所谓优秀品牌看似体量庞大但实际上非常虚弱不堪,众多看似规模庞大的品牌陷入了只追求规模的误区,而真正具有意义的市场份额和利润率甚至比不过一杯小小的奶茶。

在我走访和参与过营销咨询的公司里,都有着惊人相似的成长历程:初步尝试成功——开始尝试加入更多的产品(短时间内会有效果)——财务无法达到预期效果——加入更多的产品进入更多的领域——走向衰败。

而真正促使我写这本书的,不光是我在大的集团公司工作时的经历和感悟,更是我走遍世界各地亲眼目睹的一个个如此简单却又非常成功的品牌。

几乎在每一个城市的某个角落里,总有一些看起来如此普通的餐厅,他们没有任何华丽的外表,但是每次去门外都有一个长长的队伍在等待,他们经营的品类各不相同,但是有着一个共同的特点:只经营一个单一的品种。

这一切让我一直在思考一个问题:是什么让大而全的公司表面光鲜却长期陷入亏损甚至是破产的境地?又是什么让像苹果这样保持了高度简洁和单一产品的公司取得了空前的胜利?

很多包罗万象的企业就是抱着八面玲珑的心态试图去吸引所有的消费者,而不倒翁看似八面玲珑却总是原地踏步。

这种企业更像是瑞士军刀,看似面面俱到实际上除了收藏之外,瑞士军刀很少会有实际的用处。

因为有了专业的红酒启瓶器,军刀的启瓶器很少开启;

因为有了专业的螺丝刀,军刀的螺丝刀很少被关注;

因为有专业的水果刀,军刀组合中最好的产品也很少被使用。

沿着聚焦的方向继续前进,我们仔细观察和研究了生活中的每个方面,令人兴奋的是在生活的每个方面聚焦无不发挥着惊人的力量,不管是从单纯的财富层面还是哲学层面,聚焦几乎指导了我们工作和生活的点点滴滴。

比较遗憾的是,中国的企业负责人说起经营理念和聚焦时都能侃侃而谈,而真正领悟聚焦的精髓并坚决去做的太少太少。为了让书中的案例更具代表性,除了中国的优秀品牌,我们更研究了欧美的聚焦成功案例。聚焦是一种跨越国界和文化的品牌成功的第一要素。

此外,在我们沿着聚焦战略的方向继续向前思考和探索时,我们发现能体会到聚焦的力量的品牌创始人比比皆是,而真正在聚焦战略体系系统中把控和驾驭的品牌创始人少之又少,大部分还停留在模糊的概念层面,更不要说真正学习并让聚焦战略发挥出惊人力量的企业家就更少了。

很多中国品牌创始人可能还停留在一些计划经济时代的思维框架下,更多的喜欢谈论文化、模式或者是管控,例如在我们的咨询会议中总会有人提出中美文化不同所以成功不同这样的论题。文化确有不同,但是现实打造品牌的实践中文化的因素从来不像我们想象的那么重要。

真正成功的品牌是有着强大的同化力量，这是很多品牌不成功的企业无法体会的。像星巴克、苹果、可口可乐、哈根达斯、宝马这样的品牌从来就不需要考虑什么中国文化，他们中的很多品牌甚至看起来有些傲慢自负。

问问自己第一次听到凉茶这个概念是什么时候，当时的你会去喝一杯听起来像隔夜茶水一样的饮料吗，而今天的你又怎么会接受呢？

当然我们从不奢望这一本书能够从本质上去改变那些庞大而复杂的品牌和企业。对于任何品牌，最终能解决问题的一定是简单而富有常识的东西。在长期接触这些大型品牌后我们深知，大企业和大品牌从来就不存在简单的解决方案，没有哪个企业愿意为简单买单，这会让这些企业没有基本的安全感，更会让企业的CEO感觉到自己是头脑简单。

这本书最大的目的就是为此时此刻成千上万的为了青春梦想打拼的中国合伙人们，此时此刻正致力于打造中国品牌的创业者们，为他们提供最简洁而富有力量的战术指导，为他们寻找正确和富有强大力量的战略之路。

很多的创业者在品牌一落地的时候就将联想、海尔这样的企业当作榜样，对于一个企业而言它们无疑是中国的骄傲，而其实作为一个品牌，它们根本不具备任何模仿的意义。从某种意义上讲，这些品牌用自己的亲身经历告诉了创业者们多元化和品牌延伸是如何带给它们巨额亏损或者是长期的超低利润率。很多企业的朋友问我为何微软可以面面俱到而我们不可以，答案很简单，只是因为它是微软，我们“太软”。

这就是这本书全部的意义，为那些痛并快乐的CEO们揭开如此简洁而富有力量的营销密码，用我们长期的思考和实践为众多即将和已经诞生的中国品牌提供强大的借鉴和指导。

最后我要真心感谢在过去的几年中给我提供了无数帮助和指导的老师和朋友们。

首先感谢的就是我的父母和家人，在每一次我想放弃的时候是他们坚定的鼓励让我又有了重新继续的勇气。

我还要衷心感谢新东方教育科技集团的创始人兼总裁，我的人生和事业的导师俞敏洪先生，以及所有我曾经的同事和朋友们。

15年前正是俞老师把我这个高考失败的孩子留在了身边，从教学到管理一步步地让我从一个懵懂的年轻人成长为上市教育集团的管理者，我日后所有肤浅的商业直觉和对战略粗浅的领悟都是来自于俞老师和这个优秀的团队对我的熏陶。

我曾经非常不知天高地厚地将我第一篇商业战略文章发给俞老师看，完全出乎我意料的是俞老师非但没有取笑，反而给了我几点中肯的指导，这是我当年转型做战略工作时强大的信心来源。

同时我还要感谢我所有的高级合伙人团队，感谢我的助理翟东逐字的校订与整理工作，感谢宵雷用他之前在尼尔森多年的工作经验给我的指导，感谢枚竹用她在国际律师事务所丰富的财务经验给本书提供的财务数据保障，感谢高菁在美国为本书中大量的全球品牌案例所做的实地考察和案例整理工作，感谢李倩用她在新浪的丰富的营销经验给我的案例整理和战略思想的启发，没有你们这本书几乎不可能诞生。

最后感谢此时此刻正为打造中国品牌而奋斗的创业家和企业家们，中国梦因为有了你们才最真实，无论是失败抑或成功，你们都为中国创造留下了永不磨灭的印记。

品牌强则民富，民富则家旺，家旺则国强，国强则品牌恒强！

千里品牌路，聚焦第一步。

2014年12月8日于办公室

目　录

一、日本、韩国的经济为何持续低迷

从20世纪90年代初期开始，日本和韩国这两个曾经亚洲的经济明星就相继陷入了持续的经济低迷。

首当其冲的就是日本，自从1991年日本的泡沫经济破灭之后，20多年的时间里日本的经济增长几乎处于停滞状态。

大量的研究将矛头指向了诸如人口结构问题，很多经济学家认为日本"人口平均增长率持续走低，导致劳动适龄人口增速放缓"，更多的研究则指向了"货币结构、通货紧缩和庞大的民间储蓄过剩"等因素。

毫无疑问，这些原因都会或多或少地造成日本经济走入困境，一个最明显的表现就是日本人均GPD在1992年时是整个经合组织中是仅次于卢森堡的第二富国，2001年被美国赶超，2008年下滑到第19位。

过去的十几年中，韩国的经济平均增速为3%～4%之间，远低于20世纪90年代平均6.2%的水平，十几年来几乎保持了原地踏步。

由于地缘政治的原因，韩国和日本两个国家的经济模式在很大程度上有模仿和相似的痕迹，这一点在韩国企业的战略模式上更是体现得淋漓尽致，它们都是"大而全"模式的忠实拥护者，这也是为什么对于日本经济持续低迷的分析字眼同样出现在了韩国问题分析中。

然而，对于日、韩两国长期陷入困局的所有分析中，唯独没有被提及的就是日本和韩国的大型品牌和财团在过去的十几年中的所作所为。

我们仅以索尼这个大型品牌为例来进行说明。在20世纪80年代取得了初期的辉煌成就之后，索尼跟当时众多的日本企业一样开始了疯狂的多元化。

1988年1月，并购美国CBS唱片业务，新业务更名为Sony Music。

1989年11月，并购美国哥伦比亚三星制片电影公司，进军好莱坞市场。

1993年11月，成立SCE－索尼电脑娱乐，进军家庭娱乐游戏市场。

1995年11月，成立SCN－索尼通讯网络，进军因特网内容服务市场。

2001年4月，成立索尼银行（Sony Bank）。

2001年10月，与瑞典爱立信公司共同成立索尼爱立信手机业务。

2002年10月，并购爱华，并让其成为旗下品牌之一。

2004年4月，与韩国三星电子共同合资成立S－LCD Corporation。

2004年12月，旗下索尼影视娱乐并购米高梅电影公司，跃身全球第一大电影公司。

2006年1月19日，全面接管Konica Minolta影像事业部门。

2011年8月30日由索尼（Sony）、爱立信（Ericsson）合资的索尼爱立信正式解体并由索尼收购全部股份。

索尼不光是在全球范围内大规模收购非相关企业，在其核心的电子品类部分也推出了大量延伸产品。今天，当我们走进任何一家索尼的专卖店，里面的产品涵盖了录像机、电视、游戏机、手机、音乐播放器、平板和音响等家庭中几乎所有的产品。

这只是日本企业在上个世纪全线出击的一个缩影而已。不光是索尼，夏普、东芝、富士通等一大批日本的全球品牌都是全线出击，全面并购，全部生产。

一时间日本和韩国的企业风光无比，但是这如同烟花般瞬间的夺目光芒换来的却是日后长久的落寞，短暂的集体狂欢最终得到的是长久的孤单。

在对日、美、韩全球品牌长期的研究和跟踪过程里，我们对比了日、韩、美品牌排行榜中最大的几家公司从2007年到2014年连续七年的财务数据，结果非常令人震惊，高度聚焦的美国企业和喜欢大而全的日韩公司在净利润和利润率之间的差距可谓天壤之别。

韩国最大的四家财团 LG、SK、三星和现代所生产的产品几乎涵盖了一个消费者从生到死的所有产品，结果怎样呢？

LG 过去的七年中一共创造了 4148 亿美元的销售收入，一共创造了 134 亿美元的利润，平均利润率为 2. 21%。

SK 过去的七年中一共产生了 5324 亿美元的销售收入，一共创造了 37 亿美元的利润，平均利润率为 0. 67%。

三星过去的七年中一共产生了 8894 亿美元的销售收入，一共创造了 861 亿美元的利润，平均利润率为 9. 07%。这是韩国军团中唯一让人欣慰的一个品牌，这还要归功于三星智能手机在中国的成功。

现代集团过去的七年中一共产生了 4666 亿美元的销售收入，一共创造了 301 亿美元的利润，平均利润率为 6. 49%。

再来看看日本军团的表现，用一个词形容就是几乎全军覆没。

索尼在过去的十年中在全球创造了 6928 亿美元的销售收入，但却亏损了 50 多亿美元，净利润率为 -0. 68%。

东芝在过去的七年中一共创造了 4216 亿美元的销售收入，但只有 3. 5 亿美元的利润，平均利润率几乎为零。

富士通一家公司就涵盖了微软、苹果等美国企业的所有产品，过去的九年中一共创造了 3068 亿美元的销售收入，一共产生了 6. 7 亿美元的利润，平均利润率为 0. 19%。

日立公司过去的七年一共产生了 6321 亿美元的收入，一共创造了 29 亿美元的利润，平均利润率为 0. 3%。

松下公司过去的七年一共产生了 5232 亿美元的收入，但却赔了 200 多亿美元，平均利润率为 -4. 01%。

夏普在过去的七年中一共创造了 2401 亿美元的收入，却亏损了 104 亿美元，平均净利润率为 -4. 29%。

再来让我们看看美国企业的表现，这些高度聚焦的品牌所涉及的业务只有韩、日企业的零头都不到，但是他们却才是真正财富的拥有者。

谷歌在过去的几十年中，虽然也涉足了安卓手机市场的业务，但却牢牢把谷歌品牌聚焦于搜索，过去七年中谷歌一共创造了2389亿美元的销售收入，一共产生了561亿美元的利润，平均利润率为23.96%。

苹果在过去的几十年中，分别在手机、平板和音乐播放器三个品类中成功开创并引领，过去七年中苹果一共在全球销售了7886亿美元的商品，一共产生了1760亿美元的利润，平均净利润率为21.55%。

微软在过去的几年中虽然多次尝试在视窗软件之外有所建树，但是没有任何成功的案例，当然这并没有伤及微软的根基，这个品牌本身保持了高度的聚焦，在过去的七年中微软一共创造了5365亿美元的销售收入，一共产生了1491亿美元的利润，平均净利润率为27.8%。

今天，松下、东芝、日立、夏普等品牌都深陷巨额亏损的境况中无法抽身，这些品牌此时也纷纷开始抛售他们曾经大肆购买的多元化业务。

巨亏中的松下电器正在计划出售其位于东京的总部大厦，以确保企业资金周转，同时松下将旗下巨额亏损的三洋电机、数码相机业务出售给了投资基金 Advantage Partner。

东芝公司计划出售早先斥巨资收购的西屋电气36%的股权，并已于2012年停止了其在日本国内电视机生产线。

夏普正在逐步出售旗下复印机与空调业务，作为弥补长期亏损的策略之一，同时还拟出售其位于大阪市的太阳能电池厂，以换取12亿美元的周转资金。同样被夏普考虑出售的资产包括公司位于东京的办公楼，以及位于波兰、马来西亚、墨西哥等地的电视机组装工厂。

在日本、韩国这些亚洲国家中，大型财团几乎垄断了整个国家的经济，这些财团共同的特点就是他们几乎涵盖了工作生活的方方面面，像韩国的三星和日本的富士通这样的品牌生产的产品几乎可以满足我们办公室和家庭生活的全部。

像富士通这样的大型多元化财团其一家公司的产品就包含了美国的微软、戴尔、英特尔生产的所有产品。

根据瑞士洛桑管理学院发布的2012国家竞争力年鉴显示，在1989年时，日本的国家竞争力在全世界名列第一，而到了2012年日本的国家竞争力下降到了第27位，排在第23位的中国之后。

面对日、韩品牌的集体沦陷，日、韩的企业界依然执迷不悟，他们坚持认为问题不在企业本身，而是外部的环境，这与很多媒体和专业分析人士嘴里的大环境论一脉相承，金融危机、股市和地产泡沫等成为出现频率最高的词汇，而他们集体选择性地屏蔽了本土企业多元化战略这一重要的诱因。

今天日本和韩国企业的困境确实有各种各样的原因，但是事实和常识已经非常明确地指向了最本质的问题，那就是这些企业自己亲手制造的品牌泡沫，在今天全球竞争的格局里，大而全的时代已经过去，专而精的时代已经到来。

索尼帝国的崩溃

2014年10月24日，在一片"索尼即将退出中国"的传言中，索尼中国区总裁栗田伸树和CEO平井一夫一起现身上海电子产品展，除了辟谣，更为彰显公司对于中国市场的重视。

展会上，栗田伸树与平井一夫一起用索尼手机玩起了自拍，两位索尼的高管微笑着配合手机镜头，只是没有多少人知道这僵硬的微笑背后是多少酸楚和无奈。

就在此前的一个月，索尼管理层宣布，2014财年索尼的亏损将达到21亿美元，并将在这个品牌自1958年上市以来首次宣布停止分红，公众和媒体对此的反应似乎并没有多少意外，因为也就在发布亏损预告的前一个月，索尼已经正式从伦敦证券交易所退市。

这已经是自2006年索尼出现首次巨额亏损以来第9个连续亏损的记录。

2013年，亏损12.5亿美元。

2012年，索尼首次出现盈利，净利润4.58亿美元。不过这不是索尼品牌本身的胜利，而是管理层变卖纽约和东京固定资产的结果。

2011 年，亏损 57 亿美元。

2010 年，亏损 32 亿美元。

2009 年，亏损 4.41 亿美元。

2008 年，亏损 10 亿美元。

2007 年，亏损 8.79 亿美元。

2006 年，亏损 5.85 亿美元。

在权威的 Interbrand 全球品牌排行榜中，索尼已经从 2006 年的第 26 位下降至 2013 年的第 46 位。

品牌价值也从 2008 年的 135 亿美元下降到了 2013 年的 84 亿美元。

在过去的十年中，索尼在全球创造了 6928 亿美元的销售收入，但却亏损了 50 多亿美元，净利润率为 -0.68%。一个不恰当的比喻，这些钱放在中国的国有银行仅是长期存款利率都会远远高于这个数字。

今天的索尼怎么了？

在对索尼每一次亏损的分析报道中，都毫无例外地又一次看到了这些字眼：缺乏创新，机构臃肿，机制落后。只不过这一次又看到了两个新名词——地震和海啸。

2011 年日本遭受了历史上最严重的海啸和地震的打击，而同样是遭受了地震和海啸打击的丰田汽车公司却发布了其盈利的消息。

丰田汽车公司 2011 财年销售额达到人民币 1.45 万亿元，营业利润约合人民币 278 亿元，纯利润达到人民币 221 亿元，在全面克服了日本地震所带来的影响之后，第四季度的营业利润达到了人民币 186 亿元，约占整个财年营业利润的 67%。

这并不是一个什么可圈可点的财务数据，但是考虑到整个大的背景，能交出这样的答卷已属不易。

索尼和丰田曾经都是日本最优秀的品牌代表，在经历了同样的地震和海啸的重创后表现却截然相反，这也不是一个意外。

丰田是日本企业中少数几个没有包罗万象的品牌，也是少数没有在全球四处开展多元化业务的日本品牌，丰田汽车在过去的几十年中保持了高度的专注,尽管这个品牌也曾经历过诸如大规模召回、金融危机、日元升值等问题的影响,但这些因素对丰田都没有造成本质的伤害。

是什么造就了丰田的成功?

没有多复杂,是丰田持之以恒的对自己经济可靠战略的打造。

在20世纪中期,面对强大的美国汽车品牌时,丰田几经试错最终走向了跟美国汽车"豪华宽大"对抗之路,一举奠定了自己在全球汽车市场的地位。

他们在牢牢占据了全球"经济可靠"这一心智资源46年后的1983年,推出了自己的完整独立豪华品牌雷克萨斯,而将丰田的名字只保留在了家用经济型轿车领域。

10年之后,雷克萨斯就成为了北美豪华汽车市场的绝对领导者,最高峰时雷克萨斯占据了一半以上的北美豪华汽车市场份额。

14年后的1997年,丰田在其豪华品牌雷克萨斯已经牢牢占据了北美市场并且已经开始走向全球之际,又推出了全球第一款完整意义上的混合动力车型——普锐斯(PRIUS)。

可惜的是,即便是这样,丰田汽车的盈利能力依然在大幅缩水,过去的十年中,丰田汽车公司的全球销售额达到了万亿的体量,平均净利润率却只有2%。跟净利润相反的是,丰田展厅里推出的车型每年都在增加,从大到小,从SUV到豪华,出售的车型越来越多,但创造的利润越来越少。

曾经只要保持相对聚焦就可以生存的品牌,在商业战争极度激烈的今天也无法承担"行业内"的大而全。

是什么造就了索尼的成功?

回答这个问题并不需要一本书,要知道一个品牌如何倒下,我们一般只需要回过头来看看是什么造就了这个品牌的辉煌,也就是索尼曾经是什么。

1948年,美国贝尔实验室的工程师威廉·肖克利研制了世界上首个半导体晶体管,相比于此前大型电子产品的真空管,这种晶体管具有跨时代的意义。

具有讽刺意味的是,当贝尔实验室试图将这种跨时代的产品专利卖给当时的英特尔等美国一些大企业的时候却全部遭到了拒绝。几乎没有多少人可以直觉地感受到一只小小晶体管背后所代表的财富机遇，除了一名叫盛田昭夫的日本人。

1954 年 1 月，盛田昭夫用自己全部的积蓄 2.5 万美元买下了半导体晶体管的使用权，世界上第一台小型半导体收音机就此诞生。

要得到财富，你并不需要自己亲自去发明和创造什么惊天动地的产品，你只需要在一个优秀的概念轻轻敲门的时候能够听到并打开迎接它。就在半个多世纪后，一个名叫史蒂夫·乔布斯的美国人用同样的方法买下了新加坡 Creative Technology 公司的硬盘存储型的海量音乐播放器的专利使用权，并给它起了一个响亮的名字叫 Ipod，一个传奇也就此诞生。

1995 年，索尼推出了全球第一台半导体收音机。

1968 年，索尼推出了全球第一台特丽珑显像管电视机。

1979 年，索尼推出了全球第一台可携式音乐播放器 Walkman。

之后的索尼就此被写入全球品牌的历史中。

作为一个全球 500 强家族中的一员，索尼拥有着全球精细化程度最高的管理体系，索尼本身就是创新的代表，每年诞生在索尼的技术专利数不胜数，索尼更是拥有武装到牙齿的信息化和生产控制体系。

创新，管理，技术，人员，意外，所有的中国媒体和企业每次在谈论这些元素的时候都毫无例外地选择性地屏蔽了一个他们都心知肚明却都不愿意谈论的重要因素：全线作战的多元战略。

今天稍有成就的中国品牌都毫无例外地在重蹈索尼的覆辙，它们或多或少地行走在行业内与行业外的多面尝试之路上。与索尼的不可救药不一样，这些企业都认为自己的运气要远超索尼。

索尼的运气有多差，这完全取决于对手的专注度有多高。

遍地开花的索尼成功了吗？

从规模上看当然是，特别是考虑到像日本这样一个地理位置特殊的商业环境中，很多时候竞争都发生在大型综合体的株式会社中，而不是单纯的品牌之间的对抗。但是从品牌和盈利能力来看，索尼却是一个极其失败的品牌，四处东张西望的“索尼军团”几乎在每一个正面战场都遭遇了毁灭性的打击。

在索尼曾经最为看重的智能手机领域中，索尼的手机业务从一开始的短暂增长之后便一落千丈。在普通手机时代，索尼就生活在诺基亚军团的阴影之下，在智能手机时代，索尼要面对的是更强大的苹果和三星，而令索尼想象不到的是中国的华为和小米也从低端市场发起了猛烈的进攻，这也是其中国市场份额一再萎缩的重要原因。

即便在索尼根深蒂固的大本营日本，苹果的 Iphone 依旧以 36% 的市场份额牢牢占据第一的位置，而占尽天时地利的索尼和夏普只分别只占有 22% 和 11%。其他诸如等 NEC 老牌厂商早就宣布退出智能手机领域。

曾经被索尼管理层看好的与爱立信的合并更是彻头彻尾的败笔，索尼爱立信本身就是一个令人困惑的字眼，两个本身就不代表手机的品牌合并在一起只得到了另一个更加没有代表力的名字。

个人电脑方面，索尼不得不在两个前线同时开战，在高处有苹果的 MAC 电脑，在低处有戴尔和惠普以及来自中国联想的凶猛阻击，市场份额萎缩到了历史最低。无奈之中，2014 年初，索尼将自己的个人电脑业务出售给独立的投资基金，不再涉足其中。

在照相机领域，奥林巴斯以 36.6% 的绝对份额完胜索尼微单数码相机，而另一个相机专家佳能则以 46.3% 的绝对优势在数码单反领域把索尼远远甩在了身后。

在数字音乐领域，曾经索尼 Walkman 创造的销售记录早已被苹果的 Ipod 打破，Ipod 以几乎两倍于索尼 Walkman 的销量称霸全球。今天，索尼的音乐播放器在苹果 Ipod 近 4 亿台的销售记录面前市场份额几乎可以忽略不计，这一成绩最终也迫使微软的音乐播放器 ZUNE 退出了市场。

在游戏机业务中，索尼更是遇到了强大的专业对手任天堂，即便是软件巨头微软面对这个专业级的对手也无可奈何。

上市以来，任天堂 Wii 的销售量已经累计销售约 1 亿台，远超索尼 PS3 游戏机 7731 万台的销量；任天堂 DS 掌上游戏机已经累计销售约 1 亿 5 千万部，两倍于微软旗下的 Xbox 360 游戏机 7720 万的销量。

根据索尼和微软官方公布的数据显示,索尼的游戏机业务在过去的几年中一共亏损了50多亿美元,而微软的游戏机XBOX在过去的几年中一共亏损了近30亿美元,直到最近几年战争形势才稍稍有所改善。

在影视制作方面,曾经索尼花费巨资买下的哥伦比亚公司的表现惨淡,除了几部卖座影片之外,在过去的几年中索尼影业的票房一直非常惨淡,损失高达30多亿美元。

在电视机领域,尽管索尼在20世纪50年代凭借其"特丽珑"显像管一跃成为全球彩电行业的霸主,索尼的电视机一度曾成为了高档优质的代名词。但是时间到2000年左右,忙于全球多元化的索尼完全没有精力思考"平板液晶"的时代,很快在这个领域被三星和夏普全面超越,虽然后来的索尼开始奋起直追,却为时已晚,在这个曾经雄霸一方的领域里,索尼连续经历了近10年的巨额亏损,累计亏掉了近80亿美元。

索尼是什么?

曾经这名字代表了优秀的视听设备,今天没有人知道这个名字还能具体代表什么。

从营销的现实看,一个品牌所能代表的品类和品牌最终的盈利能力往往是成反比的,这一点在消费者走进苹果和索尼的专卖店时就可以很好地领悟。就在索尼的市值和盈利能力不断下滑的今天,苹果已经成长为全球最有价值的品牌之一。

苹果依靠什么做到的?

四种产品:代表了智能触摸手机的Iphone,代表了平板媒体播放器的Ipad,代表了海量音乐播放器的Ipod,以及苹果电脑的MAC。就是这不超过四种的品类将苹果一举送上了全球最有价值的公司行列中。

索尼的专卖店里有多少种商品?

上百种,几乎涵盖了一个家庭所需要的全部电子设备,最终也就是这些琳琅满目的种类将索尼拖入了巨亏之中。

索尼,以及所有像索尼一样的中国电子和家电品牌几乎都对规模和领域有着某种特殊的情怀,当这种情怀像病毒一样在企业中蔓延开来的时候，品牌延伸和多元化几乎是这些企业统一的选择。

只让索尼代表电视和视听设备如何？

这完全不符合管理者眼中的财务逻辑。索尼只要可以制造出世界上最好的电视和视听设备，就可以制造出世界上任何通电的电子设备。索尼不光是这样思考的，更是身体力行这种战略思维。不仅是索尼，韩国、日本的众多财团都是这种大而全思维的忠实拥护者，而他们的结果也几乎都完全一样。

二、美国品牌的泡沫历史

实际上，过去的十几年中也是美国经济问题重重的十年，次贷危机、恐怖袭击等一系列的问题都在困扰美国。但是即便是这样，美国依然诞生了大量高度专注而成功的品牌。另外一个不容忽视的事实就是，美国过去十年的人均 GDP 增长连续十年都远超日本，这一数字在二十年前正好相反，而那正是日本品牌在全球取得了初步的成功后全线出击的开始。

20 世纪 80 年代到 90 年代十年间正是美国企业全球多元化最为汹涌的时期，这一时期大量的美国企业非但没有拿到自己想要的 1 + 1 大于 2 的结果，反而纷纷陷入了破产和大幅亏损的境地。

大而全时代的退场

2013 年全球品牌 500 强中，有 80 家出现巨额亏损的品牌，这些亏损的品牌中日本的企业占据了一半，而它们和其他亏损的企业一样，100% 是大而全业务的典型代表，其中的很多品牌所代表的业务几乎可以写满一张纸。

同样是在 2013 年，全球 500 强的榜单中，排名前十位的品牌分别是：苹果，谷歌，可口可乐，IBM，微软，GE，麦当劳，三星，英特尔，丰田。

两家食品的公司，六家高科技类的公司，一家汽车公司。

100 强的榜单里绝大多数都有着明确的领域和聚焦，通用电气（GE）是那些为数不多的多元化的典型代表。

1980～2010 日美人均 GDP 增长对比

年份	日本	美国
1980 年	9072.40 美元	12249.04 美元
1981 年	9954.16 美元	13599.99 美元
1982 年	9186.22 美元	14014.58 美元
1983 年	9951.42 美元	15089.23 美元
1984 年	10520.42 美元	16634.81 美元
1985 年	11192.50 美元	17689.60 美元
1986 年	16495.61 美元	18537.76 美元
1987 年	19909.75 美元	19511.17 美元
1988 年	24072.15 美元	20820.82 美元
1989 年	23992.61 美元	22169.18 美元
1990 年	24547.04 美元	23197.70 美元
1991 年	27959.09 美元	23647.57 美元
1992 年	30408.22 美元	24699.63 美元
1993 年	34791.19 美元	25629.13 美元
1994 年	38196.39 美元	26906.53 美元
1995 年	41968.58 美元	27826.60 美元
1996 年	36930.26 美元	29076.55 美元
1997 年	33821.23 美元	30541.33 美元
1998 年	30526.86 美元	31857.84 美元
1999 年	34511.71 美元	33501.68 美元
2000 年	36800.44 美元	35251.93 美元
2001 年	32214.33 美元	36064.52 美元
2002 年	30756.08 美元	36949.99 美元
2003 年	33134.47 美元	38324.38 美元
2004 年	36058.72 美元	40450.62 美元
2005 年	35633.04 美元	42680.64 美元
2006 年	34150.33 美元	44822.96 美元
2007 年	34267.77 美元	46577.19 美元
2008 年	38271.30 美元	47155.32 美元
2009 年	39740.27 美元	45934.47 美元
2010 年	42325.23 美元	47131.95 美元

多元化中的例外:通用电气

作为20世纪多元化的典型代表,通用电气在全球拥有一批忠实的粉丝。很多大型中国企业,甚至有很多成长中的中小企业也喜欢把美国的通用电气作为榜样,这些企业动不动就把美国的通用电气、ITT等这样大型综合体企业搬出来作为自己大而全业务的借口,而实际上他们只看到了通用电气作为综合体的庞大规模,而并没有看到在全球范围内,曾经风靡一时的多元化集团在今天已经越来越稀少,仅有的几家大型联合体也都是问题缠身。

通用电气诞生于托马斯·爱迪生的实验室,正是在这里诞生了世界上第一款电灯泡,这也照亮了通用后来的成功之路。

1892年通用电气与汤姆森·休斯顿电气公司合并。在此后的一个多世纪里,通用电气已经在世界110多个国家开展业务,全球拥有近30万员工。

曾几何时,通用电气成了公司多元化的代名词,其业务范围涵盖飞机引擎、照明电器、发电设备、医疗器械、高新材料、数字传媒、金融服务等领域。

对于这种多元经营战略,通用电气前任总裁杰克·韦尔奇曾赞许道:“通过各业务分部的共同运营,整个通用电气的力量远远大于各业务部门的简单叠加。”例如,通用电气的金融部为企业提供了从贷款、投资、租赁到项目融资的各种服务,促成了通用电气其他业务部门的销售增长。

理论上在相对平静的竞争态势下是这样的,但是现实中所有的对手绝不会让通用电气按照自己的想法去执行这种“各业务板块”相互促进的战略。通过日后杰克·韦尔奇对于通用电气“数一数二战略”的制定来看,他明显并没有真的认为多元化会成就通用电气今天的成功,但是他的话足以迷惑和误导太多的中国企业。

事实也证明,通用电气的多元化一段时间内确实取得了不错的业绩,公司收入、利润各项指标长期保持两位数增长,这也成为众多中国公司竞相效仿的重要理由,但是严重的危机也就此埋下。

为什么在全球大部分大型联合体企业纷纷倒闭和解体的背景下通用电气却可以成为例外呢?

首先是通用电气与众不同的成长背景,在通用电气成立之初时,市场环境远不是今天企业所经受的你死我活的竞争,各个领域里强大的专家级对手也都没有出现。今天,通用电气曾经所享受的相对平静的竞争势态已经完全不存在。

其次,通用电气涉及领域的准入门槛非常之高,例如航空发动机,医疗器械中的核磁共振,材料科学和能源等,这不是随便一家公司仅凭金钱和激情就能随便进入的行业。

通用电气的模式很难被复制,这是一个前无古人也许后无来者的品牌,其特殊的历史地位和成长经历让通用电气成长为一个看似成功的多元化集团,而在这个看似成功的外表之下却危机四伏,在过去的几十年里,除在通用电气的几大主营业务之外,几乎都经历了重创。

其中,首当其冲的就是通用电气的家电部分。

庞大的通用电气在家电领域里的各个专家级的竞争对手面前没有任何胜利的希望。在洗衣机品类中,美泰克(Maytag)牢牢占据了第一的位置,洗碗机市场中有厨宝(Kitchen - Aid)把持着老大的位子,冰箱领域通用电气遭遇了惠而浦(Whirlpool)等品牌,电视机领域通用电气败给了索尼(Sony)等品牌。

即便是这个号称全球最大的多元化集团也没有能力让消费者为任何贴上通用电气商标的家电产品付钱。

不光是在家电领域,在家用电器之外的高端设备制造方面,通用电气同样四面楚歌。发电机设备制造方面,通用电气一直被西屋电气(Westinghouse Electric)集团在压制;在柴油发动机设备领域,通用电气受到了通用汽车(GM)的强有力的回击。

2008 年 7 月,通用电气对外宣布其照明业务和家电等消费品业务一起打包出售,而且特别强调收购方不能单独购买。

也正是在这一年,全球金融危机爆发,通用电气最为自豪的通用金融部门,也就是曾经风光无限的“GE 资本”遭受重创,遭遇了投资亏损、资本不足和信用评级下降的情况。受其影响,通用电气出现自 2003 年以来的首次盈利下滑,公司股价也从 2008 年初的 37 美元下跌到 2009 年 2 月的不足 10 美元,跌幅 80% 左右,直到 2014 年末也仍徘徊在每股 20 美元上下,通用资本元气大伤。

在跟踪和梳理 GE 资本运作的过程里,我们发现通用电气的金融部门的盈利主要还是来自于外部金融贷款业务,对于通用电气内部业务的服务和贡献则并不大。

除此之外,在通用电气多元化的道路上还有一个重要的因素从未被提及,那就是通用电气的主要竞争对手几乎都是大型多元化集团,他们本身经营的范围也都跟通用电气一样包罗万象,例如通用电气最大的竞争对手联合科技集团(United Technologies)旗下同时拥有家电、飞机发动机等业务。这些大型联合集团几乎也都是全线开战,大家力量此消彼长,没有本质的区别,当一家大型联合体和另外一个大型联合体竞争时,规模和多样化的产品形式成为了第一考量的标准。

无论大而全的模式如何被诟病,例外总会存在,这绝不代表大多数公司可以成功的基础,但是现实中有很多公司都希望自己就是下一个例外,用例外看待普遍这就是走向陷阱的第一步,只有将视角反转,公司才能看清现实中的商业逻辑。

IBM

波士顿咨询公司的数据研究表明,20 世纪 50 年代的 500 强企业里,近一半的多元化公司在 20 世纪 90 年代的名单里都消失了,20 世纪 70 年代的世界 500 强企业,近 1/3 的多元化公司在 90 年代的名单里消失了。

在一个竞争相对真空的环境里,企业所设计任何全线出击模式都会取得相对的成功,不幸的是,理想中的相对真空的环境永远不存在,更不幸的是,曾经只在本土跟当地品牌竞争的企业如今已经在全球每一个角落里展开了厮杀。

当你从企业内部向外看的时候，管理、质量、执行力等内向化的因素便会成为最好的借口，而这些倒下的大而全的企业曾经无不是在管理、质量和执行方面有着全球最高的标准，它们的这些标准可以写满商学院的教材，而真实的答案只有一个，是你死我活的商业战争让企业想当然的大而全思维变得不可能。

要肢解一个大而全的企业，并不需要多么复杂和神秘的武器，一个不起眼的高度专业的团队甚至是个人都可以做到，这就是过去十几年中商业战争中重复在上演的一幕。

作为电脑业的一个传奇，IBM 一度是全球最大的电脑公司，是什么造就了 IBM 的成功？

很简单，高度的专注。

1981 年，IBM 推出了第一台 16 比特真正意义上的商用 PC 机，当时市面上所有的电脑制造商都试图同时进入家庭和企业两个市场时，IBM 是当时唯一一家选择专注于“办公”概念的公司，这一初步的聚焦为 IBM 带来了巨大的成功，两年之后 IBM 就占据了商用电脑市场的 21% 的份额，成为了商务电脑的代名词。

与索尼一样，成功之后的 IBM 马上开始了全线出击，其战线进入了几乎涉及电脑的所有行业：大型电脑，个人电脑，微型电脑，软件，复印机，等等。

进入大而全模式的 IBM 成功了吗？

与集体沦陷的日本品牌一样，短时间内是的，例如 IBM 进入个人电脑后马上就在几年时间里占据了一半的市场份额，就在这个时候，一个名叫戴尔的大二学生站出来开始挑战蓝色巨人。

戴尔如何做的？

很简单，比 IBM 更加聚焦。

当 IBM 向全领域进军的时候，戴尔只高度聚焦于个人电脑，不仅如此，戴尔将人群继续缩小，他只专注于办公室里的商务人群的个人电脑业务，并且用电话直销开始挑战 IBM 的传统渠道。

战争的局面毫无意外，大二学生麦克·戴尔一路凯歌，经过十几年对于聚焦直销战略的精心呵护，最终在这个战场上完胜 IBM，最后的结局就是 IBM 不得不将自己的个人电脑业务卖给中国联想，而此时，IBM 全球个人电脑业务已经萎缩到 6% 的份额。

同样的故事在 IBM 全线出击的过程里一幕幕上演。

DEC 率领自己的兵团在微型计算机领域展开了对 IBM 的绞杀，DEC 聚焦微型计算机，同时继续缩小自己的焦点，这家企业只专注于原始设备制造商。

与此同时一个名叫盖茨的年轻人在自己的车库里研发出了 Windows，开始了对 IBM 操作系统 OS/2 发起了进攻，结果已经尽人皆知。

IBM 大而全的战略很快走到了山穷水尽，90 年代初期 IBM 陷入了连续多年的巨额亏损，并于 1993 年爆出了历史上最严重的亏损，至此全线出击战略全面解体。

IBM 被迫开始走上聚焦之路，开始清理前几任总裁在位时疯狂进入的战场。其中磁盘业务出售给了日立，个人电脑出售给了联想，网络部分出售给了思科，复印机业务卖给了柯达，数字打印业务出售给了理光，IBM 只保留了主机计算机业务，并且围绕自己的主机业务建立起了高端企业系统咨询管理业务。砍掉了所有鸡肋业务的 IBM 轻松上阵，2012 年 IBM 全球营业收入达到 1045 亿美元，净利润 166 亿美元，净利润高达 16%。

翻看 20 世纪 80 年代的美国商业史，几乎就是今天中国企业大而全思维的完美翻版，那些曾经意气风发走向多元化的品牌今天要么就是已经倒闭，要么就是疾病缠身。

施乐、柯达、通用汽车、福特汽车、IBM 等这些享誉全球的品牌都是多元化和品牌分裂症的巨大受害者，它们当中的很多品牌因为多元化的巨大打击至今也没能恢复到品牌当年最好的状态，有的甚至是长期萎靡不振，市值和盈利能力都根本无法与品牌最好年份相提并论。

安 然

安然(Enron Corp)曾经是美国最大的天然气能源公司。2002年,这个号称拥有上千亿美元资产的公司竟然只用了短短几周便因为财务造假而宣告破产。在日后所有的专业评论中,大量专家开始对华尔街和公司的职业操守展开了批评,而这些其实并不是问题的本质。

是什么迫使号称全球最大的能源集团对自己的财务做起了手脚?

答案很简单:多元化才是因,财务造假只是果。

从1985年收购休斯顿天然气公司算起,短短不到20年的时间里,除了其主营的天然气等能源领域外,安然公司经营的产品种类竟然高达800多种,可以说只有消费者想不到的,没有安然公司经营不到的。这其中90%的业务都是为了弥补上一个业务的亏损而又开辟的新业务。

在80年代疯狂的多元化的浪潮中,安然花费了巨资收购了与自己完全没有任何关联的电缆事业。而其收购的理由很是荒谬,据说是可以将电缆埋设在自家的天然气管道旁,节约土地成本。大量的多元化业务让安然公司的财务始终处于巨大的压力下,为了弥补亏损和资金缺口,安然打着"创新"的旗号开发的大量金融衍生产品,最终也正是这些拆东墙补西墙的衍生工具暴露了安然巨额亏损的本质。

为了在财务上迷惑自己的投资者,安然注册了大量的离岸公司进行了一系列复杂的关联交易,最终这场豪赌在2002年戛然而止,安然财务作假最终大白于天下,丑闻暴露时公司的股价从最高90美元一路跌到了30美分。案件中安然公司64岁的前首席执行官肯尼斯·雷(Kenneth Lay)和52岁的公司总裁杰弗里·斯基林(Jeffrey Skilling)面对的都是100多年的刑期。

在日后提及如何防范安然以及其他上市公司的类似弊案时,美国《商业周刊》曾经提出了八项措施,这些措施包括:重新强化政治捐款改革,焕发业者的商业与职业道德,禁止审计公司同时担任商业顾问,对审计者进行制度性的轮换，重新修改政府对企业的会计账务规定等，但是唯独没有提到对于企业多元化风险的防范和严格管控的问题。

杜　邦

杜邦公司(DuPont)曾经是全球最大的化学品公司，即便是这样的公司在其认为是相关关联领域内的多元化尝试也大多都是以失败告终。

1981年美国杜邦公司以史无前例的70亿美元的大手笔收购美国大陆石油公司(CONOCO)。对于这样一个所谓的纵向多元化业务，杜邦公司是有着多方面考虑的。

其中最主要的是石油输出国组织(OPEC)在这一年提高了石油的价格，这直接导致了杜邦相关产品的生产成本提高了近40%。

此时，一个机会摆在了杜邦的面前，1973年突然爆发的能源危机，让石油价格在1973~1980年间史无前例地暴涨了10倍，这让很多像杜邦一样的财团嗅到了财富的味道，众多的美国大型企业展开了对像大陆石油这样的能源企业的收购，几经波折之后最终杜邦以高出市场77%的溢价将大陆石油收入囊中。

杜邦公司斥巨资多元化背后的思维很简单，石油价格经历过两次石油危机后已经连续多年上涨，短短几年就从1979年的每桶13美元上涨到了1981的每桶34美元，按照这个增长速度，油价将很快达到每桶100美元的高价位，这样，大陆石油公司的石油储量为杜邦公司带来的收益将远远超过杜邦的巨额收购价。

另外一方面，对于容易受油价影响的杜邦的石化纤维行业，杜邦公司也将希望寄托在了石油的收益可以抵消受油价影响而遭受的纤维产品的利润下滑。不但如此，杜邦同样希望能够通过收购石油公司来控制相关产品的原料价格。

但是市场和投资人完全不这么想，并购消息对外发布后，杜邦股价大跌了31美元，股票纷纷被投资人抛售。他们认为，杜邦对油价的估算太过乐观，以如此高的溢价收购大陆石油公司让投资者对于杜邦的战略方向没有任何信心，而且他们根本就不认为杜邦有能力驾驭一家石油公司。

事实上，在20世纪80年代，油价根本就没有按照杜邦预期的超过每桶100美元，连35美元也没有突破过，并且在90年代后期继续走低，杜邦完全高估了收购带来的效益。

另外，杜邦完全低估了所谓垂直并购带来的一系列复杂的管理和相关成本问题。

首先，杜邦的领域是化工，仅仅因为化工跟石油有着某种关联并不代表杜邦同样可以驾驭石油领域，这其中涉及太多的专业管理技能和运营体系。

其次，杜邦构思中的石油与化工部门间可以互相补贴、经营风险降低的想法在现实中无法有效实现。按照杜邦的得意算盘，作为石油行业的下游业务，杜邦的石油公司必须在油价每桶100美元时以35美元的价格卖给自己的化学公司，在这种管理预期下，两部门间的钩心斗角、文化冲突及市场专业对手等竞争因素远远超出了杜邦的预期。杜邦最终在1999年将大陆石油公司出售。

一家化学品公司无法顺势将自己的品牌和管理嫁接到一家石油公司，理论上成立的上下游优势互补和协助效应并没有在现实中成立。

这并不是杜邦第一次多元化的失败。早在1902年，杜邦就开始尝试多元化战略。只是当时杜邦的多元化产业都与无烟火药以及上下游相关行业有关，杜邦由以前的政府供应商的角色，变成了依靠市场化导向的多元化产业集团。技术出身的杜邦很快尝到了多元化的恶果，1921年的中期财务报告显示，杜邦上半年亏损接近250万美元，这是杜邦历史上早期最为严重的一次亏损。

成立于19世纪初的杜邦公司曾经是靠向政府出售火药而起家，一个世纪后的今天，杜邦虽然已经成功从火药制造商转型为一家大型化学品公司，但是其最主要的利润来源仍然是“化学材料”领域。

看看过去的几十年中杜邦在这个领域所取得的成绩。

杜邦莱卡——全球人造弹力纤维的领导者；

杜邦特卫强(Tyvek)——全球材料阻隔技术的领导者；

杜邦 Coolmax 材料——运动领域排湿导汗材料的创造者；

即便是全球最大的化学品领导品牌也只能在极少数的领域中拥有优秀的表现。

面对多元化，理论上讲，企业在某一方面的短板可以由企业多种业务中的一个强项来弥补，但是在现实中这一情况很少会发生。现实中但凡成为短板的多元化业务本身就注定是短板，企业无论用何种资源去拯救最终也只能得到一个无法改变的短板，更常见的是这种短板往往将企业的强项也拖累成了下一个亏损点，最终拖垮了整个企业。

ITT

美国国际电话电报公司(ITT)成立于1920年，这也是一家被全球众多企业家顶礼膜拜的大型多元化集团公司。1959年，哈罗德·杰宁(Harold Geneen)开始担任公司新总裁，ITT至此开始了向多元化全面迈进。

在新总裁和新的多元化思想的带领下，ITT公司在一段时间内以每周成立和并购一家新公司的速度开始了多元化征程，业务范围包括汽车配件、保险、赌博场等，公司业务最多时拥有300多个子公司，这是一个典型的信奉“整体大于局部的”多元化集团。

在ITT大举进行多元化的60年代(1960~1970)正是美国企业第三次大规模多元化并购浪潮的开始，几乎所有当时的大型企业集团都纷纷开始了四处收购。在这种背景下，ITT的规模确实在短时间内迅速扩大，而这种整体大于局部的思维根本经受不住现实的盈利的考验。一方面是看似庞大的规模，一方面是长期的利润的低下。

在1977年杰宁辞去首席执行官的时候，ITT的业务规模达到了史无前例的160亿美元，而利润率却只有可怜的3%。就在1977年杰宁辞去了总裁一职后，ITT马上爆出了历史上最严重的亏损，对于杰宁来说，这是非常幸运的,而这只能让继任者背上管理无能的骂名,实际上对于这样一个大型多元化集团,亏损只是时间问题。

现在问题就非常明显了,在一个所有的玩家都向往多元化的全能时代里利润率都如此勉强,在一个充满了专业精神的聚焦时代里这种企业命运又会如何?对此,ITT 在股票市场的表现做出了最好的回应。从 1979 年到 1990 年的 10 多年间,ITT 的股票表现一直落后于标准普尔(Standard $ Poor's)500 点指数。

ITT 曾经收购的如喜来登连锁酒店集团、Avis Rent - a - Car 连锁汽车租赁集团、Hartford 保险公司等品牌也悉数被出售。该公司其他所有错综复杂的业务范围最终证明也是问题重重,这也最终导致 ITT 集团在 20 世纪 90 年代中期分拆成几家公司,分拆后每一家公司都有自己的聚焦业务。

这个世界上从来不存在全能的公司,野心可以无限膨胀,但是再大的野心也不会让一个企业在所有能看到利益的领域里有所收获,即便是亚马逊、淘宝、谷歌、微软、百度、腾讯这样的公司也做不到。

福特汽车

走进福特位于美国密执安州迪尔伯恩市总部前台,依次悬挂着福特、林肯、水星、马自达的标志。顺着这些标志同一个方向放眼望去,还有一些曾经明显悬挂过标志的痕迹,那就是福特在过去几十年里疯狂扩张时买下而又在陷入巨亏后不得不忍痛卖掉的品牌,从挂上到再次摘下,对福特来说也许就是一个重生的过程。

福特汽车经历过多次生死存亡的时刻,大量的专家将其归结为金融危机下的特殊时刻,而实际上当我们不去随声附和而是非常客观真实地看待这些危机的时候,我们可以清晰地看到,福特很少因为金融危机而深陷困境,福特只有多元危机

在过去的一个世纪里,正是这些品牌让福特曾经看似风光无限,也正是这些品牌让福特几次陷入绝境。翻开福特的历史,这个全世界最大的汽

车公司的每一次光荣和失落都跟两个要素紧密相连:是聚焦,还是多元?

早在1908年福特T型车诞生之前,亨利·福特已经有两次造车失败的经历。两次造车失败跟技术并没有太大的关系,只是野心勃勃的福特先生一次性按照字母表推出了从A~Z的19款车型,直到1908年福特集中所有的资源推出了T型车,福特才开始真正走上汽车王国之路。

1908年,美国汽车工业史上发生了两件重要的事情:通用汽车公司正式诞生(前身为别克汽车)和亨利·福特发布了著名的T型车。在此后长达20年的时间里,福特的T型车几乎引领了一个时代。这款价格便宜、简单实用的家庭轿车在诞生的第一年里就卖出了1万多辆,而当年美国市场一共生产了65000台汽车,此后的近20年的时间里,T型车在全球卖出了1500万台,这为福特的全球扩张打下了坚实的基础。

然而,由于福特一直拒绝其T型车的升级,到1926年通用汽车公司推出了新型的经济型轿车雪佛兰之后,T型车的销量便开始直线下降,之后福特改产的A型车市场份额也降至通用汽车之后,其市场份额也从老大的位置跌至第二,被通用汽车公司取代。

除了技术的升级换代,福特汽车早期的多元化就遭遇到了很大的危机。

早在20世纪初福特的T型车大卖特卖的时候,福特便确定了全面出击的发展之路,其业务范围甚至涵盖了飞机和潜艇。

1917年亨利·福特父子在密执安州迪尔伯恩市成立荣格综合工厂,开始同时生产拖拉机和卡车。

福特汽车在卡车和拖拉机战场开战的同时,触角也伸向了房地产市场。

不仅如此,为了给汽车及其卡车产品生产需要的原材料,福特公司成立了包括钢铁生产在内的美国最大的Rouge钢铁生产工厂和玻璃制造厂。

与此同时,福特汽车斥巨资在巴西买了250万英亩的土地,建起了一座橡胶种植园,以满足福特汽车快速增长的过程中对橡胶的大量需求。

为了能够将汽车源源不断地运送到世界各地,福特公司甚至修建了

150 英里的私人铁路，这样整个原料的供应、制造、运输、销售等都纳入它所控制的范围，这些都是福特公司要建立世界第一个垂直一体化公司计划的一部分。

这就是福特汽车的创始人亨利·福特创建福特汽车之初的宏大设想，即成为一个完全能够自给自足的行业巨头，行业上下游可以高度地相互关联。这是一幅福特从其 T 型车行销全球之时便开始勾勒的恢宏蓝图。

福特的蓝图实现了吗？

从来没有，不但没有，这种构想一次次将福特拖入破产的境地中。

随着全球政治、经济环境的不断变化，特别是全球各个领域中强大的专业对手的出现，福特的"全产业链"战略思维出现了严重的问题，当初福特花重金打造的玻璃、钢厂、漆面业务都在不久之后被悉数出售。

福特汽车很快就品尝到了如此全面的"同心多样化"战略的恶果，几乎在各个领域中被专业的对手逐一肢解，首先遇到问题的就是曾经在多元化战略里风光无限的福特拖拉机。

1918 年，美国国际收割公司是当时市场上最大的拖拉机生产商，占有美国市场 20% 的份额。就在这一年，亨利·福特决定将自己在 T 型车流水线方面的优势移植到拖拉机的生产业务上面，从而让其拖拉机产品同样拥有大规模生产的优势。在当时美国社会百废待兴的背景下，这样的措施马上就见到成效。

福特拖拉机仅仅用了两年多的时间就占领了 33% 的市场份额，与此同时，国际收割机公司的份额下降到了 14%。

1923 年，福特拖拉机的市场份额已经达到了惊人的 76%，而国际收割机公司则继续萎缩至 9%，福特似乎已经在汽车之外打造了第二个成功的品牌，但是就在 1928 年，福特宣布停止在美国生产其拖拉机业务。

已经完全占据了拖拉机市场的福特汽车为何突然终止拖拉机业务？

原因很简单，迅猛发展的福特有能力造出当时美国市场上缺乏的任何产品，但是福特却没有办法去销售除汽车以外的产品。

在当时，福特将其拖拉机产品全部通过福特汽车销售网络销售，消费者走进展厅看见汽车和拖拉机同时在出售的时候，就仿佛看到了一个穿着唐装打领带的人，消费者实在无法接受将福特汽车跟拖拉机融合在一起销售的想法。不仅如此，作为拖拉机专业品牌的国际收割公司不但生产专业的拖拉机，而且还拥有大量专业的农业技术专家，这更是福特汽车虽然短时间内可以生产拖拉机，但却无法改变的一个专业层面的问题。

就在福特还沉浸在T型车为自己带来的光荣和梦想之时，福特的竞争对手通用汽车已经超越福特成为美国第一大汽车生产商，而另外一个汽车巨头克莱斯勒也步步紧逼。面对已经全面超越自己的专业对手，福特无法鱼和熊掌兼得。

面对当时独霸一方的福特，通用汽车首先在内部推行专业化、制度化的科学管理。通用第一个采用了多级单一品牌来应对不同的市场诉求，特别是通用推出的全新经济轿车雪佛兰一举将福特的T型车定义成了过时和陈旧。但亨利·福特根本不以为然，他应对通用汽车的唯一办法就是降价，通用每推出一个新车型，福特就以降价来应对。

从1920年到1924年期间，福特T型车一共降价8次，长期的降价经营使福特公司利润率已经很低，在继续降价余地很小的情况下，T型福特车走到了尽头，福特汽车出现了首次亏损。

此时福特的内部出现了大量的改革和创新的呼声，但是，这对于技术出身并且把流水线作业视为毕生追求的亨利·福特来说，是绝对不愿意看到和接受的。

亨利·福特的理念是在产品的制造环节上追求最高效率。面对蜂拥而起的竞争对手问题，他只寄希望在现在固定的框架下去解决。为此，福特屏蔽了所有关于技术升级和营销方面的信息，拒绝了一切试图升级T型车的建议，而多元化沉重的包袱更是让福特的境况更加糟糕。

此后近20多年中，任何对福特车型提改革建议的人都被年老而孤僻的老福特无情地挡了回去，最终的结果就是福特车的销售额不断下降，福特帝国不断崩塌，到1946年福特公司的亏损已达到每月几百万美元。非常幸运的是此时正值第二次世界大战期间，美国政府和军方大量的汽车和卡车的订单使得福特公司免遭倒闭的噩运。这时已经是耄耋之年的老亨利·福特实在无力重现福特汽车当年的风采,不得已他召回了自己在海军服役的孙子——亨利·福特二世来实现自己的夙愿。

二战后的美国百废待兴,在危机中受到重创的福特也开始走上复兴之路。28岁的福特二世用福特汽车在二战期间从军方和政府的订单中积累的近7亿美元的现金开始重新打造一个新的福特汽车。

他重金请来了通用公司的原副总经理布里奇,并且将在二战期间表现突出后来成为美国国防部部长的麦克纳马拉和世行行长桑顿等人招致麾下组成自己的智囊团,这其中也包括了刚刚大学毕业便进入福特做销售工作并在日后成为福特汽车公司总裁的亚克卡·李。

大批精英的加入和整个团队的默契配合让福特在1950年再次反超了克莱斯勒,看似离老大通用的距离已不再是那么遥远,但是此时的福特依然问题重重。

1957年9月福特汽车推出了用时10年花费2.5亿美元打造的中级轿车埃德赛尔(EDSEL),这个蹩脚的品牌名称仿佛已经预示了这款车的命运。

福特推出埃德赛尔的主要动机就是二战后随着美国经济和家庭收入的高速增长,越来越多富有的家庭开始选择将经济型轿车升级为更高级的汽车。

对于福特公司而言,中价位汽车市场是其最弱的一环,只有一种车型参与竞争,仅占福特生产量的20%而已。有些研究指出,每年买新车的人中,有1/5是由原来的低价位汽车换成中价位汽车。这些事实使得福特公司的管理层认为,不能再把这有利可图的市场拱手让人了,但是调研报告只告诉了福特未来的可能,报告没有告诉福特强大对手会不会让福特在这个领域里有所作为。

福特管理层的基本思路并没有问题,然而他们在营销战略上的几个常识性的失误最终却葬送了这款被赋予厚望的车型。

首先就是这个蹩脚的名字,一个成功的品牌名称首先就暗示了一个成功的开始，一个失败的品牌名称也就代表了失败的归宿，这一点无论如何强调都不过分。

不管是跟福特后来大获成功的野马还是通用的别克、雪佛兰相比，这个名字都太过于糟糕，实在让人无法跟一台豪华汽车联系到一起来。尽管福特的市场调研人员花了大量的人力物力，最终还是选择了福特唯一的儿子的名字——Edsel，一个听起来更像是二手货交易市场的品牌名称。看看在全球大获成功的汽车品牌，无不是首先拥有一个卓越的品牌名称。

其次，埃德塞尔的推出是典型的“更好产品”思维的产物，而不是与众不同的作品，消费者看到的只是一款更大的尺寸、更大的马力和拥有更豪华内饰的福特汽车而已，仅此而已。

福特太过于依赖所谓的市场调研，这一点是所有大公司的通病。

市场调研只会告诉你曾经发生过的事情，而没有发生的事情根本无从调研，消费者更不会也不知道自己到底是需要什么样的产品，他们仅仅是在跟着趋势走，福特要取胜，需要拥有的是敏锐的符合常识的营销嗅觉，并且可以从消费者心智中的空缺和当下的趋势来证实自己的营销感知力，而当时市场上真正的趋势是汽车市场正在向两头快速发展，也就是高价位的豪华汽车和真正低价位的小型耐用的汽车。这正是奔驰和大众以及丰田这些品牌日后在北美市场取得成功的两个领域。

福特埃德赛尔营销工作另外一个重大失误就是对于竞争对手的严重低估。

在福特推出埃德赛尔的时候，通用汽车的市场占有率已经高达60%，其中级轿车别克和奥茨莫比尔已经控制了中级轿车市场的大半个天下，为了竞争而竞争往往会让品牌在诞生那一刻就活在强大对手的阴影之下，而在此之前福特用了几年的市场调研也并没有触及如何面对竞争的问题。这一点与日后大获成功的野马完全不同。野马的推出并不是为了去争夺现有的市场，或者是为了竞争而竞争的产物，野马完全创造了一个崭新的品类，这一点并不需要没完没了的市场调研才能明白。

埃德赛尔还存在一个严重的问题，就是一次推出了5个车型，另外四个 Edsel 系列车型的名字是 Corsair,Citation,Pacer 和 Ranger,这么多车型让这款汽车的营销潜力被大大稀释,在一个单品都不一定能够确保战役成功的前提下,一次性推出这么多车型让消费者都不知所措。

福特汽车在推出 Edsel 系列的时候没有足够的耐心从一个单点突破,而是选择遍地开花,小福特又再次使出了其祖父的惯用打法,频频打折促销,让这款汽车在上市的时候便沦为一款靠促销销售的大路货,在这一点上福特再次输给了老对手土星。通用汽车的土星品牌从诞生那一刻起就坚持只谈论价值,不谈论价格。一个品牌如果没有价值的不断上升那就只有价格的不断放松。

Edsel 于当年 9 月 4 日推出,首日接获 6500 份订单,算是差强人意,但接下来的几天,销售情况却急剧下降。直至第二年 11 月,Edsel 系列新车型面世,销售才稍有转机。

终于,Edsel 汽车被并入了福特汽车其他部门,第三年 9 月,虽然推出了 Edsel 第三个系列产品,却没有造成任何影响。11 月 19 日,Edsel 被迫停止生产,正式退出历史舞台。

与 Edsel 的失败不同的是,福特野马汽车的成功首先要归功于一个人——艾克卡·李。

1963 年当时还是福特一名部门经理的艾克卡·李毛遂自荐主动向福特请缨要推出一款新的车型,尽管福特当时并不是太看好他的能力和想法,但是因为福特已经长期没有推出一款能让自己扬眉吐气的车型,他最终还是同意了艾克卡·李的主意。完全出乎小福特的预料的是,这款野马汽车是福特公司历史上最成功的品牌之一,第一年便售出了 41 万辆,并在随后的时间里一共为福特创造了 12 亿美元的利润,艾克卡·李也被誉为“野马之父”。

对于野马的成功并不需要什么长篇大论,野马所做的正好的福特埃德赛尔品牌当年都没有做到的。

一　野马汽车是福特当年少数没有以福特名称推出的独立品牌,这对于这个品牌的成功至关重要,时至今日,全球的野马汽车的粉丝们依然会说自己买了一辆野马，而不是福特。

二　野马汽车是第一款为二战后的美国年轻人量身打造的小型跑车。

三　野马汽车保持了高度的聚焦，并没有推出一系列的延伸品牌，野马始终代表了短小而强悍的跑车。

四　这个品牌始终处于不断的升级的状态中。

但是，好景不长，同样继承了老福特固执和爱猜忌的小福特始终觉得艾克卡对自己是一个巨大威胁而于 1978 年将其辞退，福特汽车再一次进入了福特家族的独裁统治。

后人每当听到家族独裁这几个字的时候便认定这就是福特几次陷入困境的基本原因，独裁和家族控制某种程度上确实在影响着福特汽车的命运。

同时家族控制也是一把双刃剑，全球有无数成功的家族控制的企业案例，他们对自己的品牌有着最高的控制，而这些品牌成功的背后除了管理因素之外，更多的是他们对于打造和维护一个优秀品牌的领悟，轻易不会让品牌走上多元和延伸之路。

在福特每一次出现重大危机的背后，除了个人性格和家族色彩的管理风格对品牌造成的影响之外，一次次违背品牌打造的定律，一味追求规模和多元化才是将福特几次带入险境的真正的罪魁祸首。

在辞掉了亚克卡之后，福特汽车依然在收购像拖拉机这些与自己并没有太多关联的企业和品牌。

1980 年，尽管卡车业务和其他相关业务收益很好，公司还是出现了亏损，而且市场份额由 1978 年的 23.6% 下降到 1981 年 16.6%。

1979 年至 1982 年，福特公司的亏损额达 5.11 亿美元，销售收入由 1978 年的 420 亿美元下降到 1981 年的 380 亿美元，福特汽车再一次走到了悬崖的边缘。即便如此，福特也没有停止全球范围内的收购。

1985 年，福特汽车公司购买了全球最大的汽车租赁公司赫兹的绝大部分股票，至此，赫兹成为一个独立的福特汽车公司的子公司。

80 年代初期，福特金融服务集团公司建立，并于 1985 年收购了国家第一金融有限公司。

此后，福特一口气收购了美国租赁公司、英国的阿斯顿·马丁和捷豹。

除了在全球收购品牌之外，福特全然忘记了之前为全产业链思维所付出的代价，依然没有停止自己的全产业链布局的尝试，结果也与上一次完全一样，窘迫的财务状况又迫使福特将之前花费巨资建立的钢铁厂、油漆厂、化工厂等这些全产业链布局中的企业统统出售，反复这样几次的折腾就已经让财务不堪重负。

单单是在福特非常看重的物流领域中，随着美国联邦快递公司（Fed Ex）、美国联合包裹运输公司（UPS）等专业的本土和全球竞争对手的出现，福特在这一领域里根本没有任何竞争力，反而频频连累公司的主业。

就在福特汽车勾勒自己的全产业链宏图的时候，大量本土和海外的专业对手纷纷在各自的领域向福特发起了猛烈的进攻，不仅出口业务受到日本、韩国等新兴汽车生产国的强烈冲击，连国内市场也受到最大的对手通用公司的蚕食。

与全产业链里的每个专业对手相比，福特的官僚机构显得笨重而没有专业精神。

最终残酷的现实逼迫福特公司的管理层把除核心业务——制造轿车和卡车外，其他相关所有业务都进行外包，把原料的供应、运输等不具有竞争力的工作都交给独立专业化公司去做。福特公司先后与美国联邦快递公司（FedEx）和美国联合包裹运输公司（UPS）签订了合作协议，两家公司分别为福特卡车零部件和整车的运输提供物流服务。

根据协定，对重要部件的运输 FedEx 将本着优先服务的原则，保证所订货物在第二天能到达客户的手中。

而 UPS 将对福特整车实行时运时送，以满足客户需求。这种生产环节的外包反而使福特整车运输的时间比原来运输的时间节省了 26%。同时，福特公司在其分拨中心的整车库存减少 29%，从而使每年的库存开支减少 10 亿美元，库存搬运开支减少 1.25 亿美元。

在今天商业模式不断分化与进化的过程里，已经没有哪一家公司可以做到自给自足,全球500强品牌中像苹果、耐克这样的公司只是将品牌的营销和维护工作紧紧握在手中,将全部的注意力聚焦在企业最值钱的品牌打造上,除此之外,全部都是与供应链上其他企业通力合作,以最有效地利用内外部资源。

顾客购买的是品牌,而不是企业,更不是企业引以为豪的全产业链。企业往往过于简单地认为全产业链可以让自己掌控产品制造过程中的所有环节,并可以利用这些企业赚取额外的利润,全然忘记了这其中涉及的人力、物力和精力。更为重要的是,在今天商业环境不断分化和进化的环境中,每一个环节总会留出诞生真正专家选手的空间。毫不夸张地讲,将一辆汽车拆解后有多少个零部件就意味着会诞生多少大大小小的专业的品牌,更不要说像物流、钢铁、橡胶轮胎等这些本身已经充斥着强大而令人畏惧的对手的领域,它们就是真正瓦解企业全产业链思维的重要因素。

1999年,福特新任首席执行官雅克·纳塞尔接过福特帅印。上任伊始,纳塞尔便主张不要将福特只局限于汽车领域,他积极力推“提供汽车消费品和服务的领先消费品公司”的多元化战略,开始在全球范围进行收购,并带领福特涉足汽车分销、互联网等多个领域。

“消费品和服务”听起来像是福特要进入餐饮业了,好大喜功的CEO似乎总是喜欢这种听起来无比宏大但在消费者看来却没有任何的意义的概念。

福特是什么?

福特曾经是北美和全球皮卡和经济型轿车的领导者,现在它正在找回这几个字眼,没有消费者会去购买福特的“消费品和服务”。如果一个品牌连界定自己都有问题的时候,品牌出问题也只是个时间问题。

1999年,福特以64.5亿美元收购沃尔沃汽车。

2000年,福特以28亿美元的价格从宝马汽车的手中买下了全球豪华越野第一品牌路虎。

至此福特公司旗下拥有的汽车品牌有阿斯顿·马丁(Aston Martin)、福特(Ford)、美洲虎(Jaguar)、路虎(Land Rover)、林肯(Lincoln)、马自达

(Mazda)、水星(Mercury)、沃尔沃(Volvo)。此外,还拥有世界最大的汽车信贷企业——福特信贷(Ford Credit)、全球最大的汽车租赁公司——赫兹(Hertz)以及汽车服务品牌 Quality Care。

如果单从这些品牌本身来看,这些品牌本身其实都是非常优秀的,都在各自的领域中有着优秀的聚焦。

阿斯顿·马丁——全球最豪华全手工跑车。

捷豹——拥有英国皇室血统的豪华座驾。

路虎——全球最受欢迎的豪华 SUV。

沃尔沃——全球最安全的轿车。

但是对于福特来说,即便是拥有这么多优秀的品牌,同时为这些品牌提供营销战略和维护也是一个巨大的挑战,四面楚歌的福特根本没有精力和财力将这些品牌中的任何一个打造成真正财务成功的典范。

多元化严重拖累了公司的主营业务,不断涉足其他领域导致公司无法顾及现有品牌的升级和维护,更没有精力去开拓新的市场,这期间最好的证明就是福特 70 年代就已经进入中国,但是一直忙于多元化扩张的福特却完全冷落了这个世界上最大的新兴市场,直到 21 世纪初的时候才在中国草草推出了一款福特嘉年华。

多元化也让福特连基本的质量也一再被忽视,消费者对于公司产品质量的投诉电话让公司接待人员头疼不已。

大量的资金被用来并购和收购,资金的严重短缺导致福特数个新车型被长期推迟,从而进一步导致了工厂开工率的大幅下降,没有精力去关注品牌打造的福特汽车不得不再一次频频使用促销打折以带动销售,结果导致福特汽车的价格不断下降,而与此同时汽车的制造成本却不断上升。

现实再次无情地击碎了福特的多元梦想,享受了近 10 年稳定增长的福特又一次遭遇了巨额亏损。

2001 年,福特全球营业收入 1624 亿美元,亏损 54.5 亿美元。

2002 年,福特全球销售收入为 1334.3 亿美元,亏损 9.8 亿美元。

2003 年,标准普尔将福特汽车的债权评级下调为“BBB -”,这是一个几乎接近于“垃圾级”的标准。

在纳塞尔接手福特的时候，福特汽车的净现金流高达 140 亿美元，而就在纳塞尔在 2003 年被迫辞职的时候，福特汽车的净现金储备仅仅剩下了 9 亿美元，其中的大部分都用来收购和扩张以及为此支付相关费用，光是因凡世通轮胎质量问题而两次大规模召回的费用就高达 35 亿美元。

在纳塞尔灰溜溜地离开后，亨利·福特的曾孙比尔·福特接管了公司，面对着千疮百孔的家族企业，小福特出售了大量非核心投资项目，关闭了众多业绩不佳的制造厂，这一举措让福特汽车在当年就小幅盈利，并在随后的两年里将盈利能力大幅提升，但是小福特的这些基本的减法并没有从本质上让步履蹒跚的福特汽车卸下重重的包袱，危机随时都会爆发。

2006 年，福特全球销售收入为 1601 亿美元，而亏损却高达创纪录的 127 亿美元。此时，波音公司的副总裁穆拉利临危受命出任福特汽车的首席执行官。这位从波音空降的门外汉一针见血地指出了福特所面临的最棘手的问题，福特需要在继续多元化还是回归福特真正的聚焦点两者之间做出抉择，幸运的是穆拉利毫不犹豫地选择了后者。

此时此刻的福特汽车需要的是一个真正强大的聚焦点，而不是苟延残喘于每个面，穆拉利坚决地举起了斧子，开始修剪长期寄生在福特大花园里虽不起眼但却一直在吸吮着福特这棵大树营养的杂草灌木，开始回归到“一个福特”(One Ford)的轨道上。

2007 年，福特依然亏损 27 亿美元。也是在这一年，福特以 9.25 亿美元的价格将豪华跑车品牌阿斯顿·马丁出售给一家英国的私人公司。

同一年，福特汽车信贷公司将其在美国的 59 家分公司精简为现有的 6 家服务中心，在加拿大的 7 家分公司也将被统一归入一家服务中心，并为此总共裁减约 2000 人。

2008 年，本身就危机重重的福特汽车在金融危机的双重打击下再次爆出了 146 亿美元的巨额亏损，其竞争对手通用汽车的亏损也达到破纪录的 208 亿美元，这一年的财富 500 强(Fortune 500)被媒体戏称为“点背”的 500 强(Unfortunate 500)。

2008 年 3 月，福特以大约 23 亿美元的价格将捷豹和路虎出售，这几乎只有当初收购这两个品牌时一半的价格，同时福特出售了手中所持有的所有马自达汽车的股份。

2009 年 9 月，福特以 150 亿美元的价格将仍在盈利中的赫兹租车出售给私人资本运营公司，这给困难重重的福特带来了亟需的现金。

根据福特公司的财报，2009 年第一季度，福特还是净亏损 14 亿美元，然而穆拉利带领福特回归聚焦的艰难跋涉终于有了回报，2009 年第二季度福特汽车便扭亏为盈，第三季度盈利 9.97 亿美元。

更为重要的是，在 2008 年席卷全球的金融危机中，昔日的老对手通用和克莱斯勒全部因为资金链断裂而被迫宣告破产，并且不得不低下头来接受美国政府苛刻的救助计划。福特是三大汽车公司中唯一一个凭借出售大量非核心品牌拿到的大笔现金坚决地拒绝了美国政府颇为苛刻的救援计划的公司，并顺利渡过了最为艰难的金融危机。

2010 年 8 月福特再次以 15 亿美元将沃尔沃出售给中国的吉利汽车公司，这只相当于福特当年购买沃尔沃时 1/4 的价格。

至此福特已经出售了在过去二十年间所购买的所有豪华汽车品牌和相关联企业，从而进一步向“一个福特”战略聚拢资源。

轻装上阵的福特马上展现出了无限的活力，扔掉了那些看似诱人的鸡肋首先让福特内部的官僚气息大大地减少，沟通也变得更为顺畅，曾经各自为政的福特管理层现在可以在一个福特的大平台上讨论和分享福特每一步的战略方向。

尽管外界对于“一个福特”战略有众多的质疑，穆拉利却没有过丝毫的动摇，他所坚持的“集中焦点，简化执行”的一个福特战略也同时体现在了他所推动的福特全球化品牌统一战略。

基于这样的全球统一战略，今天福特旗下的“福克斯”品牌在全世界大卖特卖，已经被视为福特里程碑式的产品，并且频频拿来与曾经造就了亨利·福特的成功的 T 型车相提并论。同时，福特的全球统一的生产平台也留出了足够的战术调整空间为不同消费区域进行风格的微调。

回首福特在过去的一个多世纪走过的路,它的每一次光荣和失落都总是紧紧地和一个词相关联:聚焦还是多元?

在过去的二十多年里,福特公司的利润累计近600亿美元,但是这些收入大部分都被用来购买全球品牌和进行多元化扩张,也正是这些品牌让福特不堪重负,面面俱到地疲于应付,完全没有精力来让这些优秀品牌其中的任何一个发挥出巨大的潜能,几次险些倒闭。

美国颇有影响的效率生产专家沃马克曾在《华尔街日报》发表了一篇"为什么丰田会赢"的文章,文中曾一针见血地批评福特和通用的品牌过多。

通用和福特都有八九个品牌,沃马克在文章中说:"世界上最成功的汽车公司,丰田和宝马,只有两三个品牌。这绝不是一个意外,实际上,任何现代的汽车制造商都很难支持超过3个真正出众的品牌。"

事不过三法则

在我们长期的品牌战略咨询的过程中发现,不光是在汽车品牌中企业很难让超过两个以上的品牌同时成功,在任何一个领域中企业让超过两个以上的品牌成功的案例越来越少了,而今天的环境早已不是斯隆早年为通用汽车勾勒战略蓝图的时代了,更不是小福特仅凭一支优秀的精英管理团队就可以轻易逆转的时代,今天,打造品牌是需要企业的管理层重新审视和学习的一门艺术。

从营销的现实看,一个品牌所能代表的品类和品牌最终的盈利能力往往是成反比的,这一点在消费者走进苹果和索尼的专卖店时就可以很好地领悟。就在索尼的市值和盈利能力不断下滑的今天,苹果已经成长为全球最有价值的品牌之一。

苹果的成功并不需要一本书来书写,苹果的专卖店里有多少种商品?

三种:代表了智能触摸手机的Iphone,代表了平板媒体播放器的Ipad,以及苹果电脑的MAC。就是这不超过四种的品类将苹果一举送上了全球最有价值的公司行列中。

而曾经是什么让索尼跻身全球品牌100强，是三个品类的产品。

全球第一台半导体收音机。

全球第一台特丽珑显像管电视机。

全球第一台可携式音乐播放器 Walkman。

是什么成就了丰田汽车公司？

花冠、凯美瑞和豪华品牌雷克萨斯。其中花冠和凯美瑞在全球一共卖出了7000千万台，支撑起了丰田半壁江山。

是什么成就了大众汽车？

是甲壳虫汽车。

这种汽车1950年登陆美国市场，只有一种车型，一种价格：1545美元，标准化配备，无需添加任何装备。

进入美国后，大众的这一单一车型多年来一直处于不断升级和换代的过程里。其结果如何呢？

在进入美国并保持了16年聚焦历史的甲壳虫取得了空前的成功。1968年，大众在北美市场上一共卖出了近60万辆汽车，在所有进口车型里销量第一，傲视群雄，这个数据几乎是第二位的7倍之多。更难得的是，这些数据中94%的份额都是甲壳虫这一单一车型贡献的。

再来看看饮料市场。可口可乐是全球最大的饮料公司。作为全球最大的饮料公司，可口可乐旗下可以管理多少个饮料品牌呢？

不过3个。

1886年可口可乐正式在美国亚特兰大上市出售，可口可乐公司成功开创并引领了可乐品类，发展了数十年，完全主导了这个品类，市场份额最高超过70%。

50多年后的1950年，可口可乐公司正式推出了第二个品牌“芬达”。芬达1940诞生于二次大战期间的德国，50年代初进入美国开始销售，1960年，这种非可乐类的饮料正式走向全球。

10年之后的1961年，可口可乐推出了第三个品牌“雪碧”，这是在可乐、水果汽水之外的第三种汽水。半个多世纪过去了，可口可乐公司完全主导了这三种饮料的品类：可口可乐（可乐）、雪碧（柠檬汽水）、芬达（水果汽水）。算上其健怡可乐（低热量可乐）的份额，可口可乐公司占据了全球一半的市场份额。

无独有偶，娃哈哈曾经是中国最大最成功的饮料帝国，这个最大的饮料生产商的旗下最多时有多达80多个饮料品牌，而绝大部分都处于奄奄一息的状态，真正支撑起这个饮料王国的只是纯净水、八宝粥和营养快线这三款产品，而娃哈哈在饮料之外的多元化尝试绝大多都处在亏损的状态中。

亨氏公司是全球最大的番茄酱生产商，这家拥有144年历史的调味品公司2012年的营业收入到达了116.4亿美元，其中近一半的营业收入来自于其经典的亨氏番茄酱。

作为中国最优秀的家电品牌，海尔一度是中国家电品牌走向全球的象征，是什么成就了早年的海尔？

电视机、洗衣机和冰箱。海尔在过去十几年中所有多元化业务的拓展其品牌的贡献几乎可以忽略不计。不但没有贡献，还几次险些把这个品牌拖入绝境，过去十年的净利润率始终维持在3%上下。

作为中国最优秀的电脑品牌，联想的业务今天包含了软硬件多个领域，什么成就了联想这家企业？

只有家用和办公这两个领域，其余的同样可以忽略不计。

银行业怎么样，万能的银行业是不是可以打破“事不过三”的定律？

很难，来看看全球盈利能力最强的四家银行品牌：摩根士坦利，高盛，瑞士银行，美洲银行。

摩根士丹利聚焦于“投资银行业务”，投资银行业务占据了其总收入的60%。

高盛聚焦于“资本市场业务”，资本市场业务占据了其总收入的65%。

瑞士银行聚焦于“财富管理”，财富管理业务占据了其总收入的40%。

美洲银行聚焦于“零售银行业务”，零售银行业务占据了其总收入的70%。

再富有的银行也根本做不到面面俱到。

20世纪90年代初是美国公司大规模出售多元化业务的时代，经历了大量破产和亏损的美国公司终于开始理解彼得·德鲁克很多年前的提醒：要获得利润，企业必须把精力放在产出最多的一两项产品上。

三、是什么让大而全的思维总是被肢解

多元化就像是很多人买彩票一样，从数学概率的角度看，对于这个世界上绝大多数人来说，一生能中大奖的几率与坐飞机遇到空难的几率相差无几，但是事情总有例外，总会有人有上等的狗屎运，不管是头奖还是空难，通用电气就是那些为数不多的例外。

在大多数美国的大型品牌试图进入金融领域有所斩获却铩羽而归的时候，通用电气的金融公司却可以为公司带来近一半的税前利润，尽管这些利润中并没有太多来自通用内部的相关交易，却足以让人羡慕不已，而这却足以严重误导太多的中国企业家。

运气会让韩国队在那个特殊的年份勉强进入世界杯四强，但是只有真正的专业风范才会让德国队 4 次捧起世界杯冠军。

不幸的是，在每次比赛开始之前，很多企业总会以为运气在自己一边，当他们带着队伍兴冲冲地进入球场的时候才知道，即便是运气在手也难逃被淘汰的命运。

很多企业完全低估了商业战场上专业选手的力量，这也是为何历史一次次在反复上演，如果专业选手不出现，全线出击当然会是最好的战略，但是当专家品牌开始猛烈反击的时候，全面出击就是一场灾难。

卫生纸大战

多年来，心相印一直是面巾纸品类的领导者。当厕用卫生纸市场开始烽火四起的时候，心相印马上推出了厕用卫生纸，心相印厕用卫生纸隆重登场。那么谁是厕用卫生纸市场的领导品牌呢？

不是心相印，而是维达。

在维达成为厕用卫生纸领域的领导品牌后，卫生巾领域开始硝烟弥漫，维达马上加入了这场战斗并推出了维达卫生巾，那么卫生巾领域的领导品牌是谁呢？

不是维达，而是安尔乐。

紧接着，儿童纸尿裤成为了各路诸侯眼中的新宠，一时间各路军阀刀光剑影，安尔乐毫不犹豫地推出了安尔乐纸尿裤，这次谁会是最后的胜利者呢？

不是以上任何一家的顺延产品，而是帮宝适。

联　想

从2000年开始，联想便开始了自己的全线出击战略，分别进入了手机、网络服务和系统软件集成等领域。按照联想的规划，互联网将成为下一个十年又一个大的利润来源。

然而两年之后的2002年，联想IT相关服务的收入仅占联想集团的1%。此时，PC仍然是联想全部的支柱，规划中的多元化根本没有给联想带来预期的效果。

受其多元化业务失败的影响，联想的三大多元化业务在2003财年盈利率均为负，全线亏损，而海外业务同时也是一路下滑。

2005年联想收购IBM个人电脑业务，但是出于对联想品牌提升的考虑，联想在Thinkpad上采用了双品牌走路的办法，这是一个令人迷惑的做法，直至今天联想可能也没有意识到这样做的长期后果。从消费者心智所择的角度出发，联想最应该做的是让Thinkpad聚焦个人电脑走向世界，而让联想这个名字留在国内台式电脑业务上。

2008年因为移动业务持续亏损，联想1亿美元将移动业务整体打包出售，并决定不再涉足手机行业，但是此时已苹果Iphone为代表的智能手机开始主导市场,Iphone 的成功让联想又似乎看到了机会的存在。随后联想发布了乐 phone 系列手机,管理层希望这款手机能够“围剿”苹果的 Iphone,今天联想的乐 phone 已经难觅踪影了。

在联想大踏步地走在多元化之路上时,一路上遇到了各个领域里强大的专业对手的阻击。

在个人电脑业务中,联想遭遇戴尔、惠普的顽强阻击;在智能机业务中,联想又遇到了苹果、三星、HTC 等对手的阻击,毫无还手之力;企业 IT 群组要与 EDS、BULL、IBM 展开竞争;IT 服务群组要与艾森哲、KPMG 展开竞争;就连企业 ERP 服务也要与 ORACLE、PEOPLESOFT 这些国际巨头展开竞争。多年的多元化让联想连续八年的平均利润率只有 1.09%,联想市值从收购 Thinkpad 时的最高峰 837 亿港币跌到了 140 亿港币。

2013 年联想宣布进入农业领域,尽管品牌战略意识有所提高的联想管理层为其农业品牌赋予了全新的品牌名称“佳沃”,但是联想是否真能在这个全新的领域有所收获,前景令人担忧。

2014 年新年伊始,联想宣布以 29 亿美元收购摩托罗拉移动,消息一经宣布,大量的投资者纷纷开始抛售联想的股票,联想市值瞬间蒸发了 200 多亿,投资者根本不相信一个万金油式的联想会有能力让已经成为明日黄花的摩托罗拉重新走上成功的道路。

海　尔

从 1992 年开始,海尔就开始了全面实施多元化战略。通过兼并、收购、合资、合作等手段,迅速由单一的冰箱产品进入冷柜、空调、洗衣机等白色家电领域。

1997 年,以生产数字彩电为标志,海尔又从白色家电领域进入黑色家电领域。

1998 年,海尔又涉足国外称之为米色家电领域的电脑行业。

此时海尔的大家庭里百花齐放,涵盖的行业包括了 IT、医药、通讯、金融、餐饮、药业、物流、生物工程、家居集成等，甚至还包括了旅游、烟酒糖茶等“小生意”。

今天的海尔几乎制造着“一切用电的东西”，因为制造了这么多的产品，海尔设立了数十家公司，这些公司在海尔集团内部进行复杂的关联交易，而且彼此参股，那么结果如何呢？战争形势惨不忍睹。

海尔制药经历过短暂的发展后始终在亏损的泥潭中挣扎，2008 年被正大永福兼并。

曾经名噪一时的海尔大嫂子面馆逐渐走向无声无息，大多数都已被关闭，消费者似乎并不想为海尔的高科技面条买单。

海尔的 PC 业务几乎是满盘皆输，一直处于巨额亏损的状态，且市场占有率几乎可以忽略不计。

海尔手机业务从落地起就始终在赔钱，今天已经难觅其踪影。

2001 年海尔投入近 20 个亿拥有了包括证券、银行、保险和财务公司在内的众多金融牌照，金融布局完成。但海尔的金融业这几年对于利润率的贡献微乎其微，只经历了一年多的时间海尔就开始退出相关领域。

微波炉业务昙花一现，在强大的格兰仕面前没有尝到任何甜头，2007 年海尔关停了微波炉业务。

全线出击的海尔几乎全线溃败，幸运的是不像很多根基不稳的品牌，海尔的品牌延伸和多元化有其主业的呵护，但是即便是其赖以生存的空调、彩电等主业受品牌延伸的影响已经今非昔比，其中格力凭借高度的聚焦空调一个单品就在利润率、市场份额方面把海尔远远地甩在了身后。在过去的十年中，海尔的平均利润率只有 3.36%。单单在豆浆机这一个领域里，九阳豆浆机靠一个单品傲视群雄，2011 年九阳的市值达到了最高峰时的 138 亿，只有一种业务的九阳市值已经达到了海尔市值的一半。

令人稍感到欣慰的是，海尔从 2006 年开始已经意识到了这种大而全的严重性，在各个领域里开始做减法，与此同时，利润却开始增加，品牌打造的世界里，只有少才是多，多最后都变成了少。

一站式整体思维

面面俱到的品牌很容易形成万金油认知，一个八面玲珑的品牌看上去左右逢源，但却始终原地踏步，当竞争加剧的时候这种左右逢源往往是致命的毁灭。

中国平安是中国三大保险公司之一，今天，这家公司正致力于成为中国金融全领域服务商。像任何一个中国的金融企业一样，平安保险也是一家横跨保险、投资和银行的多元化企业。在平安的思维中，一个购买了平安保险的消费者当然也会对平安的银行业务感兴趣。

但是现实中消费者并不会按照平安的一站式思维去做事，他们喜欢的是专业的银行品牌，而不是保险公司的银行。在中国这样一个银行领域完全没有充分竞争的市场里，今天任何银行业务的尝试都会有不错的回报，这让很多像平安一样的公司产生了一种错觉，认为自己可以同样具有银行优势。但是这仅仅是在今天，在不久的未来银行品牌的断杀才刚刚开始，胜利一定是属于那些选择高度专注某一个服务领域的银行品牌。

平安保险的全领域尝试是成功的吗？

与安然公司一样在规模上非常成功，但是这样做的代价却是巨大的。平安银行在过去的几年业绩还算不错，但是在中国所有专业银行品牌面前显得微不足道，随着竞争的加剧前途十分暗淡。

平安保险的全领域尝试另一个巨大代价就是其主业严重被拖累。

在寿险品类中，中国人寿以 32.4% 的市场份额遥遥领先，而平安在这一个领域中的份额连前四都没有进入。在财险领域中，中国人保以 35.5% 的绝对份额牢牢占据第一，2012 年中国人保的财险收入为 1280 亿元，几乎两倍于平安的 651 亿元。平安保险几乎在所有的专业保险领域中都要看老大的脸色过日子，这是一个非常糟糕的信号。

观念几乎决定了一个企业的一切，你是决定强大于一个点，还是软弱无力地生存于每一个面，每一种观念都决定了企业的未来。

在投资领域,平安投资也创下了中国企业海外投资最大单笔失败的记录。2007年11月27日,平安保险斥资18亿欧元购买了欧洲富通集团约5%的股份,而平安投资的富通集团本身就是一个所谓的多元化金融集团,一个多元化金融集团投资另一个多元化金融集团,只能寄希望于运气。而平安公司的投资业务运气似乎不是太好,截至2008年9月底,受大环境和自身因素的影响,富通的股价大跌了70%,平安为此次投资失败交出了200多亿的天价学费,这也直接导致了平安保险在2008年第三季度出现了78亿人民币的净亏损。而在平安保险跨界投资的另一个大手笔网上超市"一号店"也迟迟看不到盈利的希望。

在政府工作中,一站式办公思维是非常受欢迎的一个概念,因为它解决了审批工作中最关键的便捷和时间问题。而在企业营销的过程里,一站式思维却并没有市场,仅仅因为企业在特殊时间的特殊环境中可以偶有收获,完全不代表企业就可以忘记了自己的成功基础而顺势进入。

短期来看,企业的运气成分偶尔会发挥作用;长期来看,没有任何公司会靠所谓的狗屎运走向巅峰,最后的赢家全是有着明确聚焦的专业化企业。

中 铁

2014年1月5日,中国中铁公司发布消息称,公司总裁白中仁先生因长期抑郁症而在自己的家中跳楼自杀。消息一出,舆论一片哗然。白中仁先生去世的年纪正是一个企业家年富力强施展抱负的时候,一个有着丰富工作经验的精英在这此时的过早离去不禁让人心痛。

据媒体的报道,白中仁先生在任职中铁股份有限公司总裁期间,长期失眠,最终患上抑郁症而酿成了悲剧的发生。我们并不知道导致一个企业家走上极端的确切原因,当我们透过自杀事件看到企业本身的时候,就会看到让这些表面风光的企业家彻夜难眠的,也是真正置于一个商界精英于死地的,不是别的,正是被众人吹捧的大而全。

很多人都在羡慕中铁是一个中央特大型企业集团,殊不知全球像中铁这样的大型或特大型多元化集团都在走向分崩离析,即便是有着中央政府的强大靠背,也无法摆脱商业行为中严重丧失焦点而必须要付出的代价。

中铁集团的旗下业务包括了勘察设计、工程设备及零部件制造、房地产开发、基础建设、铁路及公路投资运营等。且不说在中铁业务板块中每个领域里所遭遇的众多专家级对手的强大竞争,光是这些业务领域所涉及的管理体系、人力资源和文化及生产销售等方面的巨大整合和运营成本,就足以让白中仁先生夜不能寐。

中铁 2013 年财报显示,截至 2013 年 10 月 31 日,中铁公司的总资产 6265 亿元,而其中负债 5319 亿元,资产负债已高达 84.8%,中铁旗下的部分公司负债率已经接近 100%。

不光是中铁,世界 500 强排行榜上出现的众多中国大型国企品牌实际上都是虚弱无比的,它们无不是靠早期国家资源垄断或者是多个业务板块的简单相加而进入所谓的世界 500 强,如果单论品牌价值和品牌市值以及品牌的竞争力,都无法同真正的世界 500 强企业相提并论。

跟索尼一样,对于一个铁路建设方面的专家,企业很容易从自己的角度出发顺势向外扩展,一个能建设铁路的公司当然可以建设公路,一个能建设公路和铁路的公司当然可以建造工程设备和零部件,一个硬件软件都能做的建设集团当然可以进入房地产领域,正是在这种顺势思维下,企业变成了一个万金油式的公司。一个万金油公司本身并没有问题,但是一旦面对竞争和消费者时,万能的企业就变得很无能。

消费者不会喜欢跟一个万金油式的公司打交道,在任何一个领域内这是永远不变的营销法则。

在中国房地产内需和泡沫双重拉动下,中铁的住宅产品当然会有人购买,但是在面对万科这样的绝对专家的时候,中铁的名字就没有任何意义。在房地产泡沫时代都尚且如此,在一个消费愈加成熟的时代,特别是消费刚性需求逐渐理性之后,一个万金油式的企业命运又会怎样呢?

从消费者的角度来看,只是因为我花钱购买了你的铁路和公路建设服务，并不代表我同样需要掏钱购买你的地产以及其他包罗万象的产品。

从另外一方面讲，一个万金油式的企业管理难度和成本大大增加。在万科，每一个员工和管理人员只需要成为自己领域里的专业人才，上升几率便会大大增加；而在中铁，一个管理人才需要成为各个领域里的专家才能保证在不出问题之前得到提升。

在品牌竞争激烈的今天，管理已经成为一门专业领域里不断提高的技能，这需要所有管理者和员工用数年的时间来理解和完善这种专业技能。

数据显示，2013 年中国 500 强企业里亏损最严重的 50 家中 95% 全都是多元化经营。

中国国有大型钢铁企业是多元化业务的重灾区，这些钢铁企业几乎全部是上下通吃，左右联合。这些企业的共同点就是总是要看别人的脸色吃饭，企业能否盈利完全是看对手出牌的对与错。

年份不错的时候企业会有所斩获，对手聚焦更准发力更狠的时候企业便毫无招架之力，这也是中国国有大型企业在过去十几年中每每爆出亏损的一个重要因素。

万 达

没有万能的人生，这个世界上也不存在万能的品牌，再强大的品牌也只是领域的品牌，再强大的企业也只是领域的企业，只不过我的领域要比你的领域大一点或小一点。

万达是中国最大的地产品牌之一，这个品牌从商业地产入手顺势进入了百货、娱乐和互联网。

结果却很难令人兴奋。

万达是中国成功的商业地产品牌，但是成功不仅给万达带来了光环，更带来了大企业通常见到的自负和错综复杂，这个品牌正飞速行驶在行业内多元化的轨道上，尽管大手笔连连但却鲜有成功的迹象。

从我们目前掌握的财务数据来看，截至 2013 财年，万达总资产 2030

亿元,负债却高达 1825 亿元,当年总收入 1866 亿元,净利润为 125 亿元。

万达旗下的万千百货(现已更名为万达百货)从落地一刻就处于亏损的境地,在全球百货业普遍亏损和破产的今天,万达百货也没能够独善其身,仅仅因为万达是一家商业地产服务商就必须有一家名叫万达百货商店的逻辑实在令人费解。

从成立之初到现在,万达已经为万达百货输血了几十亿的现金,即便是这样,万达百货依然无法盈利,在今天分化打造品牌和各个专家品牌的面前,百货早已是明日黄花。

万达旗下的酒店品牌也没有给万达集团带来想象中的现金流,直到今天,万达酒店也是在勉强度日。在全球顶级的像喜来登、万豪这些专业的酒店品牌都无法全面盈利的前提下(喜来登 2013 财年盈利仅为 800 多万美元),一家名叫万达的酒店会带来意外的惊喜吗?只是因为万达是一家商业地产提供商,也完全不代表顾客同样会为一家名为万达的酒店买单。

在文化产业方面,2012 年 5 月份万达以 26 亿美元收购了全美第二大影院公司 AMC。而这家名义上全球第二大院线公司被收购的时候 2012 财年收入 26 亿美元,净亏损 8000 多万美元,而其 94% 的资产负债率也远超过了万达,尽管万达影院在国内的市场占有率达到了 14%,但是距离第二名 10% 的份额并没有明显的差距,这种战场的局面让现在还算可以的万达影院未来之路并不明朗。

一个在中国还没有建立起绝对统治地位的院线品牌联手一个长期亏损的国外二手品牌,这不是一个明智的并购。

我们明显可以看到万达管理层对于未来品牌的展望:“人们住在万达的住宅区里,白天去万达的商务中心里办公,下班后他们会去万达百货购物,或者选择去万达的影院享受一部电影,或是去万达的大歌星纵情放歌一首。周末的时候他们可以走进万达的旅游度假区和娱乐城,出差的时候他们更要住在万达的酒店里,并且在房间里足不出户就可以在万达的电商中选购他们所需要的一切商品,或许我们更可以期待未来人们在这个品牌所打造的墓地中走完自己人生最后的岁月。”

多么美好的一幅画面，远胜过好莱坞的大片，但却完全站不住脚。

管理层往往最容易从自己的角度出发认为按照“生命成长模式”的战略设计会使企业受益最大化，这样会让自己照顾到消费者生命中的每个阶段的需求，只是这一切在消费者看来则完全不成立。

且不说这个设计中会遇到多少专家级的品牌，企业如何设计大而全的布局都改变不了品牌在生活中的一个最基本的角色：彰显和见证生命各个阶段里不同的诉求。

如果人生就是由无数镜头组成的成长画面的话，那品牌的最大意义就彰显了每个阶段的生命诉求。没有任何一个消费者愿意让一个名字代表了生命成长的所有阶段，那又如何彰显生命每个阶段的意义呢？

没有孩子会喜欢幼年和少年时代穿同一个品牌的服装，没有家长会喜欢与自己孩子同样的明星，没有成功人士会在成功之前和之后开同一个品牌的汽车，没有哪个家庭愿意购买同一个牌子的音响和电视，同一个牌子的微波炉和冰箱，这些都不是正常消费者眼中的基本消费逻辑。

今天的万达成功吗？

答案是肯定的，特别在过去10年中中国的房地产所享受的前所未有的宏观环境，一个如此规模的巨无霸很多人都会羡慕不已，就连媒体也不会在意这种表象背后的危险。

过去5年是万达多元化步伐最快的5年，到处收购布局的地产巨人比以前更强大了吗？或许只有数字告诉我们真相。

2010年至2013年万达的财务收入分别为770亿，1051亿，1416亿，1866亿元。不需要多么激动，因为同样在这四年中，万达的净利润率为10%，9%，7%，6.7%，而同期只有住宅一个单品的万科在体量不相上下的情况下，净利润率分别为14.36%，13.41%，12.17%，11.16%。在最好的年份里，只卖一种商品的万科几乎是万达的两倍。

在万达这个大品牌伞下，正在被塞入越来越多的东西，这么多产品成功是一种偶然，例如在影院这个领域中，万达目前占据了中国14%的份额，但也仅仅比第二名高出4个点位。我们运用一点点常识分析就会知道，万达在商业地产追求更高的利润和份额要远比与娱乐界的大佬们抗争要容易得多得多。

通常情况下，在一个领域内拥有统治地位的企业几乎都不是被对手打垮的，垮掉的都是因为自己内部翻船。更严重的问题在于，在中国地产最好的年份里万达的表现如此这般，当泡沫和水分都在一点点褪去的时候，这艘巨轮的表现又会怎样？

那些倒在“全产业链”思维中的品牌

不管是中国的万达、平安还是美国的通用电气，它们都是过去几十年中在“一站式”“全领域”“整体”“全产业链”思维模式下深陷泥潭的那些品牌中的一个缩影。

美国最大的保险公司大都会保险（Met Life）在20世纪80年代也曾以2.4亿美元购入了全世界最大的房地产特许销售公司21世纪房产（Century 21）。大都会购买21世纪的理由跟平安保险的多元化思路如出一辙，一个客户从我这里买了房子也会顺便买上我的保险业务，反之亦然。

这完全是一种一厢情愿的营销思维，一个客户在你那里购买了房子真的不代表消费者会继续购买你的保险服务，这种一站式的思维在专家品牌面前没有任何意义，消费者永远会选择具有专业精神的品牌，而不是一个试图兜售各种业务的万能品牌。最终，几经尝试失败之后，大都会保险也不得不放弃这个地产品牌。

同样道理，一个消费者购买了你的保险产品完全不代表消费者会顺带购买你的银行和投资产品。不管专家把这种顺势思维包装为“横向多元”还是“纵向多元”，或是“协力优势”还是“垂直整合”，今天这些看似迷人的概念都在土崩瓦解。

全球复印机领域的参天巨树——施乐（Xerox），在20世纪的多元化运动中一度也是“一站式”思维的瘾君子。这个全球最著名的复印机品牌从80年代开始陆续进入了金融保险业和计算机领域，并耗费巨资试图将办公室建造成施乐整体办公室。然而这个优秀的复印机巨头却无法让消费者相信自己同样可以造出好的计算机并顺势卖出一份名叫施乐的保单,施乐的多元化最终造成巨额亏损,最终迫使施乐也开始对自己的财务动起了手脚,丑闻曝光后,施乐一度走到了破产的边缘。

就在大都会、三大汽车公司、施乐等这些巨头疯狂地进行行业内和行业外多元化的同一时期,老牌相机相纸企业柯达(Kodak)也禁不住诱惑,开始进入医药、化学品等相关领域。

在柯达看来,一家生产胶卷的公司当然应该拥有自己的化学品公司,这符合管理者心中拥有一家自己的原料公司能够很好地控制成本的想法,并且更加符合商学院里"垂直整合""协力优势"的概念,为此在20世纪初柯达耗费巨资成立了伊士曼化工公司,结果如何呢?

完全出乎柯达的意料,伊士曼化工并没有让柯达更加成功,反而让企业连连亏损,而其生产的化学产品在柯达所占份额也十分有限。

1993年,柯达公司将公司旗下的价值40亿美元的伊士曼化工公司单独剥离出去,即便是看起来非常合理的胶片和化学也最终证明不能都到一起。而柯达在医药领域的多元化尝试更是没有占到半点便宜,最终也只能打包出售。

就在柯达在多元化之路上连连受挫的时候,全球最大的轮胎生产企业固特异(Goodyear)也开始了疯狂的多元化,从石油到房地产,包罗万象。

先是并购了著名的发动机生产商罗尔斯·罗伊斯,随后固特异开始进入石油天然气领域,并斥资7.5亿美元建了一条从加州到德州的当时美国最长的输油管(All American Pipeline)。

就在媒体一片赞美之词中,固特异迎来了成立以来最严重的亏损,固特异的股票一泻千里,其股票评级也一降再降最终进入了垃圾股的行列。同时,大量竞争者虎视眈眈想将病弱的固特异一口吞下。

这期间最为讽刺的是固特异耗费巨资建立的输油管线,竣工营运后不久,因天气寒冷,石油凝固堵塞了这条输油管。一时间美国媒体都在调侃,固特异是"花了股东一大笔钱制作了一管长达1200英里的牙膏"。

1980年,戴维·普拉斯成为固特异新任总裁。上任伊始,普拉斯就毫不犹豫地出售了之前所有固特异多元化并购的产业和几十家子公司,其中就包括罗尔斯·罗伊斯柴油发动机企业和旗下的房地产企业,固特异终于回到聚焦的轨道上。聚焦之后的固特异马上开始扭亏为盈,股票开始稳步回升,一路成长为今天的轮胎巨人。

多元化对于任何一个企业家都是一位美丽的美杜莎(希腊神话中美丽的魔女,任何靠近的人都会变成石头),看似充满财富的外表之下其实是一个巨大的深渊。对于今天中国的企业来讲,创业和立业之苦如同沙漠中宗教般隐忍的前行,这期间对于企业和创立者来说,最危险的并不是一望无际的沙漠本身,而是时隐时现的"多元化"的海市蜃楼。

今天的中国企业界和商学院里流传着很多关于多元化的美丽词汇:垂直整合,同心多元,协力优势,行业内延伸,等等。这些词汇听起来冠冕堂皇又难以拒绝,其中上下游协力优势是让很多中国企业在多元化道路上越走越远的另一个原因。

正是在这个观念的指导下,电商开始了自己的物流公司的建设,煤电企业开始了自己的焦化产业的建设,汽车企业开始了自己汽车租赁公司的组建。

1987年,通用汽车斥巨资买下美国全国汽车租赁公司,一个汽车业的巨头经营一个租赁公司看起来再合理不过。按照"协力优势理论",通用汽车可以将自己生产的汽车卖给旗下的汽车租赁公司。而现实中的情况则完全相反,就在通用汽车买下全国汽车租赁公司4年之后,这个完美的"协作"计划就给通用汽车带来了7亿美元的亏损。

在通用汽车买下全国汽车租赁公司的几年内,通用汽车一共向旗下的租车公司出售了其总生产量1/4的车辆,对于价格十分敏感的租车行业,通用卖出的车辆本身都是层层折扣之后赔钱卖出的,每卖一辆汽车都在亏损。最终连续多年的巨额亏损让通用汽车不得不将租车业务整体出售。

不光是通用汽车,20世纪美国所有的汽车公司几乎都是"整体协作"思维的受害者,福特曾经买下赫兹汽车租赁公司,克莱斯勒买下美国节俭汽车租赁公司,最终这些“协作”的品牌都让企业陷入了亏损而被再次出售。

无论是平安还是大都会,企业真正应该做的是像花匠一样时常要对自己花园里的杂草和灌木丛进行修剪,一个优秀的花匠必须明白杂草注定就是杂草,永远无法成长为参天大树。一棵参天大树在风和日丽的天气下看不出跟杂草有任何区别,而一旦狂风暴雨的商业战争来临之际,企业才会懂得大树的伟大。

“一站式”“全领域”“整体”“全产业链”这些美丽而动人的词汇就像海洛因的花朵,看似美丽动人,而当企业一旦接近就注定会被病魔缠身。

无论专家和企业如何用专业术语去包装多元化和为品牌延伸辩解,这都改变不了一个最简洁的常识,那就是这一切的专业术语在消费者面前没有任何意义,消费者看待品牌从不会按照专家的专业术语去理解,消费者简单而直观的心智认知会让他们从品类的角度去看待品牌的基本问题。

很多企业喜欢顺风车式的思维方式,认为当一个产品成功的时候企业可以顺带出售任何他们想出售的东西,同时也可以在销售产品的时候节省大量的营销费用,这就是我们为什么可以看到大量的大而全的品牌表述,“全产业链”“云苏宁,无限购”“整体厨房”就是这种思维的具体的表现,然而顺带销售的代价是巨大的。

全世界大而全的公司时代已经过去,在过去的十几年中无论是海尔的整体厨房还是海澜之家的男人的衣柜,这种一站式思维几乎都以失败而告终。

海尔的整体厨房从一落地就面临着各个专业领域里的专家级对手的一一肢解,橱柜领域的欧派,吸油烟机领域的方太,炉灶的华帝,消费者甚至单独购买橱柜的门把手。

仅仅因为海尔能够制造出冰箱、洗衣机绝不代表消费者会为它的整体厨房掏钱,今天海尔的整体厨房概念早已难觅踪影,但是海尔并没有从曾经的失败中吸取教训,继续推出整体概念的去甲醛的空调,听起来很完美,可是面对专业的空气净化器,全才再一次输给了专才。

20世纪80年代中期,复印机领域的巨人施乐一掷千金地投入了上百亿美元,想打造未来整体办公,也就是单一"卖方提供",最终耗费了数十年,烧掉了大把的美元,不了了之。直至今日,全世界的消费者依然用单独的电信供应商,微软的软件,IBM的信息处理,惠普的激光打印。

通用电气公司曾经在美国推出了自己的一站式厨房和一站式电厂,最终也以失败告终,无论通用电气怎样包装自己的整体概念,所有的消费者还是坚持购买单独的洗衣机,单独的冰箱,甚至连安装设备都坚持选择专业的品牌。

四、是什么引诱品牌走向大而全战线

1+1大于1的误区

如果财务经理告诉你有人用10款产品加起来所赚的钱超过了一个产品的利润，没有人会对此产生怀疑，因为这完全符合我们大脑中的财务逻辑。然而现实中的情况正好相反，符合逻辑的东西往往并不符合现实，现实中真正的赢家都是一个产品的利润远超过了十个产品相加的总和。

如果说福特对于生产流水线的重新定义造就了福特汽车初期的成功的话，那将这种成功推向第一个高峰就是聚焦。福特在20世纪初将所有的生产和营销资源全部投入到了其经典的入门级单一车型T型车，其结果就是福特整整统治了这个入门级市场15年的时间，这一款车型就占据了近60%的份额。对此，时任通用汽车执行委员会委员的阿尔弗莱德·斯隆也在其回忆录中不得不承认，虽然通用汽车用新型的雪佛兰在后期打败了福特一直拒绝升级的T型车，但是福特T型车初期的成功对通用造成了巨大的压力。

1921年斯隆进入通用汽车董事会之时，通用汽车旗下有七条产品线，十个型号的汽车。

雪佛兰490(四缸)	795~1375美元
雪佛兰FB(四缸)	1320~2075美元
奥克兰德(六缸)	1395~2065美元(后来更名为庞蒂亚克)

奥尔兹(四缸 FB)	1445～2145 美元(后来更名为 Oldsmobile 奥兹莫比尔)
(六缸)	1450～2145 美元
(八缸)	2100～3300 美元
斯克里普斯·布斯(六缸)	1545～2295 美元
谢里丹(四缸 FB)	1685 美元
别克(六缸)	1795～3295 美元
凯迪拉克(1K 缸)	3790～5690 美元

在这个看似非常壮观的产品线里有几个亟待解决的问题,首先是车型过于复杂,很多车型本身就拥有一系列的车型。其次是价格相互重叠,入门级的雪佛兰和跑车系列的庞蒂亚克价格没有任何区别,为成熟人群打造的奥尔兹和豪华品牌凯迪拉克完全一样。当产品的价格本身都无法有效区分时,对于产品的认知更无从谈起。外部的竞争还没有开始,内部产品价格就已经开始相互挤压。

我们对于通用营销数据的研究完全支持了这一论据。

1920 年,通用汽车公司在美国一共销售了 331118 辆汽车,其中包括了 129525 辆雪佛兰和 112308 辆别克,剩下的 89385 辆则来自于凯迪拉克等车型。其中奥克兰德为 34839 辆,凯迪拉克为 19790 辆。

此时的通用汽车除了别克和凯迪拉克在盈利之外,其他的车型都在赔钱。面对强大的竞争对手福特,雪佛兰每月的亏损额一度高达 100 万美元,整个 1921 年雪佛兰事业部亏损了 500 万美元,这在当时是个巨大的数字。

拥有这么多车型的通用汽车销售结果如何呢?

1920 年通用汽车十几个车型加起来的销售量为 393075 辆,而福特的单一 T 型车就卖出了 100 多万辆。在销售额上看,通用汽车十几个车型的销售总额为 5.67 亿美元,而福特凭借一款 T 型车就到达了 6.4 亿美元。

拥有多种车型的通用汽车在 1917 年的时候其汽车和卡车销量占到了全美 17% 的份额,而这一数字在 1921 年则下降到了 12%。同期,只销售一款车型的福特则从 1917 年的 35% 上升到 1921 的 60%。

不管是从市场份额、销量还是净利润率上来看，只卖一款产品的福特要远胜于同时出售十个车型的通用汽车。

不要以为这是 20 世纪特殊年代里的特殊事件，我们应该从另外一个角度来看待这个问题，在那个竞争相对平缓的时间里聚焦就是如此重要，在今天的商业环境里更是扮演着重要的角色。

在中国上百个自有汽车品牌里盈利能力最高的是哪个？

不是车型最多的奇瑞、吉利和比亚迪，而是长城。

长城汽车是中国销售收入和利润率最高的品牌之一，这绝不是偶然。长城汽车是中国所有汽车企业中车型最少的企业，其对于 SUV 的高度聚焦让长城不但在国内保持了 4 年的销量和市场占有率的绝对第一，同时也是中国汽车品牌单车出口利润和出口量最大的品牌。

2012 年，长城汽车的营业收入达到 431. 6 亿元，最重要的是其净利润高达 56. 76 亿元，同比增长 65. 7%。在整个汽车行业一片萧条的大背景下，长城毫无疑问已经成长为最优秀的中国汽车品牌，没有之一。

长城只聚焦于 SUV 怎么可能成就今天的成功？

这是大部分中国企业不愿也不会去面对的问题，10 个车型的销量和利润一定会大于 1 种车型，在财务的常识中这完全正确，但是在品牌打造的世界中这完全相反。

在企业的眼中，一个品牌可以涵盖所有的消费者，所有的人群都应该成为品牌的忠实客户。在消费者的眼中，在他们已经拥挤不堪的大脑中优秀的品牌都只代表了一种概念，一种诉求，这不但可以大大简化消费者大脑选择的过程，更可以让品牌的焦点以某种特定的身份深深地扎根在消费者的大脑中，而不仅仅是知道品牌而已。

你拥有的产品比别人少，绝不意味着你的利润也比别人少，恰恰相反，当消费者看到你专注生产一款产品的时候，他们一定相信你在这领域里拥有绝对的权威和专业感，这就是为什么很多城市只销售单一品类食品的店铺外面总会排起长长的队伍。

同时拥有几十款车型的奇瑞、吉利和比亚迪成功了吗?

过去的10年是中国汽车品牌发展最快的10年,借助于内需市场的巨大需求,大量的中国企业开始了打造属于自己的自主品牌之路,这其中比亚迪、奇瑞、吉利便是这些企业中优秀的代表。然而10年后的今天,这些中国自主汽车品牌殊途同归,都交出了同样的答卷,这些品牌中有的看似庞大但实际上非常虚弱,有的从一诞生就始终处于亏损的状态。

根据中国汽车工业协会发布的市场报告显示,2012年,包括一汽、上汽、东风、广汽、北汽、奇瑞等大型自主品牌市场份额仅为7.8%,这意味着中国170多个自主汽车品牌要在这仅有的7.8%的份额中为自己的生存权而艰难前行,其余的90%的份额则被合资和国外品牌所占据。

吉利汽车是所有自主品牌中最早进入汽车制造业的,短短的几年中便取得了惊人的成绩。2012年吉利汽车实现总收入246.3亿元人民币,同比增长17%;实现净利润20.4亿元人民币,同比增长32%。在过去的4年中,在170多家中国自主汽车品牌里,吉利汽车平均净利润率保持在8%左右。

比亚迪曾经是手机电池制造商,2003年开始通过收购西安秦川汽车开始进入汽车制造业,今天的比亚迪汽车本身就是驰骋在电池、汽车等多元化的道路上。2012年比亚迪销售收入469个亿,净利润2.13亿,2013年上半年营业收入260个亿,净利润4.27亿元,在过去的8年中,比亚迪的平均利润率保持在5.26%。

这两个自主品牌表面上看有着庞大的规模和还说得过去的净利润,但实际上支撑起这两家企业的并不仅仅是这两个品牌本身,还有来自政府的高额补贴。2012年吉利汽车全年获得政府补贴8个多亿,如果将这部分来自政府的贴补从净利润中扣除,整个吉利汽车的净利润和利润率将拦腰折断。2012年比亚迪汽车获政府补贴2.2亿元,如果将这部补贴因素去除,比亚迪汽车完全是亏损。

2008年至2010年,吉利品牌所创造的净利润分别为4.3亿、12.5亿和13.68亿,而同期吉利所获得的政府补贴为2.2亿,4.8亿和18亿,如果将这部分政府补贴的因素剔除,吉利汽车同样身处亏损的泥潭中。

而比亚迪和吉利并不是最糟糕的，三大汽车自主品牌中，奇瑞汽车2013年一季度的亏损就已经达到了1.91亿，这已经不是奇瑞的第一次亏损，在过去的六年中奇瑞一共亏掉了20多亿人民币。

数据显示，中国一千多家汽车制造企业和170多个自主汽车品牌里，有众多的品牌处于长期亏损的阶段，更多的品牌则是靠政府“接济”在过日子，如果没有政府的补贴收入，这些品牌随时面临出局的可能。大部分自主品牌似乎走入了一个怪圈，政府的补贴越多，亏损越严重，亏损越严重，他们推出的车型就越多，中国自主汽车品牌的发展正在重现一个世纪前的美国汽车工业之路，

当然，奇瑞并不是不清楚自己的处境。

2013年4月，曾经对多品牌和规模效应无限推崇的奇瑞汽车在经历了长期亏损后终于宣布停用威麟、瑞麒和旗云3个品牌，正式开始启动类似于福特的“一个奇瑞”战略，只保留奇瑞品牌，并将“威麟、瑞麒和旗云3个品牌归到奇瑞之下”。

在过去的10年中，奇瑞靠多车型用数量拉动增长的方式暂时奠定了奇瑞汽车在国内的地位，但是今天这种模式终于走到到了尽头，奇瑞终于意识到规模并不是品牌的全部，一个十分虚弱的品牌规模越大潜在威胁会越多，但是奇瑞的“一个奇瑞”战略跟福特的“一个福特”战略还是有着本质的区别的。

从字面上看奇瑞似乎也在做减法，而实际上奇瑞改变的只是一个品牌名称的排序，本质上没有解决品牌虚弱的问题。“一个奇瑞”战略最重要的是要砍掉威麟、瑞麒和旗云这3个品牌，这个三个名字除了给消费者造成困惑外并没有给奇瑞造就任何一个强大的品牌，奇瑞需要从福特和通用以及宝马这些品牌的长期的成长历史中学到最宝贵的课程。

整体大于局部

在行业内多元化的种种外表之下，一个公司往往会有很多的业务线和

产品线，很多公司会本能地认为多种业务线之间的取长补短，会让整体实力大于局部的力量，然而很多心怀这种想法的公司即便可以成功开创品牌，也完全不像其表面上那么成功。

新东方作为中国北美留学培训的开创者，在过去的二十多年中不停地向自己的产品目录上增加品类，自从1993年成立以来，这个品牌几乎已经把市面上所有的培训项目都添加到了自己的产品中，长期、短期，国外、国内。

幸运的是在某些领域中其结果还不错，这个品牌在过去的二十多年中基本上保持了20%左右的增长，多元化成功了，不是吗？

不要着急，就在同一时期，中国的消费者物价指数（CPI）上涨了14%，这个数字意味着什么？

如果新东方在过去的二十多年中没有疯狂地向自己的产品目录里增加那么多产品，而是做好两件事情，一是根据CPI指数合理调节好原有相关北美产品的价格，二是作为品类开创者继续扩大原品类市场和自身的份额，新东方的收入增长将远远超过现在的数字。更为关键的是，这可以很大程度上避免在北美业务之外的所有边缘业务造成的损失，最显而易见的就是在其高端项目精英英语身上所浪费的财力和物力，这个耗费了几亿人民币的项目最终只能以一千多万的价格转卖，今天这个品牌已经开始退出了市场。

现在很多人会反问，只聚焦在北美领域中会卖出更多的北美课程吗？

或许会，或许不会，但是千万不要忽略了过去二十多年是中国改革开放最为彻底和迅速的时代，人们越来越喜欢接受国外的教育，新东方作为毫无争议的领导者理应卖出更多的北美产品。

现在我们要问的真正的问题就出现了：

如果一个品牌在完全顺应时代发展趋势时都无法取得完胜的话，在整个趋势与你相悖而行的时候，你又该如何呢？

今天众多的教育机构都纷纷以新东方为榜样，他们很多都是在各自领域中有着明确聚焦的公司，但却始终无法成为真正的品类赢家，他们在拓展教育产品方面都有自己独到的见解,但却始终无法走上持续高速的财务增长之路。

当我们透过他们五花八门的产品目录看到其本质的时候,就会发现他们的大部分增长也仅仅体现在了物价指数上,扣除这些增长,也就扣除了大部分的利润,这也是为什么中关村聚集了这么多的教育公司大部分都在走下坡路,而作为领导品牌新东方的净利润率也从十年前最高峰时的30%一路滑落到了今天的14%左右。整体没有大于局部,整体只破坏了本来可以成为参天大树的枝干。

当你的品牌花园里都是一些弱不禁风的小树的时候,你当然感觉不到这么多小树对你意味着什么,只有当狂风暴雨袭来的时候,你才会明白参天大树的力量。

规模等于安全

如同战略一样,规模本身并不是一个什么值得追求的目标,更不是什么值得大书特书的东西,规模只是按照正确的法则建立品牌之后一个水到渠成的结果,而不是企业故意为之的目标。对于一个大而全万金油式的品牌,规模反而会成为一种沉重的负担。

京东的CEO刘强东一直就是这种观点的拥护者,他反复强调规模意味着安全,并且给出了明确的数字来证明,京东的规模应该在多少数额才是安全的。实际上,单纯地追求规模毫无意义,除非这种对规模的追求是建立在对某一个领域的绝对主导,这个时候规模会自动转化成利润。这也是为什么京东从未盈利的主要原因。京东现在需要的不是规模,而是正视每个领域里的专业对手。

没有任何一支军队可以承担全线作战的后果,今天京东的战争局面非常令人担忧。

图书领域里,当当是一道不可逾越的防线。

服装领域里,各个专业品牌正在全力进攻,光是一个淘宝就让京东的服装业务很难盈利。

酒水领域里，酒仙已经开始形成军团作战能力。

还有线上线下各个专业领域里众多虎视眈眈的对手，他们也正在磨刀霍霍。

优秀的聚焦是因，出色的规模是果，这个因果关系不能颠倒。

“规模等于安全”几乎是中国家电企业集团陷入的盲区，无数优秀的中国品牌在这种一味对规模疯狂的追求中走向了终点。

“规模等于安全”思维下的长虹

成立于20世纪的长虹电视机曾经一度占据了电视机市场30%的份额，是中国电视机领域绝对的第一品牌，1997年最鼎盛时期的长虹销售额达到160多亿元，利润30多亿元。

巨大的成功让长虹完全飘飘然，开始变得自负自大，在短短几年时间内，长虹几乎同时进入了视听、手机、空调、器件、网络、电池、VCD、互联网等多个领域。

与此同时，与长虹不断增长的产品线形成强烈反差的就是不断下降的利润。

公司利润从1998年开始一路下降，1998年为20亿元，1999年下降为5.25亿元，2000年为2.74亿元，市场份额从最高时的30%下降到了13%。

2005年，长虹亏损37亿元，打破了中国上市公司有史以来的亏损纪录，品牌也受到了严重打击。

今天中国电视机品牌的份额排名依次为海信第一，市场占有率13%，创维和长虹并列第二，市场占有率12%，TCL和康佳并列第三，市场占有率10%。

没有任何一家可以占到绝对主导地位，所有这些品牌都存在或重或轻的多元化和品牌延伸，力量此消彼长，没有任何本质上的区别。

倒下的中国品牌的名单还很长很长，TCL、步步高、美菱、海信、澳柯玛、奥克斯等这些曾经让无数国人骄傲和信赖的中国品牌全都因为对于大而全和对规模的一味追求而付出了高昂的代价,很多品牌元气大伤,一蹶不振,随时都面临着出局的危险,考虑到这些品牌的背后都有政府的补贴救助,如果是在欧美这样一个完全自由竞争的环境中,这些品牌中的大部分早已不存在了。

规模从来就不是一个品牌的核心竞争力,如果规模可以保证品牌成功,商业历史上也就不会出现像柯达、克莱斯勒等这样的公司倒闭的案例了。

一个看似庞大而没有聚焦的敌人实际上只是一个臃肿而弱不禁风的巨人,看似庞大的身躯笨重而缓慢。真正令人畏惧的是那些高度聚焦的品牌,它们像一支锋利无比的剑,随时会聚集全部的力量射向敌人最虚弱的地方,而最让体态庞大的敌人心惊胆战的是你永远不知道这支箭从何处射来,再猛烈的雷霆万钧也敌不过瞬间爆发的一箭。

包罗万象的品牌随时会遭到任何一个方向射来的冷箭,且毫无还手之力。

在视频网站的竞争中,胜利并不属于任何一个门户网站的延伸品牌,而是优酷土豆,其一家的销售收入就是搜狐等延伸品牌 8 家的竞争对手的总和,尽管搜狐的差异化战略为视频品类提供了一定程度的成功,但是依然无法成功地让搜狐视频成为另一个成功的品牌。同一棵参天大树下无法再生长出另外一棵巨树,生物界适用的道理,同样适用于品牌打造的世界中。

在果汁品类的竞争中,汇源果汁在百分百浓度和中浓度市场上占据了一半的江山,却依然在低浓度市场上输给了纯果乐和美汁源。

不要把鸡蛋放在一个篮子里

安德鲁·格鲁夫是英特尔集团的前任首席执行官,他著名的“不把鸡蛋放在一个篮子里”的理论或许代表了今天中国企业家的真实心声。这对于刚开始摸索方向中的中国创业团队或许有一点指导意义,但是对于大多数一辈子也孵不出几个蛋的中国企业来说，把鸡蛋放在一个篮子里才是最好的选择，当然这更取决于你选择把鸡蛋放在什么样的篮子里。

今天，联想的篮子里已经有太多半生不熟的鸡蛋，而最近联想又决定把摩托罗拉收入自己的篮子里，这是一个非常糟糕的决定。联想本身就是一只漏洞百出的篮子，而摩托罗拉已经是一只过了保质期的蛋，一个糟糕的篮子和一只破败的蛋，你无法期待会有什么奇迹发生。

美的是中国优秀的家电品牌，在去的几年中美的在这个大篮子里放入了越来越多的鸡蛋，从大到小，从卧室到厨房，美的产品几乎可以满足一个家庭里所有的电器清单，这么多鸡蛋放在这一个大篮子里结果怎样？

过去十年美的销售额直线上升，特别是 2013 年美的一共销售了 1212 亿的产品，但是净利润只有 53. 17 亿，净利润率只有 4. 38%。

当公司的业务包含的范围越来越广阔，公司的销售成本，一般成本和管理成本会越来越高，这让企业的盈利能力大打折扣。

这也很好地解释了为什么拥有一个领域的 60% 的份额要远比拥有 6 个不同领域各 10% 的份额要有意义得多得多。传统的管理者完全无法理解和看到作为一个市场中绝对的领导品牌应有的巅峰状态，他们本能地认为现在所处的位置已经相当不错了，是时候把眼光看向更辽阔的领土，那个市场非常大，只要拿下 5% 的份额就会很成功，这个时候企业不可避免地走向大而全的战略模式，这种想当然式的思维给企业带来两个最大的伤害：

1. 一厢情愿的战略制定。企业根本不是发现了战场上战略机遇的空间，而是凭借对某个市场盲目乐观的预测，这种思想最大的危险在于企业假定一切对手都不存在。

2. 过早终结了原本有希望真正成为领域领导者的品牌，而这种节点一旦错过不会再来。

一个优秀的品牌管理者，需要学会的就是在关键的时间关键的地点把一只优秀的鸡蛋放在一个优秀的篮子里。

五、过去二十年中国盈利能力最高的品牌

如果要问你过去的十几年中，中国最成功最赚钱的品牌是哪个，很多人可能会说百度、淘宝或是腾讯这些高大上的企业。如果只是看规模和所处的品类的话这些都没有错。但是如果我告诉你，过去几年最成功的品牌是一罐完全没有任何高科技成分只是一种可有可无的饮料的话，你可能感觉很难相信，然而事实就是如此，这个品牌就是王老吉。

一罐不起眼的凉茶竟然能够撼动百年品牌可口可乐，市值过千亿，是当之无愧中国最优秀的品牌，没有之一。

王老吉是中国品牌聚焦的经典之作，它的身上集合了所有成功品牌所需的聚焦品质。

凉茶起源于广东，是中国广东地区一种由中草药熬制的“药茶”，其主要功能为去湿清热，在炎热的广东广西地区凉茶几乎是日常生活的一部分，而经营凉茶的企业也有很多，光是在广东地区凉茶品牌不下几十个，在众多老字号凉茶品牌中，又以王老吉最为著名。

王老吉凉茶创立于清道光年间(1828 年)，至今近两百年历史，是业界公认的凉茶始祖，其产品形式也经历了从水碗凉茶、凉茶包、凉茶粉到凉茶饮料等变化。

20 世纪 50 年代初，王老吉凉茶因为种种原因最终分成两支：一支是在 1956 年公私合营后，王老吉与当时知名度颇高的嘉宝栈、常炯堂等八家企业合组的“王老吉联合制药厂”(也就是今天的广药集团)，继续生产正宗王老吉凉茶药品。另一支则由王氏家族的后人带到香港。

在中国大陆，广药集团(王老吉药业股份有限公司)是王老吉的品牌

法定持有人，1995 年之前的罐装王老吉一直是由广药集团生产经营。1995 年之后，广药集团授权鸿道集团（今天的加多宝集团）在规定期限内生产经营红色罐装和红色瓶装王老吉，而广药集团则生产经营盒装王老吉。

1996 年，广药集团正式成立，王老吉商标等无形资产归入广药集团名下。

从 2000 年开始，广药集团正式授加多宝集团在其红色罐装凉茶上使用“王老吉”商标，并且在合同中明确指出，“王老吉”品牌仅限于罐装凉茶品类，这一看似不起眼的限制实际上为王老吉日后的成功做出了巨大的贡献。

如果说王老吉是在广药集团手中得以传承的话，那么王老吉真正的腾飞则是在 2000 年后加多宝集团对王老吉品牌战略的重塑。

一个不容忽视的事实是，在加多宝集团“租用”王老吉品牌之前，王老吉的销售额始终围绕在 1 个亿左右，而且也从未走出两广的版图。

2003 年加多宝为王老吉重新梳理战略之路，当年王老吉的销售额就达到了 6 亿，并成功地走出两广的版图，在 2010 年营业收入达到了破纪录的 200 亿，市值达到了近千亿，这一成绩足以让中国所有的饮料品牌都有几分敬畏之心。

没有任何炒作，没有任何名人代言，没有任何花哨的策划，甚至没有什么漂亮的包装，王老吉是中国品牌战略时代的经典之作，它完全符合了优秀的品牌战略的两个基本定义：

1. 平凡产品借助高效营销可以产生出巨大的能量。

2. 一个品牌的产品聚焦程度乘以可以保持聚焦的时间等于品牌盈利的能力。

王老吉从推出一共有几款产品？

只有一款。

这让我们又看到了乔布斯在苹果的产品上极致聚焦的思想，当全球所有的手机生产商都推出了系列产品的时候，苹果的 Iphone 有多少款？

只有一款。

假设今天执掌苹果的还是乔布斯而不是库克，他绝不会让苹果推出彩色 Iphone 和超薄超大的 Iphone，因为“焦点恒久远，一点永流传”，很多时候保护好一个焦点远比破坏一个焦点要难得多。

中国最成功的小家电品牌是谁？

是九阳豆浆机，在豆浆机品类中，九阳凭借一个单品就达到 25 年历史的海尔市值的一半。

中国最成功的房地产品牌是谁？

是万科。万科是什么？万科是全球最专业的住宅地产开发商。这个曾经多面尝试的企业在 1993 年开始专业聚焦于中国专业住宅建筑之时，胜利就始终在万科品牌的一边。今天，尽管万科只占据了住宅市场约 2.2% 的份额，但却已经是全球最大最成功的专业住宅品牌。

中国过去几年最成功的汽车品牌是谁？

是长城。在中国所有的汽车品牌四处开花之时，长城是唯一一个高度聚焦于 SUV 从而成长为一棵参天巨树的品牌。在过去的一年里，长城汽车的营业收入达到惊人的 431.6 亿元，其净利润高达 56.76 亿元，同比增长 65.7%。在整个汽车行业一片萧条的大背景下，长城毫无疑问已经成长为最优秀的中国汽车品牌，没有之一。

中国过去几年最成功的家电品牌是谁？

曾经是海尔和美的，今天这个头衔非格力莫属。格力在过去的十几年中高度聚焦空调这一个品类，凭借这一清晰的焦点，格力在市场份额和利润率方面把众多老牌家电品牌远远甩在了身后。

中国过去几年最成功的餐饮品牌是谁？

不是任何一家什么都卖的大杂烩，而是快餐连锁真功夫。真功夫不像中国市场上众多包罗万象的饭店，这个餐饮品牌只聚焦于中国的米饭，更确切的讲它将大部分营销资源聚焦到了旗下的排骨米饭一款产品上。结果如何呢？真功夫是中国为数不多的旗下的连锁门店全部同时盈利的快餐品牌。

中国过去几年最成功的保健酒品牌是谁？

不是任何一个品牌的延伸，而是来自湖北的劲牌有限公司。劲牌是中国第一个开创保健酒品类的品牌，也是保持了高度聚焦的一个品牌，2012年一瓶小小的劲酒就卖出了近60个亿。

中国过去几年最成功的咽喉药品牌是谁？

是金嗓子。很惊讶吗？这个从推出就几乎没有任何变化的品牌凭借高度的聚焦2012年的营业额达到了6亿元，以30%的绝对份额稳坐第一。

中国过去几年最成功的饮料品牌是是谁？

不是任何一个市场上的延伸品牌，而是凉茶品类里的王老吉。从出生到与加多宝分家，这个品牌以一成不变的聚焦战略一举超越可口可乐，成为当年中国历史上最值钱的品牌，没有之一。

中国过去几年最成功的辣酱品牌是谁？

是老干妈，从诞生到今天，这个从来没有做过广告的单品年销售额已经过37亿，几乎完全主导了这个品类。

中国过去几年最成功的杯装饮料是谁？

是香飘飘，从诞生到今天，一个单品2013年销售额已经过32亿，同样主导了这个品类。

中国过去几年最成功的小食品是谁？

是黄飞红，这个品牌开创了高端麻辣花生品类，并且保持了高度的聚焦，从诞生至今6年的时间，一粒小小的花生米的销售已经达到了近5个亿。面对一群像"十三姨""张飞"这样的模仿者，从来不做广告的黄飞红依然牢牢占据了高端辣花生近60%的份额，单看市场份额和利润率已经远远超过了很多互联网品牌。

聚焦只会在传统行业里发挥作用吗？

当然不是，在以所谓创新和颠覆为主题的互联网和移动互联网当中聚焦也决定了一个企业的生死。

中国最成功的互联网品牌是谁？

是百度，不是刚刚上市的淘宝，尽管阿里巴巴的市值已经让很多人疯狂，相比于百度的持久高效的盈利能力，淘宝的盈利之路才刚刚开始。

百度凭借高度的聚焦于搜索引擎市场，早在阿里巴巴上市之前就已经连续多年在市场份额和利润率傲视群雄，更难能可贵的是我们注意到，百度最近的搜索业务将所有搜索业务以外的图片、歌曲等全部清理至页面右侧，而将全部的资源清晰简洁地给予了搜索业务。

很少会有公司能领悟这种对于一个明确焦点全力呵护的努力，特别是对于那些为了增长而衍生出的枝叶的不断修剪。

对于今天的中国企业，起步各有不同，管理各有千秋，文化千姿百态，领域各有不同，但是从现在到未来有一点可以肯定的是，聚焦是打造成功中国品牌永恒不变的基石之一。

六、为何聚焦战略在所有的领域里都大放光芒

绝对的权威感

当企业可以全力以赴专注于一点时，消费者总是会倾向于相信企业一定是在某一方面具有高度的自信和权威感，专业和专家感便油然而生，没有任何东西可以比一个产品在初期建立起的专业的权威感更会打动消费者。

很多产品在刚刚诞生的初期完全称不上什么品质和品位，但是是聚焦带来的权威感为品牌赢得了修改某些产品初期的瑕疵的空间和时间，这也很好地解释了为什么很多有着明确聚焦的战略思想在初期并不让人十分看好，但是一旦这种焦点可以被明确地感知的时候，就是一种聚焦爆发出惊人力量的时候。

面对这种权威感，再强大的企业往往也没有绝对胜出的把握。

百度无论如何主导中文搜索市场，在移动互联网的地图搜索大战中，依然输给了专业的高德地图，百度没有输在技术和金钱上，而是输给了新领域所赋予全新品牌的权威感。

丰田无论如何强大，在纯电动汽车的大战中，依然输给了美国的特斯拉。这款代表了未来的纯电动品牌只有一款，但是其市值已经接近了百年历史的福特。丰田没有输在技术和资金上，而是输给了全新领域所赋予全新品牌的权威感。

我们拭目以待，谁会在移动互联的世界里成为电商的权威代表，赢家

应该不是阿里巴巴。

绝对的消费安全感

一个高度聚焦的品牌除了权威感之外,另外一个附加值就是消费时所需要的安全感。

在没有掏钱之前,任何一个消费者都需要一点点的从否定开始消除自己心中的不安全感。这种安全感可能是心理的、生理的,更有可能是很多说不清的因素。

例如这家餐馆为何没有人?

一个菜单上川、浙、鲁、粤菜系都有的饭店怎么会有顾客?而只有一个单品的餐厅却往往门口排着长队。这就是为什么消费者宁愿在一家门口有着长长队伍的餐厅排队等候也不愿意去一家门庭冷落的饭店。

消费者仿佛是一群没有意识的鱼群,对于任何一个领域里所谓的真正的技术和质量等要素他们通常的判断标准就是:这是不是绝大多数人的选择?

选择绝大多数的选择不但解决了他们的消费安全感,更让他们感觉自己是跟主流价值观站在一起,这种感觉很棒。

聚焦赋予的使命感

很多企业的使命感一般都只是墙上一句可有可无的成功学表述。

“成为最受尊敬的企业”“让消费者满意”等等,对于绝大多数没有明确焦点的企业来说,那仅仅是一句空话,谁又不是在商业的世界里这样标榜自己呢?

然而对于很多有着明确焦点的企业来说,聚焦会自动转化成一种使命感和愿景。

试想一下当你走进沃尔沃的展厅时,销售人员会怎么说?

如果他们没有忘记自己的焦点,答案就应该是:“欢迎来到全世界最安全的汽车展厅,为您心爱的家人选一辆沃尔沃绝对是你最正确的决定。”

只可惜被吉利收购后的沃尔沃已经停止谈论这个焦点了,他们的理由只是没有创意,在创意和盈利之间,吉利毫不犹豫地选择了所谓的创意。

再试想一下,当你同样走进吉利的汽车展厅时,销售人员会怎么说?

不出意外的话,应该是:“欢迎来到吉利,您想卖一辆什么样子的车呢?”

拜托,一个普通消费者连吃个午饭都会有选择性困难,按照消费者的需求卖车绝不是专业人士做的事情。

简化选择过程

这个世界太大太复杂,复杂到我们已经没有耐心和心情去留意每一种商品的信息。

35 年前的中国,吃饭永远是在家里和单位食堂的两点之间,不存在更多的选择;今天,成千上万的酒店和饭店让吃饭更是一场选择的战争。

25 年前的中国,买车永远在大众的桑塔纳和为数不多的几个品牌之间进行;今天,光是中国市场上的自主轿车品牌就已经可以让你的大脑爆炸。

15 年前的中国,邮寄物品只是中国邮政 EMS 的独角戏;今天,中国市场上有 7000 个左右的快递品牌供你选择。

13 年前的中国,购物只是大型商场之间的风景;今天,中国市场有近 8500 万家电商。

10 年前银行业务的办理永远只能是中、农、工、建,外加一家招商银行;今天,已经有几百个地方银行和外资银行在盯着你的钱袋。

对于一个连午餐的选择都会经常纠结的普通人来说,要自己选择每一个品类中的品牌往往是一个复杂而痛苦的过程。为了能够将选择暴力时代带来的痛苦大大降低,消费者往往会采用他们认为最能让心智感受到安全的方法去选择品牌:一个带有高度简洁清晰而又连贯的品牌字符。

要做到这一点,聚焦的信息必须:

1. 放弃所有品牌可以轻易覆盖的焦点,聚焦就是战略,优秀的战略本身不会被轻易山寨。

一个优秀的聚焦战略是品牌所拥有的价值基础,更是消费者为品牌持续掏钱的理由,这个聚焦点更是品牌在当前竞争环境里合理存在的理由。

当真功夫的"蒸"战略最终出现的时候,其最大的对手麦当劳和肯德基几乎无法模仿和反对。

2. 放弃所有需要消费者经过复杂论证才能得出的营销信息,消费者的大脑只接受简单而拒绝复杂。

不要总是面面俱到地将品牌所代表的利益全盘托出,这样会让本来优秀的营销信息淹没在同样努力证明自己优秀的品牌诉求中。将所有营销信息高度聚焦于一个无人占据的字眼或者是一个与众不同的方向,看看在红牛、王老吉这些品牌身上发生的一切,一个能够高度代表焦点的信息胜过10个产品特点的描述。

3. 放弃所有没有意义的创意,企业必须要保证营销工作中的优秀焦点不会在一片创意声中完全变样,相对于可有可无的创意,永恒而经典的聚焦更重要。

4. 放弃面向所有的人群,所有的渠道的愚蠢想法。

在一个信息爆炸的时代里,没有品牌可以承受一场面向全部人群面向所有地域的战争,即便是互联网品牌也很难做到。

提供付钱的理由

信息爆炸不仅让大脑和我们日常生活不堪重负,并且已经完全让营销变为大脑接受信息方式的研究,曾经的广而告之的产品策划时代早已过去。

1979年,中国广告业投入仅为1000万元,经营的公司不过几十家。今天,中国品牌在广告市场上的投入已经突破了1万亿人民币,中国广告市场的营业额也已突破3500亿元人民币,占中国GDP的1%,平均每人每年270元,每人每天0.7元。在美国这个广告大国,企业每年的广告费用是2440亿美元,占GDP的2.5%。

平均下来,每个中国人每天要受到500多次广告的骚扰,而在美国这个数字是1500条。

今天,一个美国人平均每天要接收近3000条广告信息,与30年前相比,这个数字整整高出了5倍。

与之相比,一个中国人平均每天要接收的广告信息远远高于这个数字(如果连洗手间的广告也算上),唯一不同的是30年前的中国这个数字几乎是零。

在中国,超级市场里每年新增加的产品种类多达上万种,这些产品中90%都是现有品牌的顺势延伸,更为严重的是这些产品几乎都完全依靠广告开路,即便这样它们当中也鲜有成功的案例,因为这些千篇一律的新产品促销和折扣广告一推出便淹没在了市场上无数正在打折销售的广告中。

专业机构就内衣、鞋、厨房用具、家电等11类产品对百货店的购物者进行了调查,结果表明价格因素在广告信息严重泛滥的作用在不断下降。在400名随机拨通电话的调查对象中,只有39%表示他们愿意全价购买产品,41%在等待降价促销,另有16%以上的调查对象购买了打折的陈列货品。研究同时发现,产品的打折信息宣传与该类产品的全价销量呈高度负相关系。

所有的企业都幻想先用折扣让消费者认识和喜欢上品牌,而消费者对此完全无动于衷,他们期望品牌先给购买的理由,如果这个理由只是低价的话,他们会期待市场上出现价格更低的产品,没有消费者会仅仅因为折扣而记住一个品牌,当折扣停止,销售也随之停止。

一个高度聚焦的品牌提供一个可以记住的理由,更提供了一个消费者可以在感知的范围内为其支付一点更高溢价的借口。谁会不愿意花更多一点钱去看一个心外科的专家呢?谁会不愿意花更多的钱去买一辆专业的豪华 SUV 呢？谁会不愿意花更多的钱聘请一个专业的离婚律师呢？

留下清晰印记

哈佛大学认知心理学的创始人乔治·米勒在 1956 年的研究成果《我们信息加工能力的局限》中解释了人类的大脑是如何分类储存信息的。

他认为处理信息最简单的方式是将输入信息归类，然后加以命名，最后储存的是这个命名而非输入信息本身。

更重要的是在不得重复练习的情形下（如看电视字幕），在短时记忆内，一般人平均只能记下 7 个项目（如 7 位数字、7 个地名），这也是为什么大部分人如果不是长期训练，超过 7 位的电话号码需要借助笔的帮助。

说出你最喜欢的七家酒店，说出你最好的七个好朋友的电话号码，说出你喜欢的冰淇淋的几个品牌，说出麦当劳菜单上你喜欢的几个菜品，说出你喜欢的 7 种女鞋的品牌，说出世界七大奇迹，说出你喜欢的几个牛仔裤品牌……

我敢打赌你说出的答案最多也不超过三个，毕竟在米勒教授作出这个研究报告的时候，世界远没有像今天这么复杂，而我们今天要面对的信息量远远大于米勒教授的那个年代。

面对这样一个复杂，且不断变化的现实世界我们需要作出准确的判断并储备相关信息，这需要多少容量的内存？这已经完全超出了我们的生理和心理极限。

面对这样一个复杂纷繁的世界，我们的大脑会有一些简洁办法去储存并记录这些信息，我们会自动为每个信息分类并贴上不同的标签，这个标签哈佛的心理专家称之为“专念”，我们将其称之为购买的理由，而聚焦就是实现这个理由的第一步。

一个连营销信息和基本属性都无法清晰描述的品牌，是没有机会登上消费者的购物清单的。

组织和管理架构高度精简有效

一个拥有大而全业务的企业,其背后的组织和管理框架往往是复杂而官僚的,也可能有很多利益交叉,也更容易出现自己的左手跟右手竞争的情况。

为了自己的大而全战略,海尔旗下设立了数十家公司,这些公司在海尔集团内部进行复杂的关联交易,而且彼此参股,其背后的管理和组织成本就可以抵消任何一款优秀产品的利润了。

除此之外,在格力你只需要成为空调一个领域里的专家就可以得到升迁的机会,而在海尔,在你得到升官发财的机会之前,你需要在不同的岗位来回调动才能有机会。今天的企业管理已经是一门专业领域的比拼,而不是一场全能选手的较量,毕竟没有人可以做到全能。

对于任何一项专业领域里的技能掌握往往需要耗时数年甚至更长的时间,一个拥有复杂产品线的企业经理人往往只是学习了一个岗位的皮毛便被匆匆塞到下一个部门,这就是为什么很多大型企业人才"一年经验重复十年",他们根本没有精力和时间对于一种事业不断地提升和优化。

聚焦很容易形成经典的传奇

在今天互联网的时代里,改变似乎成为了一种时尚的主题。但是就在这样一种时尚的氛围里,我们却看到了品牌世界里另外的一种经典,它们数十年如一日的保持着一种想象,传递着一种价值,而它们都是全球最成功的品牌:Zippo 的防风火机,伯百利的方格,绝对伏特加的药瓶,王老吉的红罐,等等。

它们是如何做到的?

答案很简单,在这个以创新和变化为主题的社会里保持不变。

不要以为这种变化只在传统领域中出现,在以升级换代迅猛的计算机的个别产品中同样存在着。

诞生于1953年的德国品牌CHERRY是一家机械键盘的制造商,机械键盘曾经是计算机组件里最受关注的一个组件,但之后更加便宜的薄膜键盘出现后,绝大部分计算机生产厂商都放弃了机械键盘。

在绝大多数计算机组件生产厂商都放弃了机械键盘建造的时候,CHERRY一直在坚持着自己的"键盘二色成型键帽技术"。这种技术诞生于20世纪80年代,简单说就是将两种不同颜色的塑料融合在一起从而形成键盘键扣上字体,这种字体是印字和键帽完美融合在一起而制成,可以保证印字永不褪色,并且可以确保每个单键的使用寿命可以达到几千万次。

CHERRY键盘的键帽弧度非常科学,按键从上到下总共6层,层次分明。更符合人体工程学的键帽倾斜角度和高度让整个键盘浑然一体,这让CHEERY的机械键盘占据了整个行业用户和发烧友中的大部分份额,而现在电子竞技的普及让越来越多的玩家和消费者对键盘的舒适度、手感品质提出了更高要求,流行趋势又开始回到了机械键盘的一边,仅有数据可查的2007年,CHERRY的整体销售额就达到了4亿美元,作为机械键盘的鼻祖,CHERRY已经成为了全球行业用户心中的一个代表符号,而作为一个经典,聚焦于一个小小的键盘也可以赚很多钱。

七、那些不能忘却的聚焦经典之战

聚焦是一个简洁而富有力量的营销元素，更是一个世纪以来久经考验的战略基石。这又是一个如此复杂的营销元素，因为它完全没有办法满足人性中对于贪婪和增长的无限欲望。

一个悖论就是，一个品牌一聚焦便会幸福，一多元就会痛苦，但是现实中痛苦的企业比比皆是，幸福的企业却寥寥无几。这似乎又印证了聚焦战略中另外一个观点：品牌要想在简单中盈利很复杂，要想在复杂中亏损却很简单。

在我们参与和跟踪过的咨询案例中，几乎看不到一个品牌因为聚焦而出现问题，出现问题的都是试图全线作战、四面出击的企业。

从营销的历史上看，有一点可以确定的是，当一家企业四处张望以为机会无处不在的时候，总会有人站出来告诉你自负和失去焦点的代价是什么。

海尔曾经是中国最成功的家电品牌，当这个家电业的巨人自负地认为自己无所不能的时候，九阳豆浆机和格力空调分别用自己的专业精神给了海尔最强有力的回应。

联想是中国最成功的电脑生产商，同样，当这家电脑公司自认为可以强大到统治与电脑相关的每个领域时，一时间联想的身边危机四伏，即便是在咨询和软件等领域中，专家级的对手也都给出了最猛烈的一击。

IBM 这个曾经全球最大的电脑公司在过去的几十年里自豪地认为自己无所不能，并开始大举向硬件、软件、个人电脑和商务电脑等各个领域进军，直到两位来自哈佛大学的辍学学生和一位来自德克萨斯大学的辍学学生分别在软件(微软)和个人电脑(戴尔)领域狠狠地教训了IBM。

时代华纳公司曾经一直自豪地称自己是“世界一流的媒体公司”,并开始自以为是地试图将被动媒体(美国在线)和自己的主动媒体合并在一起。随后两位来自斯坦福大学的学生用真正专业的雅虎将时代华纳拉下了第一的宝座。

成功之后的雅虎同样开始变得自负而失去焦点,非常不屑于“全球最大搜索引擎”公司的字眼,开始在页面中添加更多的业务,直到自己也成了另一个时代华纳。此时,两位来自斯坦福的毕业生站了出来,用谷歌告诉了雅虎聚焦的真正魅力。

比尔·盖茨,迈克尔·戴尔,拉里·佩奇,杨致远他们都是如何做到的?

他们成功的秘诀并不真的需要一本书才能理解,只要在正确地时间和地点正确地聚焦于一个点,人们几乎可以在任何一个领域中打造出成功的品牌。

在90年代初期,由于全球经济一体化的迅速扩张,资源相对短缺,特别是高科技产品更新换代的加速,以及企业之间兼并潮流的兴起,促使各国企业根本没有那么多精力和物力追求多元化和经营规模的扩大。相反,通过拆分、重组,将不相关的业务出卖,或变成独立的公司,缩小企业经营范围,使经营业务高度专业化的方法,使全球诞生了众多可以影响世界的品牌,诺基亚和摩托罗拉便是这个时期聚焦和多元的典型代表企业。

诺基亚

诺基亚诞生在北欧的一个并不是十分显眼的国家——芬兰。

1865年,当芬兰的一个名叫弗雷德里克·依德斯塔姆(Fredrik Idestam)的工程师准备开始创业的时候,选择了在一条名叫诺基亚河(River Nokia)的岸边设立它的公司,并以这条河的名字来命名了它的公司。

在过去的一个多世纪,诺基亚是经营范围包括了造纸、化工、橡胶、机械、电子、移动通信等领域的大型企业集团。

1993年,诺基亚新上任的总裁约玛·奥利拉(Jorma Jaakko Ollila)做出了一个令所有人震惊的决定:卖掉除移动通信之外的所有产业!

决定一经宣布,整个公司为之哗然。包括董事会在内的大部分人都极力反对这个看似荒谬的决定,因为当时整个集团的营业额高达60亿美元,而移动通信所占的份额不足1/10。

面对着汹涌而来的指责声,约玛·奥利拉没有丝毫的动摇。他坚信企业就应该走上专业而聚焦的道路,而良好的商业直觉又告诉他,通信领域将会是未来世界的主宰。通过拆分所有与通信不相关的产业,诺基亚可以对技术和人员实现重组,将所有宝贵资源聚焦在通信领域,让诺基亚只代表通信。

时间最终证明约玛·奥利拉是一个伟大的商业领袖,诺基亚之后的历史也被载入了史册。

与此同时,另外一家通信公司摩托罗拉(Motorola)却走上完全相反的道路。

从20世纪90年代开始,摩托罗拉先后进入了电脑、半导体、有线电视、对讲机、传呼机、电信设备等众多的行业。

结果如何呢?

在诺基亚和摩托罗拉发展最为快速的过去10年中,诺基亚的销售收入为3701亿美元,摩托罗拉的营业收入为3293亿美元,销售额非常接近。

也是在过去的十年当中,诺基亚的净利润为440亿美元,净利润率为11.9%;摩托罗拉的净利润为54亿美元,净利润为1.6%;前者几乎是后者的7倍之多。

在股票市场上,诺基亚价值482亿美元,摩托罗拉为90亿美元,前者又为后者的5倍之多。

在国际品牌集团interbrand全球品牌价值排行榜上,诺基亚以359亿美元排在第五,摩托罗拉以37亿美元仅排名87位。

2000年,专注于手机领域的诺基亚达到了其巅峰状态,这一年其销售收入占到了整个芬兰 GDP 的 4%,出口占到了这个国家的 14%,很少有哪个公司能够在整个国民经济中占据如此大的比例。

2007 年,诺基亚以 37.8% 的市场份额牢牢占据全球手机市场第一,其在股票市场的价值最高也超过了 2000 亿欧元,是欧洲最有价值的上市公司,而此时的摩托罗拉仅排在第三,市场萎缩至 14.3%。

从 2007 年开始,全球手机第一品牌的诺基亚,遇到了有史以来最大的挑战。以苹果 Iphone、三星为代表的智能手机开始走上历史的舞台。

2011 年诺基亚的排名降到了第 14 名,而摩托罗拉已经跌出了 100 强,最终摩托罗拉被谷歌收购。

2012 年 5 月 29 日,诺基亚在纽交所的市值只有 110 亿美元,相比 2007 年缩水了约 9/10。

很多人都惋惜诺基亚在创新面前没有任何感知力,而真实的情况是全世界第一台触屏智能手机就诞生在诺基亚。

诺基亚代表了全球手机第一品牌,但是很可惜的是这个名字没有代表智能,面对市场新的分化点,诺基亚最需要的是一个崭新的身份去面对智能市场,而不是寄希望于手里的旧船票可以登上开往明天的航班。

英特尔

芯片巨人英特尔最早只是一家存储器生产商,1971 年在为一家名为 Busicom 的日本计算器代加工计算器芯片的时候,英特尔的管理层开始注意到这个日后将影响世界的小小芯片,他们决定砍掉所有存储器制造业务转而聚焦芯片领域。

与诺基亚的首席执行官态度完全不一样的是,英特尔的首席执行官安迪·格鲁夫完全不赞同管理层的意见。当时英特尔的主营业务还是以 DRAM 为代表的半导体存储器,安迪·葛洛夫声称:“微处理器对我而言没有任何意义,我为存储器的产量而生,也会为其而死。”

不过,在英特尔公司两位重量级的元老诺伊斯和摩尔(摩尔定律的创始人)等人的坚持下,英特尔还是在1971年10月推出了第一款芯片产品4004,英特尔在媒体上宣称这款芯片是“集成电子——芯片上的微型可编程计算机的新纪元”,推出之后反响非常强烈,众多的厂商和电脑爱好者马上与英特尔取得联系,希望获得更多有关4004的信息。

这种受到业界热捧的现象很快让英特尔认识到了CPU的价值,至此,英特尔终于下定决心砍掉之前存储业务从而高度聚焦芯片领域,为此英特尔后来还专门从日本Busicom公司买回了所有CPU的专利权,又一个产业巨人就此诞生。英特尔的高度聚焦让这个品牌在过去的30年中牢牢主宰了全球的电脑芯片领域,AMD处于芯片第二梯队。

很多人都认为AMD公司是英特尔早期最大的竞争者,实际上完全不是,在英特尔公司开始聚焦芯片领域之时,这个品牌面临的最大的竞争对手是本土的摩托罗拉。遗憾的是,这个时候的摩托罗拉根本没有把所有的资源专注于在这个日后能够产生巨大财富的产品上,更没有专注于其应该聚焦的移动领域,而是在多元化的道路上一路狂奔。今天的摩托罗拉和英特尔的品牌价值已经完全不在一个重量级上,其手机品牌的市值和全球市场的份额几乎已经丧失殆尽。

从长期来看,一个品牌最终会经过青年和壮年走入暮年,所有的品牌都会经过这样一个商业的轮回,而更多的品牌则是因为多元化问题过早自我解体。

苹　果

2014年,在最新的interbrand全球品牌排行榜上,苹果公司连续第二年坐上了全球品牌100强第一的宝座,而就在10年前,微软曾是这个名次的长期保持者。

10年前微软的市值最高峰时曾达到5100亿美元,是当时全球市值最高的公司。十年之后的今天,微软的市值仅有2490亿美元,整整减少了一半,降至全球市值第三大公司。反观苹果公司,十年前仅有48亿美元。十年之后的今天,市值已经高达5410亿美元。

苹果依靠什么创造了今天的辉煌?

当全世界众多的苹果粉丝和媒体大谈苹果的创新和匠心工艺的时候,并没有多少人提及苹果打造品牌最精华的部分:一个高度聚焦的产品线,一个可以成功开创并可以引领的品类,一种可以将新品类推上巅峰的耐心。

Ipod, Iphone, Ipad,不但是每个品类中的第一,而且它们有一个可以清晰描述的品类名和与众不同的品牌名称,它们同时都高度精简到只有一款产品,它们只为今天打造,没有产品是为了虚幻无边的未来而诞生。

要了解苹果是如何成就今天的成绩的,你不能看此时苹果所做的一切,要想成功,你要看到这个品牌在成功之前所做的事情。

在苹果的创始人乔布斯成功开创了苹果之后,苹果的产品品类一度快速增加到近50个品种,包括了台式、笔记本和牛顿掌上日程管理器等,正是这种无限制的品牌延伸让苹果在20世纪80年代陷入困境,这最终也导致了乔布斯被迫离开了自己一手创办的公司。

不但是产品线本身的过渡膨胀,这个时期的苹果产品本身的功能也开始变得复杂。其中最典型的代表就是苹果的牛顿掌上日程管理器。

在这个产品之前,日程管理器方面已经有众多品牌参与竞争,但是却只有奔迈(PALM PILIOT)大获成功,连大名鼎鼎的苹果牛顿日程管理器都惨败。

索尼的MAGIC LINK,微软的windows CE这些品牌最终都败下阵来,为什么这么多国际品牌都在一个小小日程管理器上遭遇失败,或许我们应该反问奔迈是如何做到战胜这些国际巨头的。答案并不复杂,奔迈只做到了一点:聚焦于一个卓越的功能。

奔迈只聚焦于几个简单的功能,其中最主要的就是一个简单的按键就可以让奔迈在掌上电脑和台式机之间交换电话号码和最新的日程安排,而牛顿和微软的产品无不是包罗万象。

苹果的牛顿(Newton)预置了多种软件辅助管理个人资料,例如Notes、

Names、Dates、Pocket Quicken(个人理财管理)、NetHopper浏览器、EnRoute邮件程式、Works(文书处理)、QuickFigure Works试算表以及其他小工具,例如计算机、换算程式、时区地图等。最终面面俱到的牛顿的文件管理器在专家级的奔迈面前惨败退市。

1998年在加利福尼亚的圣克拉拉,由克林顿总统主持的高科技年会上,22个与会成员中有15个使用的是奔迈(PALM PILOT)掌上日程管理器。

在乔布斯再次回归苹果之后,他从苹果当年的产品线和产品功能的几次大的失败中领悟到了两个聚焦战略的精髓:

1. 把一个产品的某些功能去掉从而可以聚焦于产品的某一个功能打造品牌远比在一个产品中加入太多的功能更加赚钱,日后的Ipod,Ipad无不是这种思想的体现。

2. 一个高度聚焦的产品线远比一个不断扩张的产品线更加成功。

回归后的乔布斯坚决砍掉了苹果绝大部分的产品,将产品品类高度聚焦在四种机型:两种台式机,两种笔记本。

聚焦正是乔布斯让苹果走上早期成功之路的简洁而富有力量的战略要素。

乔布斯是一个伟大的营销大师,他拥有常人无法拥有的极其敏锐的营销直觉,在苹果每一个创新品类的打造上都完美地将新科技和营销结合在了一起。

苹果成功开创了海量音乐播放器的时代,并且为这个小小的播放器起了一个非常有心智代表力量的名字:Ipod。而实际上大多数消费者并不知道的是这款音乐播放器并不是苹果的原创,而是苹果花费了几亿美元从新加坡Creatvie Technology公司购买的专利产品,而这款产品之前的名字叫Nomad Jukebox,今天Jukebox已经消失不见了。

在此之后,苹果又再次成功开创触屏智能手机品类,一举将以诺基亚等品牌所代表的传统手机定义为过时,并再次为自己的智能手机起名为Iphone。苹果的目的很清楚,所有的消费者都会说我买了一台Iphone,而不是苹果手机。

此后的几年中，苹果一直保持最大程度的耐心和聚焦，等待自己的Iphone成为主导品牌，并再次通过品类分化原则再次推出了平板电脑Ipad。

纵观苹果的成长历史，我们可以清晰地看到这个全球最成功的品牌对于聚焦战略的深刻领悟和完美执行。

首先是苹果对于品类创新的理解和驾驭能力。

智能触屏并不是苹果的创新，早在苹果成功开创智能手机之前，手机巨头诺基亚早已开发出了全球第一款智能手机，但是诺基亚并没有能力开创和引领这个新的品类。苹果在品类市场的时机选择上确实极其准确，Ipod的推出是在其已经敏锐地察觉到音乐播放器从Walkman到MP3再到硬盘存储式播放器的转变。

Iphone的推出是其敏锐地察觉到普通手机到触屏智能时代的转变。

相对于很多企业喜欢把品牌的成功建立在虚幻缥缈的科技未来，在现实和未来之间苹果每一次出手都是准确而到位。

其次就是聚焦战略的不折不扣的落实。

当中国的智能手机品牌无不是拥有一系列产品线的时候，苹果的Iphone始终高度聚焦于一款。

当中国所有的平板电脑都有各种型号的产品时，苹果的Ipad始终高度聚焦于一款。

最后就是对于焦点近乎偏执的耐心呵护，几款产品不断升级的时候并没有像很多中国品牌将产品线无限延伸扩大。

对于苹果来说，它在乎的只有一点：就是焦点。焦点恒久远，一点永流传。苹果的成功不仅仅是外界所说的创新，更是对品牌焦点近乎苛刻的呵护。

对于众多膜拜苹果的中国企业来说，苹果的聚焦战略有两个需要深刻领悟和思考的品牌要素。

第一点是耐心和恒心，第二点是完全与众不同的方向。

对于第一点大家似乎都选择性地屏蔽了，再优秀的聚焦战略也无法避开最基本的耐心和恒心，而这是今天中国大的商业环境里严重缺失的东西。

小米会成为下一个苹果吗？

很难，占据了低端手机市场的小米完全无法享受苹果作为品类开创者所拥有的地位，以及这种地位背后的丰富的利润。因为小米不是上市公司，其财务数据无法证实，如果真是按照小米对外发布的数据 4 年的时间就可以达到几百亿甚至更高的数字，这个品牌已经严重透支了未来的营销潜力。

全球没有任何一个品牌可以在这么短的时间内完成这种营销体量，如果说一个孩子的生长需要按照一定的自然规律的话，品牌也是完全一样的。没有任何一个品牌，不管它炒作和策划的得好，也无法在一夜之间建成自己的“罗马帝国”，淘宝、腾讯和百度从诞生到今天走向各自的巅峰也都用了 10 多年的时间。

苹果从 2000 年到今天，平均每 5 年推出一个能够代表新品类的品牌，并且推出新品类的前提是确保上一个品类已经可以主导整个的品类市场。

而小米在一个品类都还不及苹果的零头的时候就开始尝试智能电视、智能客厅甚至是电动汽车，这是一个极其危险的信号。

小米可能认为，既然苹果这样做，我们一定也可以这么做，但是很可惜，小米不是苹果，当你正在爬向山坡和你到达山顶的时候是完全不同的两个概念。

其次，很多企业并没有完全理解苹果的聚焦战略中对于与众不同的追求。

对于高科技企业的聚焦战略，特别是作为新品类的开创者，为了能够让聚焦最大程度地发挥其威力，企业需要为产品设计一种可以高度区隔自己的与众不同的价值。

当全世界所有的手机还是键盘和滑盖时，苹果首次推出了手指触屏式键盘。

当全世界所有的手机耳机线都是黑色时,苹果首次使用了白色耳机线。

当全世界所有的手机电池还是可拆卸时,苹果首次使用了内嵌式电池。

当全世界所有的手机都有系列型号时,苹果是业内第一个只聚焦于一款。

当谷歌所代表的安卓系统是开放时,苹果是第一个采用封闭式系统。

即便是面对大量对于封闭系统的质疑,乔布斯也毫不为之所动,因为他在乎的并不是封闭式系统会流失多少消费者,乔布斯的眼中只有一个标准:要么死去,要么完全与众不同。

今天我们遗憾地看到,在库克船长带领下的"苹果号"已经开始偏离了乔布斯时代的聚焦航线。正是在他的带领下,苹果推出了小号版本的Pad,推出低价彩色的Iphone 6,推出更像三星一样的超大超薄的Iphone 6。

这些行为段时间内难以看出对这个品牌的伤害,但是从长远来看,这必将动摇乔布斯为苹果倾心建造的精简极致的聚焦战略的根基。

八、聚焦一个单一功能和概念打造成功品牌

今天，要想打造创造巨额财富的品牌并不需要创业者有超人的能力和所谓的能够看到未来的眼光，在任何一个品类市场中，成功创造巨额财富的品牌都是首先聚焦于一个大而全的概念或者产品的某个独特的部分。

一个大而全的产品根本无法形成聚焦，这就是给了后天聚焦于一个单一功能的品牌很多成功的机会。

一个大而全的产品信息面面俱到，无法赋予心智清晰的认知焦点，这也给了无数品牌从一个狭窄的品类中发起凌厉进攻的机会。

从心理认知的角度出发，通常在几个领域看起来都不错的产品，往往在每个领域里都让人很失望。

能播放 DVD 的电视机既不是更好的 DVD，也不是更好的电视，今天每个家庭里依然购买单独的电视机，单独的 DVD，这也很好地解释了为什么 DVD 播放机是一个永远做不大的品类。

能播放语音的图书既不是更好的 Ipod，也不是更好的书，这也是为什么步步高的点读机无法真正成功地开创品类，而一个没有品类作为基础的品牌几乎也没有真正意义上的模仿者。

能将洗发和护发融合在一起的洗发液既不是更好的洗发液，也不是更好的护发液，今天的市场上已经难觅这种融合思维的产品，所有的消费者依然在购买单独的洗发液和单独的护发素。

能将洗衣机和烘干机融合在一起的洗衣机既不是更好的洗衣机也不是更好的烘干机，今天所有的消费者还是分别购买单独的洗衣机和烘干机。单独的烘干机还可以在不影响烘干效果的前提下让我们可以继续清

洗另外的衣物。

从企业的角度出发,企业几乎可以制造出任何融合了多种功能于一体的产品,因为在他们看来每个不同的功能会满足不同需要的消费者。

从消费者的角度出发,他们需要的产品是一种功能的卓越优秀,而不是多种功能的平庸拼凑,融合了多种功能的产品需要在每个领域做出牺牲,因为面面俱到所以处处被动。

在今天,人人都为大而全的商业模式疯狂的时候,缩小品牌的焦点,将资源高度的聚焦于一个狭窄的功能和应用上,才是真正创造财富的不二法则。

试想一下一家路边的打印店可以有多大?

答案是:只要缩小你的聚焦,就可以无限大。

2000 年成立于北京的荣大伟业有限公司,在公司起步时业务涉及了众多方面,企业形象设计、打字、电脑图文设计,如同中国大街小巷里无数的打印社,但是荣大在日常的业务中发现,公司经常会受理大量的公司上市材料的打印整理工作。对于没有学习过品牌打造的企业来说,这完全是一个可有可无的信息,但是很明显,荣大是一家有着强烈品牌打造意识的企业。

2006 年,荣大做出一个重大的决定,剥离除上市企业申报材料以外的一切业务。从此荣大走上了高度聚焦的业务,以上市公司申报材料订制专家的形象出现在无数中国上市公司面前。从项目建议到招股书制作,整个流程在荣大都是高度专业分工。

所有券商可以在荣大订制到最个性化专业化的服务,按照银监会的要求在指定时间内将申报材料送到指定地点,对于时间就是金钱的上市公司来说,这意味着绝不会增加额外的会计及审计成本。

当所有的打印社还在为今天的营业额绝望的时候,荣大已经聚焦所有的力量来占据自己在上市公司申报材料领域所拥有的心智资源。

面面俱到的天才遇到专才,胜出的总会是专才。现在的荣大已经是中国 80% 的上市公司打印申报材料的首选,营业额已经达到 6000 万元,连续多年净利润保持在 40% 左右。随着连锁战略的持续推进,荣大将所代表的上市公司申报首选的概念推向全国，荣大的未来一片光明。

在我们主导过的很多品牌咨询案例中，很多企业对于聚焦战略难以接受，是因为它们不得不面对短暂的牺牲和放弃，如果它们可以看到这种短暂的牺牲在日后换来的财富指数，或许许多中国企业会毫不犹豫地走上聚焦调整之路。

在美国，几乎每个城市里的熟食餐里，都会供应三明治、沙拉、甜甜圈等不需要烹饪的食品。

之后，一家名叫赛百味（Subway）的公司砍掉了一般熟食餐厅菜单上所有其他菜品，他们只聚焦于一种食品：潜艇三明治（submarine sandwiches）。

只经营一种产品的赛百味成功了吗？毫无疑问。

今天，Subway在91个国家开有33000家分店，其美国连锁店数量已经超过了麦当劳，在美国的销售达到了近80亿美元。一个只卖潜艇三明治的品牌确实可以赚很多钱，今天赛百味已经是美国潜艇三明治的第一品牌。

从管理和运营的角度讲，只聚焦潜艇三明治的赛百味可以用更低的人力和物流成本来与麦当劳、肯德基这样的菜品更丰富的连锁店竞争。当麦当劳的厨师必须要同时拥有数种厨具操作经验时，赛百味的工作人员只需要专心于如何做好一个可口的三明治。

面对潜艇三明治专家赛百味，其他品牌如何与其竞争呢？

答案也并不复杂，继续缩小焦点。

这就是总部位于丹佛市的三明治连锁店Quiznos日后成功的秘诀。当发现赛百味的潜艇三明治的原材料都是常温冷藏制作时，他们把焦点聚焦于“热的”三明治。今天Quiznos的热潜艇三明治已经做到了20亿美元的销售额，在三明治市场中排第二，紧随Subway之后。

将公司资源高度聚焦于一个点几乎可以在任何领域里打造成功的品牌。

全世界最大的甜甜圈品牌唐恩都乐的前身是成立于1946年的工业午餐服务公司（industrial luncheon services），是从事饮食包办服务的公司，经营范围包括咖啡、玛芬、贝果、三明治，以及像甜甜圈的甜点。

在成立两年后公司就拥有了200辆食品车,25个工厂自助餐厅。一个偶然的机会,公司创始人罗森伯格(William Rosenberg)发现食品车售出的近一半的商品是咖啡和甜甜圈。对于一般的企业家来说,这一数字无非只是告诉自己公司的咖啡和甜甜圈很受欢迎,按照这个思路继续思考,公司应该推出更多像甜甜圈一样的产品,公司的利润才会更多。对于一个只靠财务数字思考的企业家来说,这完全正确,而对于一个营销直觉敏锐的企业家来说,这种想法毫无意义。良好的营销直觉告诉罗森伯格这是一个极好的用减法打造成功品牌的机会。

1950年罗森伯格毅然决然地砍掉了所有多余的业务,将整个业务全部聚焦在甜甜圈和配套的咖啡业务,就是这样一个聚焦的决定,让日后的唐恩都乐成为了全球最大的甜甜圈连锁店,今天的唐恩都乐在全球拥有超过上万家的门店,每天销售约250万只甜甜圈,每年售出超过10亿杯咖啡。

半个多世纪前,走进任何一家美国的餐厅你都会发现那里边几乎出售所有的食物和饮料,今天,聚焦已经让菜单上的任何一个单品都有机会成长为成功的全球品牌。

星巴克并不是世界上最好喝的咖啡,但是这个品牌第一个聚焦于美国餐厅里最常见的咖啡,于是诞生了全球第一个高端咖啡连锁。

1921年,美国人鲁本·马特斯(Reuben Mattus)研制成功一种纯天然高级冰激凌,之后的他只做了两件事情。

首先是将这种被誉为冰激凌中的"劳斯莱斯"命名为哈根达斯,一个听起来就像是一种北欧纯天然的香草类的食品。

其次就是将业务范围高度聚焦于这种高级冰激凌,并慢慢将其推向全国。今天的哈根达斯是享誉全球的高端冰激凌品牌,这个品牌一直致力于宣传"同样的体积,两倍的重量",来彰显自己的精湛工艺。

当哈根达斯牢牢占据冰激凌市场顶端的时候,一个名叫冰雪皇后的品牌继续缩小自己的焦点,在低处向哈根达斯发起了进攻。

冰雪皇后(Dairy Queen)高度聚焦于软"冰激凌",其经典的"暴风雪"

冰激凌经过均匀搅拌后，有倒杯不洒的美誉，今天，DQ 已在 30 多个国家开设近 8000 家连锁店。

再来看美国餐厅里最常见的比萨饼类在过去的几十年中都发生了什么。

必胜客创始人丹·卡尼和法兰克·卡尼两兄弟于 20 世纪 50 年代用借来的 600 美元成功地将美国餐厅里最常见的比萨饼单独分化出来，并打造出了今天全球最有价值的比萨饼连锁品牌。

今天的必胜客是全球最大盈利能力最强的比萨饼第一品牌，必胜客的比萨产品包括了堂食、外卖和宅送。

当必胜客牢牢占据了比萨饼市场第一的位置时，后来至上的达美乐比萨（Domino's Pizza）则选择继续把焦点缩小。他们针对必胜客的堂吃、外卖、宅送的全线战略，只聚焦于送货上门。他们调整自己的战术配置，向消费者承诺“三十分钟比萨上门”。

今天，达美乐是全球第二的比萨连锁品牌（排在必胜客后面），在 50 个国家开有 8300 家分店，每年在美国的销售约有 32 亿美元。

当必胜客和达美乐已经把控了比萨市场第一、第二的位置的时候，留给第三品牌生存空间又在哪里？

答案也并不复杂：继续缩小焦点。

小凯撒砍掉了堂食和宅送，聚焦于外带匹萨，由于外带匹萨是销售匹萨的三途径中成本最低的一个，小凯撒使用了“买一赠一（two for one）”的概念，将品牌的战略聚焦于“两个匹萨，只花一个匹萨的钱”。今天，小凯撒已经成为美国第三大的匹萨连锁品牌。

看看从美国的包罗万象的大餐厅里走出来的全球品牌，我们就可以一目了然地理解缩小焦点打造成功品牌的神奇之处。

冰激凌——哈根达斯/冰雪皇后

甜甜圈——唐恩·都乐

炸鸡——肯德基

牛肉汉堡——麦当劳

三明治——赛百味/达美乐

红龙虾——海鲜

曲奇——Mrs Fields

咖啡——星巴克

同样的事情也正在发生在中国。十几年前的中国餐厅里几乎也出售所有的食品，今天在每个聚焦的品类中都诞生了成功的品牌。

汉拿山将焦点缩小至韩式烤肉，今天这个品牌是中国最成功的韩式烤肉品牌。

味千拉面将焦点聚焦于日式拉面，今天味千已经是中国最成功的高端面食品牌。

真功夫将焦点聚焦于米饭，并且将大量的营销资源聚焦在了像排骨米饭这样的金牌产品上，今天真功夫是中国最成功的快餐品牌。

来自香港的满记将焦点聚焦于最常见的甜品。作为中国最成功的甜品品牌，满记并没有无限制地添加产品种类，而是将满记的营销中心放在了几款重要的产品上：榴莲班戟、芒果班戟、杨枝甘露。

实际上中国的餐饮品类的分化才刚刚开始，市场上有着太多的聚焦于一个品类从而打造优秀品牌的机会，水饺，包子，几乎每个品类中都拥有诞生成功品牌的巨大空间，千万不要小看这些平日里被遗忘的品类，只要按照品牌打造的基本原则，这些品类创造的财富远远超过了被众人追捧的所谓互联网高科技。

为什么企业缩小焦点，将资源聚焦于一个狭小的功能或者领域里就会让品牌离财富的宝藏更近？

1. 一旦企业选择聚焦于狭窄的领域里，品牌会马上成为那个领域里的专家，一个专家品牌当然值得信赖。

还有谁比肯德基更懂炸鸡，还有谁比哈根达斯更了解如何制作纯天然的高级冰激凌。

2. 选择聚焦于一个单一的产品或功能让企业的营销资源高度集中。当一个大而全的企业不得不为自己旗下无数种产品同时思考营销方案时，一个高度聚焦的产品可以选择在一个地方一个时间段内让一种产品大放光芒,而不是平均分配给每个产品却都软弱无力。

3. 高度聚焦于一种产品往往会引起媒体和公众的注意力,高度聚焦的企业拥有至高的权威和某种神圣感,这是吸引媒体公关的一个最重要地方,毕竟没人谁愿意去谈论一个连业务都描述不清的企业。

4. 选择聚焦于一个单一的产品可以让企业拥有更低的管理和生产成本。

5. 选择高度专注于一个狭窄的功能或诉求,企业可以拥有充足的时间和空间在质量或口味上不断提升,从而为专家品牌提供更有力的信誉。

大多数的新品牌在与市场中的领先者竞争时,都会不自觉地从增加业务开始,满足更多客户的需求,给顾客提供更多更丰富的选择。例如:给笔记本电脑增加一个显示屏如何?给平板电脑加一个便携式键盘如何?这样用户就可以在打字的同时另去手写或绘画了,平板电脑也可以随时作为笔记本使用。然而正是这种不停地给产品做加法的思维让很多产品看起来不伦不类。

在2001年创新的浪潮中,最吸引眼球的就是“可旋屏式笔记本电脑”,它同时具备了触屏书写的显示屏和打字键盘,微软是这款设备狂热的支持者。

在2002年,有8个计算机生产商推出了微软设计的可旋屏笔记本电脑,比尔·盖茨非常自信地预言:不出五年,这款新型电脑就会取代现有的笔记本电脑。

然而这款融合了多种功能于一体的创新品类始终就没有看到胜利的希望,直到今天,可旋屏笔记本电脑的市场占有率还不及苹果平板电脑的一个零头,并且已经渐渐地从消费者的购物清单上消失了。

联想的管理层曾经考虑给平板电脑加装一个可组合的键盘,对此,苹果的管理层回答说:这样会让消费者感到不伦不类。聚焦战略中,对于企业来说,诱惑巨大的加法在消费者眼里都没有任何意义。

对于今天无数拥有创业梦想的年轻人来说,聚焦于一个极其狭窄的领域更是有着巨大的现实意义。

几乎在所有的领域，缩小焦点，聚焦于一个单一而卓越的功能，都成就了很多优秀品牌。

曾经的包罗万象的汽车维修和美容的连锁店在今天也已经失去了曾经的光芒，胜利已经越来越倾向于聚焦单一功能的品牌。

诞生于杭州的小拇指就是一家聚焦于汽车外漆的快修快补的企业。这家专注于漆面微创快修的品牌在成立后的几年时间里就已经拥有了500多家门店，成为中国最成功的漆面微修品牌。

小拇指不但是聚焦的最好典范，这个品牌也验证了另外一个营销战略中最重要的问题：品类的开创。在小拇指之前，一个司机所有的大大小小的剐蹭都会去自己的4S店或者保险指定的维修店，这让小拇指看起来根本没有存在的必要。

4S店确实是大部分车主的首选，但是不要产生错觉，那是在小拇指没有出现之前。对于很多车主来说，事情还有另外一面，他们爱车的轻微剐蹭实际上在没有4S店或者保险的前提下也愿意到专业的快修机构处理，当大部分人都在思考哪里有市场的时候，只有懂得营销的人才会想：到没有市场的地方去创建市场。

实际上今天太多的消费者已经开始去专业的轮胎店换轮胎，去专业的玻璃店换玻璃，去专业的内饰美容店清洗，在不久的未来，专业的快速保养都会出现高度聚焦的专业连锁品牌。

加法没有前途，唯有减法才能发现金矿。

在过去的一年中中国最火的餐饮品牌是谁？

是雕爷餐厅。这个品牌有什么秘诀吗？

除了媒体给予的大量的公关关注外并没有神秘的地方，只是这个品牌唯一不同的是没有长长的菜单，雕爷品牌只聚焦于我们最熟悉的一道菜：牛腩。当然雕爷为自己的牛腩准备了一个很传奇的故事，一个优秀的名字，一个高度聚焦的品类，一个优秀的公关，这个品牌完全不需要把自己跟互联网挂上钩。

九、单一功能优秀对于互联网品牌的意义

2013 年 3 月 31 日，中国社交网站人人公司（纽交所证券代码：RENN）发布了该公司第一季度财报。财报显示，人人公司第一季度总净营收为 4660 万美元，同比增长 45.2%；净亏损为 310 万美元，好于上年同期的净亏损 1360 万美元，这已经是人人网上市以来连续第二年的亏损。

一个融合了社交、地理位置、在线聊天、照片发布、状态发布等功能的社交网络从诞生一刻就深陷亏损的深渊，这非常令人遗憾。

尽管亏损已经减少，但是未来是否会获得真正意义上的财务胜利依然非常渺茫。

这不禁又让我们想起了另一个电商“巨人”——京东，大笔的风险投资进入，换来的只是品类越来越多，却唯独不见盈利的迹象。

在我们日常提供战略服务的高科技公司里，有一个非常明显的分水岭，那就是产品无所不能还是高度聚焦于一个卓越的功能。

与人人网连续多年的亏损形成鲜明对比的是，2014 年初美国社交网站 Facebook 计划用 190 亿美元收购跨平台移动通讯应用 Whatsapp。

Whatsapp，这个简单到极致的移动通讯应用没有任何花哨的功能，却位居美国 APP store 付费榜单第一名的位置，拥有至少 2 亿到 3 亿的付费用户。

一个需要花费 0.99 美元的通讯应用为何能在这个竞争如此激烈的领域脱颖而出？

和其他移动应用相比，Whatsapp 没有游戏、社交圈分享、聊天表情，也没有更多个性化的应用。用户唯一需要做的就是添加自己的手机号，自动

拉取通讯录中使用 Whatsapp 的用户列表，然后向他们发送信息，包括文字、图片、语音和视频。

Whatsapp 其实就是美国版的微信，只不过相比微信更加简单，对于购买了数据流量套餐的 2 到 3 亿用户来说，它能够完全代替手机短信，你就可以给他留言。不要钱，哪怕对方是在国外。Whatsapp 不需要额外的注册手续，而且总是打开着的。

对于其他通讯服务，例如 BBM 只能在黑莓手机上使用，有些只能在 Iphone 上使用，Facebook 的界面太过于复杂，Gtalk 过一段时间就会自动登出，还要添加对方的 Gtalk，还要获得对方的同意，所有这些问题，Whatsapp 一个也没有。

实际上，像如此复杂的社交网络亏损的远不止人人，远在大洋彼岸 Facebook 的日子也好不到哪里去，虽然目前看起来风光无限，但是我们对它真正的盈利能力深表怀疑，不光是我们，Facebook 的股价从开盘之日的表现令人大跌眼镜，这一切也都在印证着投资者们的怀疑。

而同样跟 Whatsapp 一样成功的还有 Instagram。Instagram 只做一件事情，就是把人人移动照片发布的功能单独分化了出来，今天 Instagram 的市值已经达到 12 亿美元。

非常具有讽刺意味的是，Instagram 公司的前身 Burbn 公司几乎就是今天人人的翻版，几乎无所不能，这也是 Burbn 后来的创始人主动关闭 Burbn 的原因，因为他已经意识到问题的严重性。

向 Burbn 的创始人致敬，优秀的营销将领无需战斗到最后一兵一卒才知道只是一场根本没有希望胜利的战斗。

所有的创业者一定要经常问自己一个简单的问题：我们如何把一个产品的某个部件单独分化出来从而打造成功的品牌？

这远比在产品中加入某些功能更有希望，毕竟将牛奶中的脂肪去掉的低脂牛奶的销量远远超过了在牛奶中加入某些东西，比如巧克力牛奶，谷物奶昔。

Twiter 就是将 Facebook 状态发布的功能单独分化了出来。

微信就是将摩托罗拉Q语音单独分化了出来。

Dropbox就是将软件行业的文档同步单独分化了出来,这个独立的功能今天的市值已经到达40亿美元。

有人认为高科技品牌前期的烧钱和亏损很正常,即便是像谷歌、苹果这样的品牌前期也经历了烧钱、摸索的过程。这种观点是对的,但是人人和Facebook根本无法跟谷歌和苹果相提并论的一点就是:极其简洁的品牌聚焦战略。

即便你不研究品牌和产品,在打开他们的网页的那一刻就知道这种简单的力量是多么强大。

实际上谷歌今天的成就是雅虎拱手相让的,因为雅虎在进入了搜索引擎领域之后本可以做到像谷歌一样的成功,但是杨致远和他的团队从财务的角度出发,为雅虎增加了太多的功能,雅虎沦落为一个门户网站。

而雅虎的成功又是拜另外一家公司的失败所赐,就是搜索界的元老AltaVista,它的失败几乎就是雅虎的翻版,先是成功进入,然后开始不停地延伸,最后等他们都反应过来的时候,一切都已经太晚,谷歌带着自己无比简洁的品牌牢牢占据了搜索市场的大半壁江山。

十、聚焦对于中国互联网品牌的意义

在过去的10年当中,中国商业社会最大的一个趋势就是国人正在把现实中的一切都搬到互联网上去,电商的浪潮已经席卷了从酱油到汽车的每个角落,媒体和行业专家都在声嘶力竭地告诉你:不要改变太慢,互联网会颠覆你身边的一切。

互联网确实改变了我们工作和生活的某种方式,这导致了许多未来学家对于互联网做出了大量的预测,"2010年90%购买的商品都会是通过互联网送货上门的""下班之后只需按一下手机上的按键家中的所有电器便进入工作状态""智能卧室将会让你把所有一切通过互联网接入电视机中"。

互联网确实这个世纪最伟大的发明,但是不要因此就丧失了最基本的常识判断能力。虽然互联网无孔不入地存在于生活的每一个地方,靠互联网赚钱仍然是一项十分具有挑战的工作。

早在2005年,数据显示,当年美国的241家大型互联网公司总销售额有240亿美元,但却亏损了70亿美元。今天,除了极个别领域里的大型互联网品牌在盈利之外,美国的互联网品牌的盈利依然困难。

中国互联网品牌的发展的热情要比美国更加具有活力,特别是互联网概念的投资风潮也更加活跃,但是真正的互联网品牌的盈利依然令人沮丧。

2011年,所有VC、PE投入到中国互联网的资金达到近60亿美元,其中投入电商的资金约占70%左右,有300多笔交易,位居互联网融资首位,但是绝大多数的互联网品牌依然亏损严重。

2012 年，中国互联网投资再次降温，除了受中国企业赴美上市受阻的因素外，互联网品牌迟迟无法盈利则是另外一个重要的因素。

即使有如此巨大的资本市场的支持，电商的盈利依然困难重重，中国电商品牌仿佛走入了一个恶性循环，融资越多亏损越多。毫无疑问，中国的互联网发展将继续繁荣，但中国的互联网品牌却未必。

互联网是一种典型的大容量、低利润率的载体，价格竞争是大部分品牌要面对的永恒的主题，尤其对于那些没有焦点的企业来说，价格更是网络世界中的一切，网络广受欢迎，但却盈利困难，而风险投资只追求利润和上市的概念，并不关心品牌本身的打造。

看看过去几年中国呼声最高的电商品牌，京东、苏宁易购、亚马逊中国、当当网、国美电商、库巴、1 号店、凡客，这些电商品牌的一个共同点就是他们一直都走在亏损的漫漫征程上。它们无不是拿着风投大笔的资金杀入，却始终难以盈利，例如网上超市的 1 号店在几经挣扎后终于被沃尔玛收购，而沃尔玛的在线业务本身就从未实现盈利。

这些品牌的另外一个共同的特点就是它们都是从单一品类开创然后便横向发展为全面的平台电商，这些品牌都是在对规模的疯狂追求中逐渐迷失了自己，它们也最终为失去焦点而付出了巨大的代价。

苏宁电器 2012 开始全面向百货、图书、日用品等五大品类延伸，并打造了线上苏宁易购、线下苏宁 Expo 超级旗舰店的“云苏宁，无限购”的战略体系；

国美旗下的库巴网 2012 年也开始向高毛利率的家居建材、家纺、户外等领域延伸。

一号店从互联网超市开始向家电、图书等品类延伸。

凡客从单一的衬衫和帆布鞋起步，成功地创立了在线大众快时尚品牌，但是成功后凡客马上制定了大规模的品类扩张之路，从服装开始向家电、数码、百货等品类开始全面延伸。

自诩为中国的亚马逊的当当在成功地开创了电商图书品牌后也开始了全品类的疯狂延伸。

京东成功地开创了家电电商品牌之后同样开始向全领域进军，今天的京东是全面驰骋在家电、服装、鞋类、化妆品、汽车用品等全领域内的大型综合体。

今天这些品牌都步履蹒跚，在沉重的盈利压力之下稍有不慎便会有出局的危险。

互联网是过去的几十年中人类历史上最伟大的发明之一，与传统的商业模式相比，互联网有着很多传统媒体没有的独一无二的特性，但是跟传统商业完全一致的是聚焦与否或者垂直与否同样是所有电商品牌成功的基础，这一点上实体和线上的品牌都遵循着完全相同的规律。

不像现实中的品牌，除了企业的广告，电商品牌几乎没有任何现实属性来时刻提醒消费者自己的存在，除了消费者大脑中的品牌和其所代表的焦点外一无所有，这意味着在互联网的世界中品牌更需要具有高度的代表性。在浩如烟海的互联网海洋中，漂浮着太多的因为失去焦点而最终死去的品牌，爆炸式的选择让心智在面对这些电商品牌时，会自动屏蔽那些品类错综复杂的互联网品牌，失去心智的选择力量的品牌也终究会像现实中的品牌一样消失在大脑的购物清单里。

2011 年初，凡客制定了销售过百亿的目标，而这一切仅仅是为了延续 2010 年的增长势头。凡客如何能完成这个目标？很简单，将任务层层下放到各事业部的主管，主管按照销售目标开始增加品类。

也就是在 2011 年这一年，凡客的品类扩张到了令人震惊的地步，不仅仅是服装、丝袜、面膜，各种生活用品甚至包括了拖把和锅碗瓢盆，凡客全然把自己变成了一个大百货公司。当年，凡客就爆出了巨额亏损。

一个公司卖的东西多完全不代表你赚的钱比别人多；相反，一个公司的产品品类比别人少才会让消费者感觉到你在某一方面更可能胜人一筹。这个世界上有无数的卖百货的商店，但是这个世界上只有一个代表了平凡精神的凡客，相比于电脑技术人员天天放在嘴边的用户访问量，这个大脑中所独具代表性的聚焦才是凡客真正的立身之本。

凡客始终应该也必须做的就是要反问自己，在数以万计试图将现实中的一切搬上互联网的品牌中,凡客最终代表的是什么,而不是执迷于为了增长而增长。凡客的成功在于聚焦于低价而又不失个性的年轻群体,而之后的请雷军做代言人想尝试品质生活则是完全背离了这一战略方向。

一个聚焦精确的品牌本身无需付出高昂的代言费用,而一个患上品牌分裂症的品牌再多的代言也无法形成所谓的品牌效应,想想凡客请来的韩寒,实际上在消费者看到的第一眼后的反应是:“韩寒怎么会穿几十元一双的凡客?”

一个品牌一旦因为某个焦点而成功,消费者一般不会再赋予这个品牌第二种身份,从战略的层面上讲,如果凡客的品牌可以被轻易复制到任何其他品类上的话,这个品牌根本也就一分不值。跟现实中的品牌完全一样的是太多的延伸会让大脑感到混乱而没有安全感,如何最大程度上呵护和保持这种焦点便是品牌永远的工作。

太多像凡客一样的企业在大规模品类扩张之时都几乎有一个共同的理由:为达到销售规模的增长,以及通过百货消费品来加强用户的黏性,并满足 IPO 前的高增长需求。

大部分的电商都过分夸大了所谓的用户黏性。一个消费者并不因为进入到一个网站便会被网站所粘住,最终能粘住消费者的是品牌所代表的焦点,是消费者心中的那个字眼。只有聚焦战略始终如一地忠实于消费者,消费者才会去始终忠实于品牌,没有谁会被一个连描述都有些困难的品牌粘住。或许品牌的管理人员应该经常问问自己上一次我们去某个网站购买东西是什么时候,又是什么让我们进入到这个网站的,而不是整天纠结于诸如访问量和用户黏性这样的术语。

优秀的聚焦是因,出色的访问量是果;只有聚焦忠实于顾客,顾客才乐意被品牌所牢牢粘住。

在现实的世界中,品牌知名度跟购买行为并没有必然的联系,全世界的人都知道皮尔·卡丹,但是所有的人都购买了 LV,GUCCI 这些真正聚焦的品牌。在过去的几十年中,皮卡·卡丹这个品牌几乎延伸进了除了马桶之外的所有的商品,今天这个品牌无处不在却一无是处。

在虚拟的世界中，访问量和粘贴性与购买行为之间也没有必然的联系，如果访问量就可以代表成功，那些成千上万地获得了大量访问却依然倒下的电商故事就不会发生了。一个真正成功的品牌首先要思考的是聚焦清晰，绝不肆意破坏手中可以成长为大树的幼苗，随后的一切才是水到渠成。

一个高度聚焦的垂直电商首先具备了高度的代表性，跟现实中的品牌完全一样的是当这种高度的代表性最终在消费者大脑中形成一个明确的字眼的时候，一个成功的品牌的雏形便具备了。

玛萨玛索的沦陷

玛萨玛索曾经是一个为白领一族而打造的一个互联网设计师折扣品牌，在千篇一律以低价为主旋律的品牌中，这个品牌在衬衫等品类的聚焦让其拥有了很高的溢价能力，品牌落地之后的几年中便开始盈利。

成功的迈出了第一步的玛萨玛索之后做了什么？

它开始变得像所有的互联网品牌一样，开始相信所有人都在谈论的访问量和规模扩张。如何做到这一切？很简单，找到一个同样相信这个理论的风投，拿着风投的钱将品类和规模无限扩大。玛萨玛索是这样想的也是这样做的，而现实中的访问量和 SKU 的扩张与想象中的品牌成功完全是相反的，你永远无法通过扩张 SKU 和流量来打造一个成功的品牌，品牌要成功只有不停地修剪自己的聚焦才行。今天的玛萨玛索已经不再是一个能代表品味的品牌，而是各个品牌的大卖场，从男性到女性，它试图迎合所有人的所有需求，今天这个品牌也开始已进入了漫长的亏损。

此外玛萨玛索这个品牌名称实在过于拗口，无法有效代表品类市场。在现实的营销世界里，一个崭新的品类的首先需要的是一个全新而优秀的品牌名称，像谷歌、Twitter、亚马逊这样的简洁而又拥有强大的品类代表意义的名称，这个名字听起来更像是一种女性的内衣品牌。

在互联网的世界里，因为品牌没有任何外部特征的提示，品牌所拥有的全部就是消费者大脑中的那个名词,一个复杂而冗长的名称是无法保证品牌长期成功的。

很多时候品牌自己的创建者并非对品牌延伸和扩张这样的疯狂举动没有一点的感知力,玛萨玛索的前品牌总监后来回忆道:

“2009 年,玛萨玛索拿到了红杉的一笔融资,而这正是整个悲剧的开始,我脑子再也不用去想这个品牌要去怎么做了,而是想如何促销,怎样打折去拉动新客户拉动销售额。如果玛萨可以不打折,熬过那段品牌的寂寞期,让用户真正感受到,穿上玛萨的衣服也是在穿一个品牌,可能现在的境地完全不一样。”

对于风投十分重要的规模对于一个聚焦清晰的品牌来讲从来就不重要。

一个优秀的品牌最重要的是在拥有了强大的聚焦之后要有足够的耐心等待品牌从小众走向大众,从量变走向质变,而不是用大笔的资金让品牌按照风投对于规模的期望强行让事态发生,这往往会提前释放和破坏了一个优秀的品牌的营销潜力。千万不要忘记,跟现实中的品牌一样的是,无论企业如何希望一个概念、一种聚焦或者是一种诉求快速到达消费者的心智中,消费者永远会按照自己的节奏来接受一个全新的品牌和新的概念。

当当的麻烦

当当是全球最大的互联网中文图书零售商。然而当当在过去的几年中疯狂地向全品类进军,依然变成了一个在线百货公司,这对销售会有帮助吗?短时间内当然会有,特别是当所有的电商都在做着相同的事情的时候。

可当消费者每一次在打开当当网页要挑选喜欢的图书看到的却是像百货公司一样的商品种类时,满脸的疑惑都是对当当所代表的优秀聚焦的损害,特别是当他们发现寻找一本图书要花费几倍于曾经的时间,一点也不奇怪当当的规模越来越大,亏损却越来越多。

优秀的品牌不需要包罗万象去讨好和粘贴每一位消费者,优秀的品牌只需要忠实于自己的聚焦,当聚焦的光芒足够的强大时,会有无数的消费者向着这个光芒涌来。

当一个企业每一次为了增长而增长,为了规模而规模时,都是在品牌的根基旁肆意地乱砍滥伐,当有一天企业可以明显感觉到品牌的根基在动摇时,这个粗壮的大树很可能已经无法继续存活。

京东是什么?

京东曾经是中国最大的互联网家电零售商。京东拥有一个无比卓越的品牌名称,其优秀的穿透力量总会让人想起盛产家用电器的日本,然而拥有这样一个优秀的品类和品牌的京东却始终无法盈利。我们并不需要用一本书才能知道到底哪里出错,打开京东的网页就能明白原因并不复杂。京东正在沦为又一个在线大百货公司。

变成百货公司的京东的情形又如何呢?

代价巨大,几轮融资拿着大笔风投资金的京东却始终处于亏损,虽然京东内部称长期亏损是战略安排,而真实的情形是各个板块中的对手没有留给京东多少盈利的空间,在今天这个高度分化和进化的商业环境中,已经没有谁可以承担一场全面的战争。风投的资金可以让品类和规模越来越大,但是对于消费者的心智选择却无能为力。

在白酒品类中,京东遇到了专业品牌酒仙;

在图书领域,京东遇到了当当的有力阻击;

在母婴用品领域,京东遇到了乐友、红孩子等品牌的有力阻击;

在服装领域,京东遇到了淘宝和玛萨玛索的有力阻击;

在化妆品领域,京东同样要与乐蜂这样化妆品网站进行较量;

而在其核心领域,众多像苏宁和易迅这些线上线下的对手也都在步步紧逼,而这些品牌本身也都多多少少存在大而全的问题,否则京东的处境将更加艰难。

大而全的“百货”电商给各个领域中的敌人留出了足够的进攻空间和

时间,这使得他们不得不在多条战线上同时开战,再强悍的狮子也抵不过一群训练有素的狼,兵力分散从来就是战争的大忌。

这些亏损的电商品牌中有的是从现实中的实体品牌延伸进入互联网品牌。

苏宁易购和国美在线都是这些品牌的典型代表

从实体连锁零售商进入到互联网电商,这造成了一个严重的身份认知的问题,仅仅是把实体业务放到互联网上去销售根本不代表可以让品牌成为一个成功的互联网品牌,这些品牌无疑都是在用昨天的机票来试图登上未来的航班。

一个崭新的业务形式需要的是全新品牌名称和全新的业务模式,一个旧的品牌概念无法延伸进入到一个新的领域当中。

互联网的世界中所需要的另一种聚焦就是在业务和传播之间做出舍弃。只是把你的实体业务搬到网上去根本不会让企业成为一个互联网品牌,这其中不是技术的问题,认知是最大的一个障碍。

中国最大的视频网站不是央视的网络版,而是优酷和爱奇艺,尽管央视花费了无数的金钱提醒消费者其网络电视的存在,却依然改变不了央视是电视媒体的这样一个认知。

中国最大的实体书店是新华书店,最大的互联网书店是当当,而不是新华书店的网络版。

中国最大的实体家电零售商是苏宁和国美,最大的互联网家电零售商是京东,而不是任何苏宁和国美的网络版。

中国发行量最大的全国性报纸是环球时报,最大的门户网站是搜狐和新浪,而不是环球时报的网络版。同样,美国最大的图书连锁店是巴诺,而最大的互联网书店则是亚马逊,而不是巴诺在线。

在一个崭新的媒体形式中,企业要打造一个全新的业务首先要为这个新的媒体形式量身打造一个全新的品牌名称来应对这个新的业务,而不是试图带着昨天的旧的身份和认知进入到新的领域中。在自然界中蝴蝶在破茧重生前都被称作毛毛虫,然而蝴蝶就是蝴蝶,而不是会飞的毛虫。

美国互联网品牌的发展史

虽然互联网早在20年前便已彻底影响着人们的购物习惯，但美国大型零售商营在互联网销售中所占的比例依然少得可怜。

2013年，大型零售商在线销售额占全美零售总额的比重只有5.8%，同比只增长了0.7%。

在几大试图延伸至电商领域的大型零售商中，美国第二大“高级”折扣零售商塔吉特(Target)在线业务目前在其730亿美元的整体销售额所占的比例不到2%。

全球最大的宠物连锁机构PetSmart也曾信誓旦旦地将电商业务变为整个业务的一部分，但其电商在整体销售额中的比例连1%都不到，对公司整体业务并未带来任何实质性贡献。

全球最大的零售连锁沃尔玛早在1996年就已经推出了自己的在线购物网www.walmart.com。在沃尔玛在线业务成立之初，其在线业务的总裁兼首席执行官曾雄心勃勃地说：“在接下来的两年里，该公司要成为互联网电子商务网站建设类型的产品和服务最完整、最丰富的在线销售网站类别。”

然而，现实中的沃尔玛在线完全没有任何胜利的迹象，到16年后的2012年，沃尔玛在线的整体销售额在沃尔玛每年4000亿左右的销售额中只占到了3.8%的份额，对于沃尔玛利润的贡献几乎可以忽略不计。

在所有涉足在线业务的零售商当中，也只有体育用品零售商Cabela's和百货商店运营商Nordstrom的成绩稍微令人欣慰。2012年Cabela's的商品销售额为27亿美元，网络销售占到了20%左右，同年Nordstrom的直销业务(包括在线销售)的销售额占到了近10.7%。

这其中最大的在线零售商是谁呢？不是他们当中的任何一家，是亚马逊。亚马逊是为互联网而诞生专业品牌，而不是任何一家实体零售商的网络版本。

根据商业杂志 Internet Retailer 的统计，亚马逊 2012 年的网络销售额超过了 12 个最主要竞争对手的总和，这其中就包括全球最大的办公用品零售商 Staples 和沃尔玛。2013 年第二季度，亚马逊北美地区销售额增长了 30%，超过了美国整个电商市场的增速。

沃尔沃是全球最大的连锁超市，但却不是全球最大互联网超市。

但即便是一家独大的亚马逊一旦失去焦点也无法承受一场面面俱到的战争。作为全球最大的在线图书零售商，亚马逊也依然将自己变成了一个大百货公司，而代价就是过去九年连续的巨亏。

今天现实世界中的大百货公司都在面临着倒闭和亏损的境况，而虚拟世界中的互联网百货公司也不会成为例外。正在将自己变成全球最大百货公司的亚马逊公司在过去的十年中也一直面临着巨额亏损的情况，尽管大量的专家给出了很多辩解的理由，但是有一点永远不能否认的是，亚马逊在偏离了“全球最大的在线图书零售商”的焦点之后，同样遭遇了各个领域中的专家品牌的强大阻击，从而不得不拿着大笔的风险投资在全球范围内四处收购。

2009 年，电子商务巨人亚马逊斥资 8.7 亿美元收购美国最大在线鞋类运营商 Zappos。就是在鞋子这一个细分的品类中，Zappos 让亚马逊感到了巨大的挑战。为了跟 Zappos 竞争，亚马逊推出了鞋品网站 Endless.com，但是根本无法扭转颓势，单是月访问次数 Zappos 就以 450 万人次遥遥领先 Endless.com 的 70 万人次。

2010 年，电子商务巨人亚马逊再次出手以 5.4 亿美元将专业聚焦母婴用品的电子商务企业 Quidsi 收入麾下。母婴品类在整个亚马逊家族里根本不值得一提，可就是这样一个小小品类，Quidsi 竟然做到了年销售额 3.5 亿美元，每年平均卖出 5 亿多包，同样让亚马逊感到“亚历山大”。

收购了这么多品牌后的亚马逊是否有能力和精力管理并让如此多的品牌盈利又是一个非常棘手的问题，而同时更加专业而懂得品牌打造的对手正在每个角落里虎视眈眈地盯着亚马逊，时机一到它们马上就会给亚马逊致命一击。

亚马逊能够盈利吗？

当然可以，这取决于亚马逊本身是否要继续疲于应付各个版块里的专业对手，更取决于追随亚马逊战略的电商是否会继续在“百货公司”战略上继续前进，当品类的增加和规模的扩大到了这些对手无法承受的时候，体态庞大的亚马逊当然有理由会过得更好。但是，懂得品牌打造的专业对手永远会出现，百货战略随时面临被瓦解的情况，这就是为什么像京东、淘宝和亚马逊这样的巨人最担心的就是当对手打开他们的网页时，将琳琅满目的商品中某一个品类单独分化出来并将其打造成一个成功的品牌。

互联网是一个特殊的竞技场，因为它同时继承了实体商业的聚焦特质又具备了很多完整独立的个性，这意味着后来的创业者必须要学会互联网品牌的基本常识，而不仅仅是一堆互联网的专业术语。

大而全的1号店网上超市可以成功吗？很难，即便是被沃尔玛收购之后成功的希望依然很渺茫，无论1号店如何强调自己的用户体验。

没有品牌会宣称自己的用户体验比别人差，虚拟世界中的用户体验与现实品牌的用户至上完全一样，是一个非常宏观的概念，没有人会站在这种宏观概念的对立面，在企业看来非常客观的用户体验在消费者的眼中都是主观的，当一个品牌可以在顾客的大脑中创造一个词汇，可以高度代表一类东西，用户体验当然不会是糟糕的。当一个品牌面面俱到试图去吸引所有的人，用户体验本身就是一个被抱怨的东西。

试想一下当当从图书向杂货店全面延伸的过程中，顾客要找到一本心仪的图书所需要花费的时间，品牌如何指望技术层面的用户体验能抵消顾客打开当当网页花费之前几倍的时间才能找到想要的书籍时的沮丧。

从全世界范围看，迄今为止还没有网上超市成功的案例，未来是否会出现我们无法预测，这当然不是在证明品牌的成功需要有借鉴意义，只是网上杂货铺的概念实在是一个糟糕的想法，无法制造长期有效付钱的意愿。

相对于日常生活中的柴、米、油、盐、酱、醋、茶等常见的日用品，很少会有人真的为了节省几块钱而去互联网上下单购买，然后等待电商在当日或者隔日送上门来,这与消费者的消费习惯实在相去甚远,这便是为什么全世界的互联网超市从诞生一刻起便陷入了难以盈利的困境,而像7-ELEVEN这样的便利店却可以保持很好的发展势头,无论电商如何创新都不能以违背人性中根深蒂固的自然习惯。

当企业认为互联网无所不能可以随心所欲地销售任何现实中的商品时,企业绝对是高估了互联网,即便是中国最优秀的互联网品牌淘宝能够成功地搭建最大的中文购物平台,其最大的利润来源依然只来自于服装等有限的几个品类。

互联网永远无法取代现实中商品的TIME(时间)和TOUCH(触摸)的属性,更不要提及互联网品牌所要涉及的安全和相对复杂的环节,对于很多生活消费品来说,无论品牌如何在所谓的用户体验下功夫,都比不过顾客在下班之后在不远处的超市亲手挑选生活所需的一切来得更亲切更符合常识。

互联网确实会在某种程度上改变我们的一些购买行为,但绝不会像媒体和互联网企业鼓吹的那样将会改变一切。

像拉手这样的团购网站的利润都是来自于餐饮品牌,即便是这样,其长期盈利也很困难,其中重要的原因不在于所谓的用户体验,而是大而全的思维,几乎所有的团购品牌都在面向所有的城市,所有的人,所有的品牌,这也很好地解释了过去几年除了美团个别月份略有盈余,绝大多数团购网站都在亏损。

更为关键的是,企业很快就会发现靠短期的打折促销增加顾客数量的做法都是以亏损的形式在进行的,消费者仅仅是为了省钱而消费,一旦停止,品牌马上又恢复到从前的水平,很少会有消费者仅仅因为一次打折而成为一个品牌忠实的客户。

对于像星巴克和苹果这样聚焦清晰的优秀品牌,消费者根本也无法通过团购网站获得打折的资源,打折是这些品牌的天敌,无论是在现实还是虚拟的世界里。

一个大而全的互联网品牌并不会因为成本的减少而增加成功的概率,

58 同城和赶集网是中国当下最大的生活服务类品牌，这两个品牌都在宣称自己无所不能，赶集网请来了姚晨告诉消费者“赶集网，啥都有”，58 同城请来了杨幂，告诉消费者 58 样样精通。

从招聘、二手车到二手房买卖等包罗万象，赶集和 58 同城每一次的营销活动都不得不同时兼顾几个板块，电视媒体的投放每一次都要不同的焦点和主题，这种大而全的商业模式使得品牌始终处于一种疲于奔命的状态，始终没有一条清晰的战略方向出现。

像生活服务类这样的概念在消费者的心理本身就是一个大而全的概念，没有消费者会说“让我们去购买生活服务吧”，在笼统和抽象之间，企业往往会选择大而全的宏大概念，而对于消费者来说他们只喜欢具体的概念，这种大而全的概念另外一个巨大的危险就是给后起之秀一个从高度专注的领域发起精确打击的机会。

忘记历史必然重蹈覆辙

沃尔玛和 1 号店的高层或许应该反向思考这个问题，在今天中国的电商品牌发展最迅猛和税收政策都向商家倾斜的时候都无法盈利，在消费者真正成熟和品类发展平稳的时候又该如何盈利？

不仅仅是 1 号店，凡客和当当，在过去的十年间，几乎所有的电商品牌都疯狂地走向了品类扩张之路。

梦芭莎聚焦于女性内衣，不像是男性的袜子这样比较随意的品类，对于女性内衣这样一个非常需要亲自体验和私密的产品来讲，在线销售本身就不是一个很理想的概念，除非有一个可以真正守得住的差异化诉求。梦芭莎更是没有耐心看到内衣品类的成功便开始进入男装等多个品类，而梦芭莎这个名字足以把所有的男士挡在这个品牌之外，就是在这种严重品牌分裂症的前提下梦芭莎开始了一轮又一轮的融资以期将规模做大后在资本市场有所收获。

不仅如此，在梦芭莎品牌日渐衰落的时候又相继推出独立女装品牌若缇诗、男装品牌以及在2010年底推出的男鞋品牌克莱菲尔，在这些高端子品牌陆续推出之后，梦芭莎品牌则继续萎缩。在一个品牌都没有绝对的把握成功的时候，多个品牌让梦芭莎更难以有能力和物力让其中的任何一个品牌现实真正意义上的品牌和财务的成功。

在线的梦芭莎随时都有出局的危险，而现实中的内衣第一品牌维多利亚的秘密（Victoria's secret）却在全球大放光彩。

麦考林、唯棉和乐淘这些电商品牌无不是在做大做全的道路上越走越远，直到完全迷失了方向。

聚焦是所有现实品牌和互联网品牌的立身之本、战略之源，离开个这一点，一切都是浮云，聚焦的重要性无论如何强调都不为过。

在垂直还是平台这两种电商模式上，众多的专业和创业者都倾向于平台电商，这不光有淘宝的巨大示范作用，更有创业者自己的心路历程，更有人发出了"垂直电商必死"的结论。而我们的观点正好相反，时间必然会证明今天和未来互联网品牌成功的一定是垂直电商。那垂直到何种程度呢？很简单，垂直到不能再垂直，直到能够高度代表一种品类，一个字眼。

不光是在电商领域，聚焦几乎主宰了商业领域的方方面面。

是什么造就了百度和谷歌的成功？

不是他们的技术，而是他们的聚焦，这一点在打开他们的网站的那一刻便能体会到保持和维护这种聚焦的力量。在过去的几年当中，百度和谷歌都在自己的专业业务里保持了最高程度的聚焦，只是少数的几个版块里做了业务的添加。

听说过AltaVista这个品牌吗？99%的人从来没有听说过这个名字，除非你是搜索引擎领域的专业人士。

AltaVista曾经是比谷歌和雅虎更早更强大的搜索引擎品牌，也是当年美国搜索市场中的绝对的领导者。

那是什么让这个绝对的领导者在今天却无人知晓了呢？

早年的AltaVista完全不满足于将自己仅仅聚焦于搜索这个狭窄的字眼中，他们开始在网站上增加邮件、通讯录、公告板、论坛、对比购物等服务,并且还在网站主页上添加了大量广告。他们也花费10亿多美元收购了一个叫做Shopping.com的比较购物网站,以及财经网站RagingBull。

慢慢的,AltaVista已经变得像一家门户网站而离奇搜索的焦点越来越远,网站开始陷入亏损,最终AltaVista出售给了网络控股公司CMGI,后又被转手出售给Overture。

Overture又是一家什么样的公司呢?

它就是曾经仅次于AltaVista的搜索引擎第二品牌Goto.com,后来改名为Overture,这个品牌正是"点击付费"模式的创始者。

成功之后的Overture做了跟AltaVista一样的事情,开始变得贪得无厌。

Overture决定将它的搜索服务与MSN.com、Netscape以及AOL联营,因为这样可以赚更多的钱,同时开始在网页上增加更多的服务,不停增加的服务项目让Overture短时间内就变成了又一个综合类服务网站,品牌随之开始衰落。

最终Overture出售给了雅虎,此时雅虎试图将Overture重新恢复为一个搜索引擎品牌,但已经来不及了,谷歌凭借其极其简洁的页面和高度的聚焦成为了搜索引擎第一品牌,从此便再也没有失去这个地位。

而同样是曾经的搜索引擎老大的雅虎也经历了相似的一幕,Overture和AltaVista疯狂扩张让雅虎能够成功地在搜索领域崛起,今天当我们打开这个网站时,我们可以看到新闻、广播、运动、股票报价、黄页服务、聊天、拍卖等所有的门类。雅虎曾经提出的"满足所有人的所有需求"让这个品牌经历惨痛的衰落,几经换帅未来却依然不明朗。

雅虎作为一个企业是成功的典范,而作为一个品牌,雅虎的市值从10年前800多亿美元萎缩到了今天的140亿美元,整整缩水了80%,这确实是一个失败的品牌。

我们可以把谷歌和雅虎做一个对比。以谷歌为例,这个品牌本身也涉入了很多不同的业务,但仍然将其网站(google.com)聚焦于"搜索"。

2004年,雅虎的销售收入超过了谷歌(36亿美元vs.32亿美元),而雅虎的净收入则超过谷歌的两倍。

但仅仅6年之后,2010年,雅虎的收入不到谷歌的1/4(64亿美元vs. 293亿美元),雅虎的净收入还不到谷歌的1/7。谷歌的聚焦战略显然比雅虎全面开花的战略要高明得多。

2012年雅虎在新任首席执行官梅耶尔的指挥下尽管豪情万丈,但他依然犯了一个最基本的错误,雅虎依然在做加法而不是减法,相比于2012年同一时期,雅虎2013年的前三个季度收入减少了6.3%。但更严重的战略问题在于,仅在过去5年中,雅虎的年收入就下滑了35%。若这一状态一直持续,用不了多久公司就要倒闭了。

对于一个品牌,投资方的期待和人性本身的贪婪会让品牌不断地向外扩张,这与成功的品牌需要在消费者大脑中所形成的焦点正好背道而驰。多只会让一个优秀的品牌越来越模糊,只有少才能为品牌长久的成功提供源源不断的心智资源。

十一、成功的互联网品牌的几大品质

聚焦定律

一旦企业可以拥有一个高度代表的字眼，是任何外部力量都无法剥夺的战略武器，那如何去寻找和定义这种优秀的聚焦战略呢？

首先，要找到一个可以高度聚焦而清晰的品类，品类本身也要适合互联网大批量集中经营。

淘宝是中国最大的在线商城，其利润最大的贡献来自于服装品类，特别是在平价服装领域中。当当是中国最大的在线图书零售商，像图书这样一种廉价而又不需要试用和感知的品类是最佳的适合集中经营的产品。被亚马逊收购的 Quidsi 集中资源于母婴品类中廉价且高消耗的儿童尿不湿，就是在这样一个高度垂直的品类中 Quidsi 做出了令人惊讶的成绩。

但是并不是所有的品类都适合搬到互联网上去。像珠宝玉器这样的“在线品类”很少会得到消费者的承认，特别是不具备统一价值衡量标准的玉石领域，即便是再便宜的珠宝消费者也希望能够在购买时亲自佩戴和比对，这种根深蒂固的消费认知很难被改变。

同样还有高价值类像汽车这样的产品，很难想象消费者可以在没有亲自触摸和体验的前提下仅仅因为在线网络的折扣而去给自己买一辆大玩具。

那化妆品电商的概念如何？

对于那些发誓将价格进行到底的消费者来说，互联网是他们实现“挤出最后一分钱”的想法最好的地方。但是不要过分地看待价格问题，如果价格可以主宰一切，那也就不存在品牌打造和倒闭的问题。互联网更没有强大到改变一切的程度，有人喜欢掏便宜货，更有人喜欢在环境优美的专卖店中享受专业人士的服务，仅此而已。

正如我们刚才所强调的，相对于现实中的化妆品店，互联网永远有两个现实中的物理特征无法实现：时间(Time)和体验(Feel)。

对于有点空闲和有点闲钱的白领和中产阶级来讲最大的惬意莫过于在装修豪华的化妆品店里亲自体验自己心仪的化妆品，并能当场打包带走。这也是为什么在大量所谓专业人士预言互联网将取代实体的时候，国际化品巨头丝芙兰(Sephora)的利润和销售额却在一路高歌猛进。正当中国的化妆品电商都在为真正的盈利苦苦挣扎时，丝芙兰2012年的收入为80亿欧元。

与在线化妆品品牌只强调价格相比，丝芙兰完全开放的销售区域赋予了顾客更多自主权，免除了销售人员施加的压力。丰富而流畅的商品陈列让顾客可以轻松地在上百个品牌间穿梭挑选，试用。最重要的是，店内提供美容指导，但由顾客自愿选用，店员不会主动推销任何单一品牌。

丝芙兰自有品牌的发展也相当成功，如彩妆、沐浴液、化妆工具等，目前拥有700多个SKU。这些独一无二的自主品牌都提供试用品，这种感觉让爱美的女性会感觉物超所值。2010年推出设计师化妆品系列Sephora Originals，以及2013年9月最新推出的路易威登设计总监Marc Jacobs的妆品就属于其中最高调的一个系列，仅在北美就为丝芙兰带来2000万美元的销售收入。

聚焦于一个与众不同的方向

酒仙网向所有的消费者承诺所有的白酒产品都是货到付款，这大大打消了消费者对于白酒运输途中易碎的担忧，这个战略的另一个暗示的方向就是酒仙对于自己包装水平的高度自信，在这方面他们当然有信心有能力做得更专业。

唯品会是一家经营男装、女装、化妆品、童装和电商品牌，当所有的电商品牌都在为盈利苦苦挣扎的时候，唯品会是这些品牌中为数不多的亮点，看起来有点像淘宝一样的唯品会是如何做到呢？

这家公司的焦点并不在产品品类本身，而是它所拥有的与众不同的概念：精品限时折扣。

被亚马逊收购的鞋类品牌 Zappos 向所有的消费者承诺所有售出的鞋类产品免费包邮，这抵消了消费者在调换尺码时要额外付运费的担忧。

欧洲一家名为黑袜子（Black Socks）的公司将品牌的聚焦放在了最常见却消耗量巨大的黑袜子上。只要登录公司的网站，先付费，马上就会收到三双袜子，四个月后，又会收到三双袜子，再过四个月，又再会收到三双袜子，黑袜子网站会在一年后，再问你一次要不要继续订购，若还要的话，明年会这样继续下去。

当然你可以选择要每两个月送一次，每三个月送一次，还是每半年才送一次。

至于收费，若单卖一双黑袜子，基本上是一双 10 美元，如果是正常的每四个月送一次，一次三双，要价 89 美元，也就是每双 9.88 美元，以此类推。这个价格当然会比平常的袜子贵了一些，但是运费已经包含在里面，企业声称它可以运到全球任何地方，都是一样的价钱。每年只要付一笔 100 美元的钱，以后都不用担心。对于长期忙碌的白领一族来说，价格虽然要比平常的袜子贵一点，但是黑袜子的“定期寄送”战略为他们省去了需要去商店购买这种最常见却又极易磨损的商品的时间。

定期寄送战略的另一个优势就是在只谈论价格的电商品牌中拥有了谈论价值的能力，就在这样一个个不起眼但却高度聚焦的品类中，黑袜子网站就售出了上千万双的袜子。

差异化概念能让消费者在任何一个品类中马上感受到品牌不同的气质，这是消费者掏钱的一个重要的理由。当所有的品牌都在朝一个方向前进的时候，反方向行走的品牌更会引人注意，特别是在一个强大对手统治的品类中,缩小自己的焦点并让品牌拥有一个明显差异化的概念尤为重要。

在 Ebay 和亚马逊统领了美国的在线销售时,有一家公司却依然能够在这些巨人的缝隙中成功成长。这家名叫 Esty 的网站出售的产品包罗万象,珠宝、家居用品、玩具、服饰、摄影作品……只是,这些产品有个共同的前提:它们都是原创的手工作品。一大批极富创意的手工艺人和才华横溢的设计师们聚焦在这个专门为他们的才华而搭建的家园,他们不仅在线创造属于自己的品牌,开店销售自制手工艺品,还参加网络社区交流,进行线下聚会,参加 Etsy 赞助的工艺品集市或展览。

在众多品牌都为规模和品类疯狂的时候,Etsy 严格执行着一条准则:拒绝任何工业化批量生产的产品。

2008 年,来自 150 个国家、超过 300 万的顾客在 Etsy 网站购买了大约 8750 万美元的商品。2009 年,Etsy 卖出超过 1 亿件商品。数据充分证明了,在这个充斥着品类扩张的时代,独一无二的从纯手工战略却有着巨大的魅力。

互联网品牌和现实中的品牌另外一个不同之处在于"赢家通吃"。

中国最大的在线零售商是谁呢?不是苏宁和国美的任何一家的互联网品牌,而是淘宝和京东。其任何一家的销售额就轻松地超过了其他所有竞争对手的总和还要多几倍。

如果说现实的营销世界里还可以允许有第二、第三的存在,那么在网络的世界里则是独一而无的法则,往往赢家通吃,往往没有第二和第三,这是互联网最大的一个特点。

为何虚拟的商业世界里很难存在第二品牌?在现实的世界中,即便是没有竞争所导致的跟风,消费者本身也有选择和对比的权利,这为第二甚至是第三品牌的诞生提供了足够的空间。

更为重要的是,现实中的经销商和中间商需要第二和第三品牌来为他们争取更多的谈判权。家乐福超市中的麻辣花生货架上最好的展示区给谁?当然是麻辣花生第一品牌黄飞红,但是超市绝不会将整个货架全部给它，否则面对第一品牌经销商没有任何议价的权力，这样做会让供货渠道面临没有替代产品的境地，没有经销商喜欢被控制的感觉，他们最喜欢多个品牌对抗以便从中谋利。

在互联网的世界里，一切的经销商和中间商都不存在了，这让向第一品牌争取谈判权的需求变得不再重要，消费者的购买行为完全发生在一个无缝隙的顺畅的网页之中，这就是比尔·盖茨在他的著作《未来之路》中所提及的“无碰撞的资本主义”（The friction - free capitalism）。简单地讲，一旦一个互联网品牌以某种身份进入消费者的大脑，他们无法像现实世界一样参考和对比更多的品牌。所有的人都知道京东是电商在线第一品牌，但是没有人看得见是不是所有的人都在京东购买了家电，正是这种缺乏现实世界中的透明性，让第二品牌的对抗也变得相对比较缓和。

今天的中国市场上依然还有众多的第二、第三品牌的存在，它们会最终成功吗？不会，这些品牌最终都会被踢出比赛场外，像麦考林这种聚焦混乱全面出击的品牌已经失去了继续比赛的资格，而每一个正在品牌延伸道路上狂奔的电商品牌都在赌下一个出局的一定是别人而不是自己，似乎一家独大的品牌并没有带给他们任何宝贵的课程。

为何除了淘宝、百度等很少出现一家独大的局面呢？这是因为大家出牌的思路完全一样，都是在全线作战。一个大型的在线百货公司和另一个大型的在线百货公司相竞争，聚焦已经不再重要，重要的就是聚焦之外的诸如服务，品类规模等等，但千万不要误会，这绝不是成功的基础，不要指望所有的对手对会像自己一样的愚蠢，总会有懂得聚焦的魅力的专业对手出现，这种把战略成功的希望寄托在对手犯错的基础上是非常不明智的。

另外一方面，在电器类的京东和诸如淘宝这样的平台服务电商一家独大的领域里是不是完全没有诞生第二品牌的机会了？

当然有，只是这需要品牌的创始人进一步缩小自己的聚焦，直到品牌能找到一个守得住的概念和阵地，要明白即便是看似可怕的淘宝也有致命的弱点，其最大的优势也只存在于服装和代购等有限的几个领域。

看看来自上海的电商易迅的成长经历。靠自有资金将品牌紧紧聚焦于上海及周边市场，没有任何的风险投资，不靠任何大规模的广告投入，易迅在诞生的第二年便开始盈利，在这样一个高度聚焦的市场中，易迅可以集合全部精力来不断地完善其品牌的每一个环节，其在上海地区的营业额已经超过了京东在这个地区的业绩。

成功之后的易迅后来做了什么呢？

成功让易迅觉得自己无所不能，品牌开始变得自负，它们将目标直指京东，开始进入更多的城市，号称价格更便宜，配送更快。同时易迅认为自己要取胜更要在种类、SKU数量上比肩京东，这是一个十分危险的信号。

今天已经没有哪个企业和品牌可以承受一场全领域的战争。易迅的成功是在上海，这种成功的基础就是它将聚焦缩小后所带来的专业感。“上海的骄傲”或者“我们对于上海地区客户的服务只有家人才能做得到”都是易迅的聚焦战略的优秀表述，成为上海的骄傲而让品牌高度盈利远比成为全国人民心中的一无是处而让品牌长期亏损有意义得多。

另外一方面，易迅引以为傲的速度和服务是聚焦的结果，而不是成功的原因，因果不能倒置，当你可以将品牌紧紧地局限于一个地区或者一部分人，你的品牌就可以成为那里的骄傲和那里的专家。

缩小品牌的焦点可以让企业有足够的精力对战略进行精确的提炼和对战术部分进行最大的优化，这可以让企业在一个狭窄的领域里向大而全的对手发起最致命的一击。

在整个这个过程中企业的管理人员要始终简单而直接地面对现实中的营销问题，而不是一厢情愿地希望消费者和市场会以自己心中的某种方式做出回应。

太多的企业高级管理人员喜欢自欺欺人地问身边的人：“我们如何能保持每年30%甚至更高的增长？”

这些问题本身都是管理人员因果倒置且毫无意义的自问自答，这仿佛是一个乞丐问自己：“我如何能够一夜之间成为亿万富翁？”答案永远不在这个问题本身，而是在真实的外部世界中。

企业的高级管理人员更应该思考的方向是：我们如何保持最大程度的

聚焦以便可以让品牌拥有长久增长的宝贵心智资源。

找到一个优秀的聚焦,并紧紧围绕这个焦点打造品牌,直到这个焦点能够主导心智和市场份额并在接下来长时间内保持这种优秀的聚焦,这需要品牌的拥有着像躲避 Sars 一样躲避品牌肆意的扩张。

品类参照定律

全世界所有互联网电商品牌,无不是在互联网品牌成立之前就有着非常成熟的线下品类市场作为参考。

亚马逊在出现之前,巴诺等实体品牌已经将实体书店培育得非常成熟了。

eBay 出现之前,百思买等大型连锁店已经将电器和商城培育得非常成熟了。

京东、淘宝,甚至是百度和腾讯无不是如此。有人会问,百度线下哪里有参照?

谷歌就是,尽管是线上。而从有人类以来找资料和给东西归类就已经是生活的一部分了。

2014 年美国在线教育的新宠 Minnerva 在线大学一登场就获得了首轮 2500 万美元的融资,为什么投资人如此疯狂,他们都很清楚,作为千百年来存在的大学应该有一个真正意义上的第一个在线大学的存在了,尽管在线大学是一个相当时间长内不会走向大众的品类,但是这不妨碍投资人对其品类第一性质的追捧。

今天,所有中国高度盈利的电商品牌(包括非电商),都有一个非常成熟的品类作为参照,没有品类作为参照的市场需要付出极大的教育和转化成本。

新旧品类的参照对比对于消费者有什么意义呢:

1. 全世界所有的消费者不会在意谁在做相同的事情,但是他们一定会第一时间注意到谁在做完全不同的事情。

2. 两个完全相对立的事物总会通过对一方的不断攻击让人知道什么是新旧之分，这为消费者从旧的既有品类转向新的品类市场提供了对比基础。

3. 品类已经成熟，根本不再需要重新培育品类市场，而线下成熟的参照随时提醒消费者“他们理应有更明智的选择”。

这就是“一起做作业”这个教育品牌所面临的最大的挑战。从思想层面讲这是一个非常好的创意，但是从营销战略的角度，特别是从品类的角度出发，这是一个很难盈利的品牌，道理很简单，消费者在现实中也从来没有看到哪个“作业品牌”的成功，除此之外，这是一个非常糟糕的名字，把品类名称用作品牌名称是互联网品牌的大忌。

互动性定律

什么是互联网品牌的可互动性？

在回答这个问题之前，我们先来思考一下：在互联网出现之前，人类历史上还有哪些传播的形式曾推动过人类历史的进程？

答案很简单：纸张，书籍，电台，电视媒体。

但是所有这一切与互联网完全不同之初在于，所有前面提到的这四种形式都是被动媒体，只有互联网是一种主动的大众媒体形式，也就是允许互动的一种媒介形式。

在我们看电视时，遇到令人憎恨的广告，除了换台我们别无他法。但是在互联网的时代里，猎物和猎人的角色完全发生了逆转，消费者完全有能力决定自己想玩什么和不想看什么，这就造成在互联网上做广告很多时候会被浪费，如果说电视广告还可以勉强看看的话，互联网广告一出现就会马上被关闭。

互动让消费者确定你到底是不是一个电商品牌还是只是一个把线下业务搬到了线上的企业而已。

什么是互动性？很简单，当你一家在线教育的网站上输入指令后，网站立刻可以按照你的要求将你所要求的上课产品、授课老师、老师风格、上课时间、产品说明提供出来。当然你也可以按照课程主题或者其他标题来检索。（你不妨去一个实体教育品牌试一下，当你向前台工作人员说明自己也不知道留学考试前要明确做什么，而只是告诉他自己还剩下40天时，他能否在5秒之内准备告诉你你现在需要的规划和课程。）

互动性同样包括你首次在在线品牌寻求的基础上提供额外信息的能力。当你一家在线教育公司购买一门课程时，系统会自动为你推荐考试目的地和相关注意事项，并且推荐相应的其他几门辅助课程。

互动性还包括在网站上添加你的个人信息的能力。最优秀的互联网品牌是个双向通道。不管是在京东还是亚马逊，你都能以星级的形式评价服务和质量。

互动性也包括实时处理复杂定价状况的能力。以团购为例，美团可以从一系列的费用、日期和条件中进行选择，并当场提供报价，消费者最终决定是选择还是拒绝。

互动性也包括了各种能力的测试，心里的专业考试的。

对于互动，我们用一个最简单的比喻：就是医生和病人的关系，你跟医生陈述自己所有的问题，医生诊断并开出最适合的方案供你选择。

聚焦业务还是门户

如果你已经理解了第三条，这一条的理解非常简单，很多企业完全没有搞懂互联网对于自己到底是业务还是只是一个门户网站。只是把你的产品从线下放到线上去是不会造就一个出色的互联网品牌的。互联网和互联网品牌是完全不同的概念。

看看在红孩子这个品牌身上所发生的一切就知道这种认知混乱所带来的结果。

2012年9月25日，苏宁电器宣布以6600万全资收购红孩子。曾经红得发紫的红孩子品牌在历经4轮8000千万美元的投资后，最后只卖了

6000 万美元，不能不说是一个遗憾，而在其创始人李阳看来，6000 万美元的价格已经令人很欣慰了，因为对于问题重重的红孩子来说，有人肯接手已经很不错了。

这与 2010 年电子商务巨人亚马逊以 5.4 亿美元收购聚焦母婴用品的电子商务企业 Quidsi 完全无法相提并论。

为什么同样是垂直电商价值和命运却如此不同？

在红孩子错综复杂的问题中，身份首先是一个重要的问题。

红孩子是李阳夫妇实体店起家，靠目录销售获得了空前的成功，如果商业战争可以彩排，红孩子自始至终紧紧抓住这个优秀的战术并且可以适当地升级呵护，仅仅将互联网的建设视为一种门户宣传的补充，今天的格局可能完全是另一种景象。

在媒体和资本的追捧下，众多的企业创始人感觉到网络真的是无所不能，在这个所谓的电商浪潮下，所有的企业都在一窝蜂地把实体店里的东西搬到网上去，但是问题很快就出现了，大部分的 CEO 们还没有完全搞清楚互联网和互联网品牌根本是完全不同的两个东西，仅仅因为企业把实体店的内容放到互联网上并不能让企业成为互联网品牌。

一种优秀的渠道赋予企业一种强大的认知，企业要保持思维简洁和足够的聚焦，不要去轻易否定这种已经在消费者心中建立起的强大认知。

企业不能总是根据所谓的别人追捧的浪潮改变战略去迎合某种趋势，难道仅仅因为有更多人开始素食主义了，肯德基就要放弃鸡肉战略吗？

当红孩子放弃了自己曾经的优秀战略改为网络的时候，短时间会出现自己想要的增长，但是这种增长完全是以对未来的毁灭完成的。

面对网络可能对自己产生的冲击，更优秀的做法应该是首先调整自己的品类，去掉最容易被互联网冲击的品类，如婴儿尿不湿这种只要点击无需更多实体感应的快速消费者品类（这也是为什么被亚马逊收购的 Quidsi 一直高度聚焦母婴类的儿童护垫的原因），而把宝贵的营销资源全部面向奶粉这样关乎婴儿健康，母亲们更希望到实体店购买的品类。最重要的是面对互联网，需要打造的是一个高度清晰而完整的互联网品牌。

像红孩子这样的中国垂直电商们另外一个严重的误区就是没有高度的聚焦和差异化战略，几乎所有垂直电商走着走着就走向了平台化商城。

打开好乐买的网站你会看到几乎覆盖了男装、女装、男鞋、女鞋等各各个方面。

这也是所有 CEO 没有理解的聚焦战略最本质的元素：垂直到什么程度才算是垂直？

我们的答案很简单：垂直到一个品类的一种字眼上，直到高度的代表性和差异化。

就在亚马逊收购我们前面介绍的 Quidsi 一年前，2009 年，亚马逊就已经以 8.7 亿美元收购美国最大在线鞋运营商 Zappos。

就是在鞋子这一个细分的品类中，Zappos 让亚马逊感到了巨大的挑战。为了跟 Zappos 竞争，亚马逊推出了鞋品网站 Endless. com，但是完全不见效果。

像 Zappos，Quidsi 这样的电商品牌为何会大获全胜，原因并不复杂：

1. 高度聚焦于适合于互联网的一种品类。

2. 保持聚焦，品类存货量大。

在 Zappos 你几乎可以买到市面上任何一种品牌的鞋。

3. 高度差异化。

Zappos 一开始就是坚持尺码不合适全程免费邮换服务。

聚焦于一个卓越的名字

全球品牌 100 强和中国品牌 100 强中有多少是蹩脚的品牌名字？

没有，你绝不看到一个蹩脚的名字可以成长为全球和全国性的品牌。

永远记住，像躲避瘟疫一样躲避通用名陷阱。如果说在现实的品牌世界里还有众多外部物理标志的提醒存在的话，互联网的世界里只有一个名字，而你的名字恰好又是一个通用名称时，所有的努力都会被大打折扣。同样可以拿出一支笔，写出几个你认为是最有价值却恰好又是以通用名称命名的品牌，我写不出来，你呢？

最近几年中国的创业团队似乎对“好”字开头的品牌名称尤为钟情，好记忆，好吃饭，好学生，好租车……上帝，这些品牌没有谁可以真正称得上品牌，只是又一种货品而已。我们统计了全球市值超过10亿美元的品牌一共有60个，没有任何一个是通用名称，它们每一个都是独一无二，且极具品类代表意义的品牌名称。

当当作为图书的代表是一个优秀的品牌名称，不仅是因为他的品牌拥有便于记忆的首字母押韵，更在于这个名字可以让消费者大脑中总是浮现出快递人员将图书送至家门时那清脆欢乐的门铃声。或许作为图书第一品牌，当当的战略可以表述为：当当一响，书中自有黄金万两。

京东作为在线家电第一品牌也是一个极其优秀的名称，这个名称总是会让消费者想起以盛产家用电器而闻名的日本。

酒仙作为互联网第一品牌也是一个卓越的名称，特别是对于喜欢中国白酒文化的消费者来说，这个品牌总会让人有些许的醉意。如果让我们给酒仙做品牌咨询，我们会建议酒仙砍掉白酒之外的红酒品类，在白酒特别是更易重复购买的平价优质白酒品类中做绝对的垂直。一个卓越的白酒品牌的反面当然就是无法代表红酒，更重要的是白酒、啤酒和红酒的全面涉及会给更加聚焦的专业对手留下进攻的空间。有所为有所不为是聚焦战略的前提。

作为一个能代表新品类的品牌，最好的名称都是能代表品类而又给人记忆深刻。

谷歌、百度、亚马逊都是如此的与众不同，它们也都是各自领域里的代表品牌。品牌用来暗示品类，品类用来烘托品牌，消费者用品类思考而用品牌表达，在没有任何外部特征提示的互联网世界里，一个简洁而强大的品牌便是成功的第一步。

想一想邓亚萍领导的搜索引擎品牌“即刻”，跟百度和谷歌所代表的高科技寓意相比，这实在是一个平庸的名称。还有“即刻”是更好战略思维的产物，一大批的行业专家寄希望于用更好的科技夺取阵地，这在赢家通吃的互联网行业里几乎不太可能,一点不奇怪大批的专业人才拿着大笔的资金换来的却是零产出。“即刻”需要的是一个更加聚焦的市场和战略。

在谷歌这样强大的对手面前,其他的搜索品牌是如何生存的?

它们都不断地缩小自己的焦点,将自己塑造成某一个领域里的专业。

Lawcrawler 是专业的法律文献搜索品牌;

Artcycopedia 是专业的艺术搜索品牌,为 2600 多个艺术类网站建立了索引。

Medline 将焦点聚焦于医学文献类。

十二、聚焦战略中的品牌对抗

在中国古代哲学思想中，世间万物的创造都是“一生二，二生三，三生万物”的结果，万物“负阴而抱阳，冲气以为和”，万物不但有两面，更有中间状态，中国智慧的精华就是将阴阳融合成一个整体，以免走向任何一个极端。

融合之道具体在美学中的体现就是虚实相合，动静皆有；在医学中的具体体现就是阴阳协调，“阴平阳密，精神乃治。阴阳离绝，精气乃绝”；在人际交往中的具体体现则是左右逢源，原则中透着灵活；在商业社会中的具体体现就是行权达变，主张中道，有所为，有所不为。

中华文化中的这种博大精深让我们这个民族在几千风雨中屹立不倒，但是当这种融合的中庸之道进入企业品牌打造的层面时却风光不再，面对消费者简单而直接的大脑，哲学层面上的平衡和中庸之道很难创造任何有效的概念。

在中国文化里，如果一个东西被一部分人称之为好，而被另外一部分人称之为坏，那么最好的答案就是不好不坏，这正是问题的开始，现实中的消费者很少愿意为一种不好不坏、不伦不类的东西付钱。

简单地讲，消费者只购买在拥挤的心智中有着明确聚焦的产品，他们并不会购买中庸之道。

当一个企业耗费了大量人力物力，并且从哲学层面开始思考文化的力量时，消费者只看到了购物单上那个品牌的名字。一个消费者可以轻松地理解诸如商学院和法学院所代表的概念，却很难将“中庸之道”具体化。

中国无数的企业都可以造出比苹果便宜、漂亮的手机，可那又怎样？

将那个被咬了一口的苹果去掉，则马上沦为路边货。品牌的终极目标就是制造认识，而不是生产产品，产品只是承载了战略的工具，并不是最终目标，生产产品永远是赚不了钱的，赚钱的都是品牌。所有消费者对于苹果所谓文化的认知都来自于品牌的认知，强大的品牌认知便是良好的企业文化的开始，文化本身并不会自主地造就品牌，但品牌可以传递文化特别是国家资源的认知，这一点，企业不能本末倒置。

消费者只购买品牌，从不购买企业文化，这是很多天天将企业文化挂在嘴边的企业无法接受的一点。这一点也不奇怪，从消费者的角度出发，一个大家都购买的品牌本身就有文化，一个面面俱到失去焦点的品牌也无从谈及文化。

不要埋怨消费者没有文化，没有哪个消费者需要向哲学家一样去思考，世界上再成熟的消费者都会去选择大部人的选择。

相对于中国文化的中庸之道，西方的哲学从诞生之日起便围绕“对立和矛盾”展开。

在亚里士多德的著作里，对立是一个永恒的主题，正如物理学上的重和轻、运动和静止、光明和黑暗，生物学中的雌与雄、生与死，伦理上的好与坏、勇敢与懦弱，数学上的正与负、奇与偶、直线与曲线等等。

另一位哲学巨匠黑格尔继续将亚里士多德的对立论向前发展，并从他的对立哲学中发展出了自己的“矛盾”论，他认为：“矛盾是一切运动和生命力的根源；事物只因为自身具有矛盾才会运动，才具有动力和活动。”

从社会心理学的角度出发，人生永远是一种孤独的存在，为了将这种孤独感带来的种种不确定降低到最小，我们往往将现实的存在映射在各种组织和机构中，而品牌便是这些组织和机构的具体体现。

人性中最大的恐惧便是被群体和团队的抛弃，为了时刻能让心智得到某种程度的安全感，我们隶属于各种各样的协会，归属于各种各样的团队。从这个意义上讲，打造成功品牌除了彰显生命的诉求和成长历程之外，还有一个更大的职责就是制造归属，也就是个体可以感觉到自己是跟主流价值观站在一起，这就是一切对抗战略有效的一个最大的前提保障。这个世界上总会有一群喜欢和不喜欢你的人,有效的对立面战略几乎存在于生活的方方面面。

位于英国伦敦的杜莎夫人(Madame Tussauds)蜡像馆一向以蜡像逼真闻名于世,里面陈列的每一座蜡像都和真人完全一样,甚至连发丝都没有丝毫偏差。作为全球最成功的蜡像馆,杜莎夫人蜡像馆每天吸引着全球无数观众前去参观。

路易斯·杜莎蜡像馆位于英国大雅茅斯市,它是以19世纪法国著名蜡像制作专家杜莎夫人曾孙的名字命名的,迄今已有50多年的历史。路易斯·杜莎蜡像馆中收藏了超过150具世界名人蜡像。

在路易斯·杜莎蜡像馆刚成立之时,创始人也力求和曾祖母一样的制造水平,追求每一件展品都和杜莎蜡像馆的展品一样逼真。只是,路易斯·杜莎从一开始就生活在其曾祖母巨大成功的阴影之下,生意一直难以为继。一次偶然的机会,路易斯·杜莎的一个工人将美国摇滚歌王猫王没有完成的蜡像残次品展示了出来,猫王的脸部全都浮肿,神情呆滞,跟真人完全不一样。而就是这样一个小小的意外,很快吸引了很多观众前来参观这个完全不像猫王的猫王蜡像,所有见过的观众都声称:“天呢,这个蜡像太不像了,这是我见过最烂的蜡像!”

面对网络上铺天盖地的评论和纷至沓来的参观者,路易斯·杜莎蜡像馆将错就错,将馆内所有蜡像都做了修改,让他们一个个看上去都和原型完全不一样,以此坚决地走向了杜莎夫人蜡像馆的对立面,蜂拥而至的参观人群在路易斯·杜莎蜡像馆门前排起了长长的队伍,至此,全球“最糟糕最不像的蜡像馆”就此诞生。

当你无法像别人一样吸引到大部分注意的时候,创造一个群体从而吸引一部分人同样可以成功。

大部分的牛仔裤品牌都是为各种人群而准备的,而全球高端休闲第一品牌A&F(Abercrombie Fitch)旗下的霍利斯特(Hollister)是专业为12~18岁性感而瘦高青少年打造的品牌,这个品牌对超过这个标准的家长和青少年有着某种程度上的排斥。

这意味着如果你超过 18 岁,你很可能在店中有一种被冷落的感觉。与 H&M、Zara 等品牌宽敞透亮的气氛相比,霍利斯特店内布置得很像沙滩小屋,灯光很昏暗,音乐震耳欲聋,墙壁上贴着青少年的画像,画中的人物摆出各种性感的姿势,任何一个成年人很难接受这种叛逆的气氛。

霍利斯特品牌宣称,如果你是一位不符合霍利斯特标准“外形”的青少年,就不要浪费精力来这里买衣服。就像它的姐妹品牌“A&F,霍利斯特故意排斥那些不符合品牌标准的定义的孩子,也就是那些不是绝对意义上性感而高瘦的孩子,具体来讲就是不能穿尺码在 0 到 9 之间的衣服的孩子,而且公司的尺码要比标准尺码小。

所有的美国青少年都知道,如果你是一位中学生,通常只有两个选择,要么你属于霍利斯特的群体,要么你不属于穿霍利斯特衣服的群体。

今天,霍利斯特是美国最受青少年欢迎的品牌,说得具体一点,它是“性感而高瘦”的孩子们的最爱。

这个世界上不光有男人女人,更有草根和精英,高雅和平凡,民主与共和,保守与改革,时尚跟传统,世间万物总能被造物主一分为二,当一个品牌旗帜鲜明地站在一个群体的对立面时,几乎可以马上将这种对抗的信息传递给相同诉求的群体,很多时候他们会自主地向这个方向靠拢。

王老吉作为凉茶的领导品牌完全主导了凉茶市场,但是和其正并没有跟王老吉站在同一个方向,而是从包装上与王老吉进行对抗,“瓶装更尽兴”战略将何其正推上了凉茶第二梯队的位置。

然而何其正并没有将对抗完全进行到底,尽管红色“罐装”包装确实是王老吉最强大的战略要素,是强大认知中的一部分。

在凉茶这个品类中,以和其正为代表的第二第三梯队其实还是没有非常准确地找到强大的王老吉背后的软肋,那就是为了迎合大部分消费者的口感,王老吉将凉茶的苦性调整为非常的甜,而实际上在广东地区喝过凉茶的人都知道真正的凉茶是有一点点苦的味道的,何其正应该将对抗的方向引向“甜中有一点点的苦才是好凉茶”,尽管这个战略可能意味着失去一些对甜味情有独钟的人。有所为,有所不为,这是好的对抗战略的前提。

面对苹果的Iphone,三星马上也确立了自己的对抗战略,其中最明显的就是屏幕的超大超薄战略。今天的苹果和三星已经牢牢统治了智能手机市场50%的份额,其余的十几家手机厂商则在剩余的50%中痛苦地挣扎,而今天的苹果已经越来越像三星,这是非常不好的信号。

面对苹果和三星这样强大的对手,中国的企业往往都是在原有的品牌基础上推出一个延伸的低价山寨品牌,这就造成了在过去几年中最成功的智能手机品牌不是这些品牌中的任何一个,而是诞生在互联网时代的智能手机品牌小米。

像苹果和三星这样的对手的软肋在哪里?

不要在产品功能和设计上打主意,中国目前的很多手机厂商完全有能力生产和设计出功能更强大更漂亮的手机,但即便是又能怎样?没有谁仅凭更好战略能把第一拉下马,营销是不存在什么现实,当消费者认定苹果和三星是第一梯队品牌时,在他们的心中就不存在更好的品牌。

在留给中国企业不多的进攻要素中,电池的续航能力和人群是一个值得考虑的方向,像苹果和三星功能强大的智能手机往往电池量只能够运行一天的时间,如果能够拥有运行超过两天或者更长时间的手机,将大大简化消费者特别是商务人士对于手机充电的烦恼。

或许这是像小米这样的团队值得考虑拥有的一个聚焦点,毕竟"全球运行时间最长的手机"战略远远胜过那些只会模仿的山寨品牌,这也是一个可以推向全球的战略字眼,毕竟没有任何一个国家的消费者喜欢动不动就需要给自己的手机充电。

世界上几乎所有的品牌都可以通过走到主流品牌的完全对立的一面从而打造成功的第二品牌,甚至成为第一。

但是这种对立面对于很多企业来讲却很难确定,首先模仿会满足大部分企业的安全感,尽管很多企业明白模仿没有前途。

全世界所有的笔记本电脑都在向超薄超轻的方向发展,但是有一个品牌却是例外,这就是戴尔为全世界游戏爱好者打造的专业品牌——外星人(Alienware)。

外星人拥有将近20毫米超厚的机身，外形张扬而霸气；配备了双背光液晶显示屏，与单显示屏相比，亮度更高，显示的图像更为逼真，为专业游戏玩家提供了了完美体验。

外星人配备有阳极氧化铝外壳，能最大程度地承受疯狂的游戏玩家对机器本身的损耗并可以很好地处理笔记本散热问题。

不像常规笔记本只能购买固定配置，外星人为专业玩家准备了可选购配件。

作为一种优秀的“对抗战略”，外星人不得不牺牲一些方便的属性，厚重的机身总会让人感觉不是很方便，但是这对热爱游戏的消费者来说是可以忍受的，毕竟厚重的感觉可以承担起专业游戏“运行流畅”的重任。

优秀的对抗战略抗首先开始于一个高度的差异化战术，是一种真实有效的认知，特别是当大部分中国品牌都处于一个初始的竞争状态，大量的品类中都没有诞生所谓的主导品牌。在这些企业中，差异化首先可以让品牌清晰地定义和区别自己，随后的聚焦则让品牌拥有了高度的代表性和稳固的心智基础，这就是我们常讲的在品类市场越来越成熟的今天，一个品牌从差异化中诞生，从聚焦走向长久的成功。

芭比娃娃是美国最受欢迎的玩具，一直以来以端庄美丽而闻名，被誉为世界上最漂亮的娃娃，芭比娃娃是每个女孩子都梦想拥有的玩具，正是凭借这一款玩具，芭比的制造商美国美泰公司（Mattel）统治了这个市场近40年的时间。

然而，形式在2001年发生了逆转，就在这一年，美国MGA公司推出了一款名为布拉茨（Bratz）的娃娃，这款娃娃正好跟芭比娃娃完全相反，这是一款非常具有街头风格的辣妹娃娃。

MGA的战略团队发现，“因为长期与网络与电视媒体等信息的接触，现在很多八九岁的孩子，思想成熟度已经像是十三四岁的青少年，所以他们对于太过孩子气的玩具会排斥。”营销者们称她们为Tweens（中间地带，意为年龄在8～12岁之间的儿童），她们思想相比年龄过于成熟，不再当自己是小女孩，更加追求自我，口味变幻频繁。而这正是芭比娃娃这个经典的“漂亮战略”背后最容易攻击的地方。

2001 年夏天，美泰最大的竞争对手、玩具制造商 MGA 娱乐隆重推出了流行时装娃娃 Bratz 系列。再也不是四十年来芭比那标志性的形象——金发碧眼、甜甜的微笑，以及完美得不现实的身材。Bratz 四位成员，是分别叫作雅斯敏（Yasmin）、科洛（Cloe）、小玉（Jade）和萨莎（Sasha）的“街头美少女”，一改芭比娃娃端庄、高贵的完美造型，令人耳目一新。她们肤色各异，来自不同种族，着装前卫，热力四射，很容易让人联想到英国超人气歌唱组合“辣妹”的形象。

在 Bratz 娃娃推出的头六个月，销售额就达到 2000 万美元，短短几年之后，Bratz 的全球销售额就达到了创纪录的 70 亿美元，远远领先于芭比娃娃同期 15 亿美元的销售量。

面对强大而营销犀利的对手，美泰的反应十分缓慢。在 MGA 推出了 Bratz 整整 14 个月之后，美泰才推出一款芭比娃娃的延伸产品，My Scene 娃娃，它以生动大胆的妆容加上夸张的服饰为特色，但是太晚了，美泰犯了一个营销里的大忌，单纯为了应付竞争而推出的类似产品很有可能一经推出就被贴上了山寨的标签，这款类似 Bratz 的街头流行娃娃直到今天也反应平常，根本无法与原创的 Bratz 抗衡。

1980 年，在大学还没有完成学业的迈克·戴尔刚刚成立自己的电脑公司时面对的是当时被业界称为蓝色巨人的 IBM，迈克·戴尔冷静地分析了自己的局面，他清楚地知道无论是从质量还是服务和生产等任何一个方面他都无法跟令人敬畏的 IBM 相提并论，但是他发现在 IBM 强大的“商务电脑”战略的背后有一个最为软弱的进攻地带：个人电脑。为了能够让个人电脑战略更加有效，迈克·戴尔选择了与 IBM 完全相反的营销方式：直销。这一战略马上就显现出了巨大的威力，短短几年的时间戴尔就成为全球个人直销电脑行业的老大，并最终迫使 IBM 将自己的个人电脑业务出售给了中国联想。

但是与常见的差异化有所不同的是，对抗战略往往是用来准确攻击商业环境中的老大老二，是对明确竞争对手的精确打击，其全部的精华在于找到强大竞争对手的阿喀琉斯之踵(Achilles' Heel。阿喀琉斯是古希腊神话中的海神之子,传说英勇无比,无所不能,而脚后跟却是其唯一的死穴,最终阿喀琉斯在特洛伊大战中被太阳神射中死穴而死),并在其他对手发现之前准确地射中强大对手的死穴。

从哲学观点来看,世间万物永远是相生相克,任何强大的东西其背后必然映衬着一种软弱,品牌的创始人很多时候就是要准确找到强大对手的最薄弱的地方,集中全部优势兵力发出最猛烈的一击。

这就要求品牌的拥有者要明白,对抗战略并不是面对强大敌人的豪言壮语和匹夫般的直面冲撞。面对几倍于自己的敌人,任何文字上的游戏都不可能将对手打倒,以弱胜强的故事通常只是无聊的影视剧中的消遣。

在可乐的历史上曾经有无数人想挑战可口可乐的地位,但他们都无一例外地失败了。几年之前红牛曾雄心勃勃地推出过红牛可乐,其创始人还曾预言用5年让这款可乐达到红牛的销售水平,今天红牛的可乐已经消失不见了。

英国的维珍可乐和中国的娃哈哈非常可乐曾经一度也发出了要围剿可乐双雄的豪言壮语,结局也都是惊人的相似。

维珍曾经在1998年耗资2500万美元推出的维珍可乐亏损严重,最终惨败北美市场。而被无数创业者津津乐道的创业狂人布兰森所创建的英国维珍已经连续亏损多年,2011财年更是亏损1.24亿美元。娃哈哈的非常可乐今天也已经从市场上消失。

即便是可乐双雄中的老二百事可乐在没有找到真正优秀的对抗战略之前也始终处在亏损的阴影之下。

1885年,在美国乔治来州一位名叫彭伯顿(Pemberton)医生能够研制了一种可以用来治疗头疼的药水,这种口味独特的药水不但可以治疗头疼,而且还具有提神的功效,这种含有可卡因的药水首先是在亚特兰大的药房开始出售,出售的第一年只有不到500瓶。

如果后来的可口可乐继续沿着头疼药水的方向前进,我们今天可能就看不见这个日后称霸全球的品牌了。

1892 年,美国富豪阿萨·凯德勒(Asa Candler)接手这种药水后正式成立可口可乐有限公司——The Coca - Cola Company。同一年,可口可乐在亚特兰大首次使用广告营销,第一年的广告费为 11400 美元。

1903 年,可口可乐公司去除了可乐中的可卡因成分,将可口可乐聚焦于能提神的碳酸饮料。至此,经过 8 年的不断完善,日后称霸全球的可口可乐在亚特兰大扎下了坚实的根基。

1894 年,后起之秀百事可乐诞生在美国北卡罗莱纳州伯恩市,药剂师科尔贝·布莱德汉姆(Caleb Bradham)在研制有助于消化的药剂时,意外地发现其中的一种口味深受顾客喜爱的药水,他由此得到启发,进而试制了一种碳酸饮料,取名为"布莱德(Brad)饮料"。

1898 年,布莱德汉姆也做出了一个影响这个品牌未来命运的一个决定,他用配方中的一种名为胃蛋白酶(pepsin)的物质将"布莱德"饮料更名为"百事可乐"(Pepsi - Cola),1902 年百事可乐公司正式在伯恩市诞生,并在当地开始销售。

不管是历史的偶然还是百事管理人员的有意为之,作为比可口可乐晚诞生了 12 年的第二品牌,这短短的 12 年导致了它在后来 120 年的历史中始终活在老大的阴印下。这如同是同时出生的双胞胎兄弟,只是因为先后出来的顺序不一样决定了日后其中一个永远要活在另一个的权威之下。

比可口可乐晚诞生了 12 年的百事可乐曾经于 1922 年和 1931 年两次宣告破产。

面对强大的可口可乐,百事可乐的表现一直很勉强,直到 20 世纪 80 年代的中期,百事最终找到了对手的死穴,那就是在可口可乐标榜自己是可乐的"原创"和"经典"(The real thing)战略的背后所映衬的一个弱点——任何经典一定是岁月漫长的积累,一个漫长而经典的品牌必然有古老的认知。这个认知留给了百事可乐足够的空间去制定优秀的对抗战略:年轻一代。

1985 年,在百事可乐的营销历史上最成功的年轻战略诞生,由迈克尔·杰克逊拍摄的百事"新一代"广告 *The Choice of New Pepsi generation* 推出，至此百事可乐才真正进入了正确的战略轨道。这一对抗战略马上得到了消费者强烈的回应，百事品牌开始腾飞。在不断加入百事“年轻一代”的消费者中，有众多来自于可口可乐“经典”阵营中年老但却依然想要年轻的消费者。

面对市场各个品类中的霸主，对抗战略几乎都发挥出了惊人的力量。

20 世纪 70 年代奔驰用更加宽大而豪华的座驾成功地主导了豪华汽车品类，而与奔驰出自于同一个家族之手的宝马在跟随奔驰“豪华座驾”战略的年代里，始终是处于亏损状态的，直到 70 年代初期宝马新的管理层找了奔驰的死穴——“宽大豪华座驾”的强大认知带来的负面效应就是较差的灵活性。这个战略的对立面就是驾驭和操控性能优良，至此宝马的“终极驾驭机器”对抗战略诞生。

在这一强大战略的推动下，宝马走上了高速的发展之路，销售收入从 1970 年的 15 亿马克快速上升到 1993 年的 300 亿马克。1992 年，宝马在销售收入上首次超过奔驰。

奔驰的座驾和宝马的驾驭战略也很好地解释了为什么今天太小的奔驰和太大的宝马都不受消费者的认可。

当宝马将战略焦点集中于驾驭，奔驰聚焦于声望，沃尔沃聚焦于安全，那豪华阵营中的另一个品牌雷克萨斯的对抗战略应该在哪里？

答案其实在雷克萨斯拍过的一则广告中已经出现：安静。

雷克萨斯曾经制作过一个短片，短片中雷克萨斯的工程师分别将一杯水放于雷克萨斯和奔驰的车盖之上，发动汽车之后，奔驰汽车上面的水开始了明显的晃动，而雷克萨斯引擎盖上的水却平稳得看不出任何晃动。

雷克萨斯应该集合所有资源告诉全球所有的豪华汽车的消费者，自己不仅是一辆豪华汽车，更是全世界最安静的豪华汽车，但是今天除了偶尔在广告手册中出现的安静字眼，我们几乎没有看到雷克萨斯围绕“安静”战略做工作。

在雷克萨斯看来安静这个字眼根本没有任何创意，这样一个狭隘的字眼无法满足雷克萨斯对于品牌的诉求，他们害怕这一单一的标签会让品牌陷入非常局限的认知。而现实的营销中,能够在消费者认知中留下清晰痕迹的正是这些局限的认知,所有消费者的认知都是从具体到抽象,从微观到宏观。

一辆全世界最安静的豪华汽车,其品质一定是卓越的,发动机一定是非常优秀的,驾驭性能也不会差到哪里去,对抗战略的精华就是要从这些狭窄的而对手又无法占据的认识入手。

为什么对抗法则总会取得成功?

首先,一个能够走向对立面的品牌必然包含了战略和战术的差异化,这种差异化会很快被顾客感知。当你的产品淹没在一堆同质化的商品当中时,品牌只是一个数字,当品牌以一种不同的姿态出现在对立面时,品牌提供了另一种价值的参考和对照,也具有了现实的存在意义。

其次,走向对立面的品牌,给消费者提供了第二种选择,不管是竞争趋势所致,还是自然分化法则,消费者都有选择的权利,这就更赋予了第二第三品牌成功的可能。

最后,走向对立面的品牌总能赢得更多的公关和媒体关注的机会,没有人会在乎谁在模仿谁,但是一定有人在乎谁在打破常规。

当一个品牌聚焦于一个优秀的对抗战略时,往往也能够有足够的资源从战术基础出发为对抗战略提供真实有效的支持。全世界第一个安全气囊和第一个三点式安全带都诞生在沃尔沃,全世界第一台符合人体工程力学的方向盘和座椅诞生在宝马。

当然这并不是最重要的,最重要的是消费者开上了他们想开到的车,一个普通消费者从来不会像一个专业技术人员一样能够区分到底谁更安全,谁更豪华,谁更安静。

红牛的功能饮料真的会提神吗?

或许会,或许不会,这并不重要,重要的是消费者喝到了他们想喝的东西。如果瓶子外包装上的名字不是红牛,而是启力或者乐虎,那可能不会太提神。

功能饮料的对抗

1978 年,红牛率先推出了功能饮料,30 多年过去了,红牛依然是全球功能饮料中的领导品牌,乐虎和娃哈哈的启力同时在中国市场向红牛发起了进攻,同样的战略表述,甚至是同样的罐体颜色,但是目前为止他们没有任何一个可以看到胜利的希望。

任何一个读过毛泽东同志书籍的人,都会清楚地看到在他一生所指挥的所有的战争中一直坚持的一个原则:在没有完全优势的情况下永远保持灵活机动。

如果将这句话用来为商业战争做注解的话,就是面对一个被牢牢占据的概念,企业不能用匹夫之勇来证明自己的实力,正确的做法就是缩小焦点,从一个狭小而没有人占领的空间进入。

红牛在美国占据了功能饮料领导地位之后,同样有一大批类似红马、红鳄鱼之类的模仿品牌,今天它们已经全部消失了,牢牢占据第二位置的是 Monster Energy,一个完全没有山寨感觉的品牌名称,加上 Monster 双倍于红牛的体积和一个完全与众不同的视觉颜色。

如果红牛和 Monster Energy 牢牢把控了功能饮料第一和第二的位置话,那后起之秀还有机会在这个品类中成功吗?

答案是肯定的,前提是继续思考与众不同的方向。

2003 年印度人巴尔加瓦在美国推出了全新一代能量饮料 5 - hour energy。浓缩的 2 盎司的瓶身,加上火红色的包装,使得这款新产品看起来更像药物而不是饮料,而其品牌名称更是暗示了“快速提神”这一不同的焦点。从上市开始,这款看起来像药水一样的能量饮料就将自己高度地限制在保健品连锁内销售,这让人更加相信这是一个专业的能量饮料。5 - hour energy 从上市到销售额达到 10 亿美元只用了 8 年的时间。

不要轻易相信数据

在制定对抗战略时，不要动不动依靠所谓的调研，更不要去轻信消费者的需求，大部分情况下消费者并不知道自己的需求。面对很多自己都无法把握的需求，他们通常会给出善意的谎言。正是依靠所谓的调研，可口可乐第一次将可乐老大的地位输给了百事可乐。

为了配合自己的“年轻一代”战略的实施，百事公司曾经多次进行百事可乐的口味盲测调研，调研显示80%的人回答百事可乐的口感优于可口可乐，而且测试结果还被制作成“百事挑战”的直播广告在各大电视台播出。

此时的可口可乐有点坐不住了，1982年，为了应对百事可乐的口味盲测实验，可口可乐公司在美国的10个主要城市开展了针对新可乐的调研活动，调研结果显示，顾客已经厌倦了一个世纪的可乐口味了。根据这个结果，可口可乐公司雄心勃勃地开始了自己的新可乐项目，这当然是个灾难性的开始。

项目开始前，可口可乐公司花费400万美元在十多个城市里开始了新一轮针对老可乐和新可乐的口味盲测，20万消费者参与了这一调研。结果显示60%的消费者认为新可乐口味要远好于老可乐，50%的消费者认为新可乐超越了了百事可乐。

这一结果让可口可乐公司喜出望外，他们正式开始新可乐的销售，结果则完全是一场噩梦。

在随后的一个月里，可口可乐公司每天会接到上万个抗议电话，可口可乐不得不在其亚特兰大的总部开设了83条热线来接待和处理这些投诉电话。抗议的信件也从全国各地寄到了亚特兰大的总部，甚至出现了可口可乐的消费者开展了全国性的抵制新可乐的运动，而就在这些抗议的人群里，就有大量之前还声称支持新可乐的消费者。

可口可乐的可乐真的要比百事可乐口味更棒吗？

或许是，或许不是，这根本不重要，重要的是消费者手中拿的是可口可乐的瓶子，消费者只想喝到他们想喝到的东西，这并不在于瓶子里的液体谁的口味更好。

美国统计学家达莱尔·哈夫在《统计数字会撒谎》中曾经这样描述市场调研：我们在生活中的很多抽样调查数据都是不可靠的。

在一项关于读者阅读量的上门调查中问道："你和你的家人读什么杂志？"

大部分的人的回答是喜欢《哈伯斯》（高品位杂志），而只有小部分的人喜欢市井生活杂志《真实故事》，而这个数据与出版商提供的同期销售数据完全相反。唯一合理的解释就是，几乎所有的调查者都无法阻止人们往自己脸上贴金。

很多时候，消费者都是"心里"的动物，现实中的事实是什么对于他们来说并不重要，最重要的是这一切是否符合他们心理上的"事实"。

现实品牌打造中，认知所带来的情感和偏见会蒙蔽大部分的眼睛。某种意义上讲，我们的眼睛看到的世界其实是我们心里的世界，但我们依然认为世界就是我们所看到的样子。

今天，在企业和品牌之间的战争愈发激烈的环境中，企业应该如何学会去寻找对手的死穴呢？

不要去寻找任何无法形成对立面的聚焦点，例如质量、诚实、服务。没有谁愿意站在这些东西的对立面，即便是对手真的在品质和服务有某些瑕疵都是可以快速修补的，品牌要确保能够找到对手强大战略里固有的弱点，而不是产品的某个瑕疵。一旦找到，对手几乎无法反抗和跟进。

当真功夫用"蒸"的战略来对抗肯德基和麦当劳油炸概念时，可以确定的是麦当劳和肯德基不会将自己全球的油炸设备换成蒸锅。

当江中用健胃消食片的开胃战略来对抗吗丁啉的助消化药片的时候，吗丁啉无法改变自己是药品这一身份。

当百度用中文搜索来对抗谷歌的国际化战略的时候，谷歌无法脱去国际化的外衣而变成中文搜索专家。

当云南白药用“有药好得更快”来对抗邦迪创可贴时,邦迪无法改变自己没有药的现实。

当京东用互联网电商的战略来对抗苏宁和国美的实体概念时,苏宁和国美无法摆脱自己是实体这一强大的认知,这也是为什么这两个品牌的电商一直在亏损。

在寻找一个优秀的对抗战略时,不要带有任何个人主观愿望,放下大脑中所有的一厢情愿,深入到战争的最前线,客观真实地评估竞争对手,从消费者最真实的认知中找到可以进攻的“死穴”。

要找到一个强大对手最软弱的那个部分,你不能将目光仅仅盯在对手的产品上,你必须调整自己的感知能力以便更好地获取整个产品的感觉,从而学会像消费者一样得到产品瞬间的认知,站到这种认知的背面去,就可以察觉到对手最不愿意被出击的地方。

当日本的漂亮时尚的摩托车面向全球所有性别的年轻人时,美国的哈雷摩托将焦点对准了骨子里“自由不羁”的纯爷们群体,这个品牌夸张的造型和特意打造的最大噪音的排气管让全球无数爷们们都以拥有一辆哈雷摩托而深感自豪。今天,哈雷·戴维森是世界500强中最成功的摩托车品牌。

当全世界所有的香烟品牌都是男女通卖的时候,万宝路聚焦于阳刚的牛仔战略,ESSE则只聚焦于超细的女性香烟,今天这两品牌分别都是各自领域中最成功的品牌。

优秀的对抗战略需要头脑简单而清晰

优秀的战略绝不是在豪华办公室闭门造车的绚丽创意,也不是用一堆专业的商学院术语堆积起来的巧妙包装。要找到对手的最弱的地方,你需要像一个消费者一样用简单的常识去观察身边的一切,而不是让消费者按照自己臆想的样子去改变。

当你看到一个普通的消费者即便是手指向加多宝的红罐凉茶嘴里却

依然在喊着王老吉的名字时，就应该明白广药集团的所谓王老吉“大健康”战略根本没有任何的意义，没有消费者理解什么是大健康。

阿里巴巴的马云曾经讲过：“心中无敌，便天下无敌。”

这是一种令人神往的高度和格局，但是当我们面对现实中的营销战争的时候，心中无敌，便处处为敌。对于卓越的对抗战略来说，竞争对手要素是最为关键的组成部分，面对强大的敌人，企业的战略完全取决于对手的战略。这非常像中国的象棋，你所走的每一步完全取决于对手如何布局。大多数企业空洞而没有意义的5年甚至10年战略规划都是以失败结束，因为除非品牌可以将未来所有对手的战略思维考虑在内，否则任何一厢情愿的战略都是自我陶醉。

是什么让凡客在2011年初制定了销售额100亿元的目标，当然是凡客一厢情愿的战略制定，而这只是为了能够延续2010年的增长势头。

凡客真的可以完成这个数字吗？从财务的角度讲或许可以，任务层层分解，品牌经理们开始添加更多的品类，这也是为什么凡客在2011年开始向化妆品、生活用品、日用品各个领域进军。

短时间内凡客的销售量确实在增加，而同时品牌却陷入了巨额亏损之中，凡客似乎始终没有搞清楚的是，财务角度的1+1大于1的概念在现实的营销战争中完全是相反的，可惜的是当品牌的打造中的真理和现实相冲突的时候，大部分的品牌选择放弃的是真理。

品牌经理们经常问的一个问题是：“如何能够销售目标达到10个亿，100个亿？我们如何能够每年保持20%甚至是更高的增长率？”

这非常像很多成功学教给我们的一样：“你的人生就是你想象中的样子！”

事实真的是这样吗？

刘德华如何成为影视歌三栖明星的？

对不起，要回答这个问题答案并不在刘德华本身，而是在他外部的世界。首先在一个叫刘福荣的年轻人改名为刘德华之前运气始终不在这个名叫刘福荣的年轻人身边，名字跟品牌完全一样，如果刘德华就是一件商品,优秀的名字是他进入所有消费者心智并产生记忆关联的一个重要的条件。

在刘德华出道的那个年代,竞争也刚刚开始,任何一个方向的尝试都意味着创造财富的可能,而事实却是,在刘德华影视歌三条战线同时出击的时候,他的电影无所斩获,而当他在电影界不断聚焦的时候,他的唱歌事业几乎止步不前。

当然,不要指望竞争对手会有很多"死穴",很多时候强大的对手往往只留给了我们一个可以一发即中的死穴,而不会是多个,即便真的有多个弱点,为了避免失去焦点,后起之秀也应该聚焦于一点发起进攻,像拿破仑和毛泽东这样伟大的军事领袖有一个共同特点:关键时刻、关键地点集中绝对优势兵力。

很多企业的品牌经理对于只聚焦于一个战略对抗点完全没有安全感,这也会让一贯自我感觉良好的首席执行官的自尊大大受挫。

更多的品牌经理会感觉将战略集合在一个对抗点上会让自己看起来完全没有创新,这就是大型品牌五花八门毫无常识的战略思想根源,也是为什么企业每天都在进行五花八门的品牌修补和延伸工作。

将对手的战略死穴提炼成一个简单的概念,而不是埋头于晦涩难懂需要长时间思考的所谓创意,并将这个战略融入到整个战争的主线中。

这个世界上简洁和常识是最有力量的战略要素,可惜的是大部分品牌经理们走进办公室关上门开始制定战略的时候,简洁和常识也随手被关在了门外。

越是大而全的品牌越容易找到死穴,像京东、淘宝这样的大型品牌最恐惧的就是被专业版块里的对手肢解,再强大的敌人也惧怕要在多条战线同时开战。

与企业经常所讲的差异化战略有所不同的是,差异化往往代表的是一个品牌从诞生落地起就与众不同的基因,优秀的对抗战略往往都是从一个优秀的差异化战术开始推导而出,从一个完全与众不同的竞争视角开始切入,随着差异化融入到整个品牌的战略主线之中,当消费者已经可以明确无误地感受到这种差异化的时候,对抗战略便开始发挥其巨大的引领功能。

优秀的对抗战略在一个竞争相对平缓的商业环境中往往看不出出色的表现,但是在一个充分竞争的市场中,竞争越激烈对抗战略越可以体现出惊人的力量,特别是后起之秀对阵第一品牌的时候,在全球众多成功的品牌背后都可以多多少少看到对抗战略的出色使用。

走出战略对抗中的误区

中国企业现在和未来如何打造自己的品牌并可以在全球市场环境里与国外的品牌一较高低,除了营销层面对于战略工作的理解和领悟,更多的是对于已经拥有的焦点耐心呵护,而不是以创新和创意为借口肆意改变焦点,更不是在每次所谓的浪潮来到时转而去迎合某一个时尚的话题。

一个品牌优秀的焦点往往需要几年甚至几十年的精心打造,而要毁掉这个焦点只需要企业在迎合某种趋势的短短的时间内完成。

霸王洗发水曾经是是中国中药护发产品中的第一品牌,也是为数不多的靠“中药防脱”的战略能够跟宝洁这样的巨人成功抗衡的洗发水品牌,销售额曾经一度达到了 18 个亿。

2010 年,霸王洗发水在经历了短暂的“二恶烷”危机后,公司管理层为了不把鸡蛋放在同一个篮子里决定品牌延伸,他们认为这样可以最大程度地降低单一品牌带来的风险。而当时正逢凉茶市场风生水起,霸王斥巨资研发出了霸王凉茶,在推出的当年霸王凉茶便卖出了6000 多万,这跟娃哈哈延伸至可乐市场时的反应一样,媒体和消费者的好奇往往会带来一定基础上的销售,而霸王品牌的灾难也就此开始。

2009 年,霸王营业收入 17.56 亿,利润 3.64 亿,品牌利润率保持为 20.73%。而就在进入凉茶的第二年,霸王营业收入下降至 14.75 亿,亏损 1.18 亿,在过去的 5 年中霸王已经亏损了 6 个多亿。

在品牌优秀的对抗战略开始发挥作用时,企业务必要对这种战略保持信心,对抗战略一旦确定,品牌便要心无旁骛地聚焦于一个方向。

任何品牌的成长之路上总会出现各种各样的问题,这些问题有的是品牌起步时就存在的质量问题,有的是在后天的商业环境里暴露出的种种不确定性,像蒙牛的三聚氰胺事件,肯德基的"安全"鸡肉事件,阿里巴巴的"欺诈门"事件等。

相对于航空灾难这样的致命事件给消费者带来的刺激,霸王本应对自己的品牌有着十足的信心,这种品牌的偶发事件消费者也最终会选择遗忘,霸王更应该耐心等待在风波过去之后消费者再次拥抱这个优秀的品牌,而不是愚蠢地伴随着环境和舆论的每一次潮起潮落而调整自己的战略方向,更不应该做出"霸王凉茶"这样毫无意义的创新和跟风之举。

霸王的管理团队应该走出自己的办公室,到前线去观察真实的战争情况,当他们听到"霸王凉茶喝起来总有一股洗发水的味道"的评论时就应该明白,该果断结束这场根本就没有希望成功的战争了,优秀的军事将领绝不会等到打光最后一兵一卒才知道自己在"错误的时间、错误的地方发动了一场完全错误的战争"。

20 世纪 80 年代,富贵优雅的瑞士钟表被物美价廉、造型新颖的日本电子表、石英表压得抬不起头来。在不到 10 年的时间里,瑞士的钟表出口量从 8000 多万块掉落了整整一大半至 3100 万块,近一半的钟表企业倒闭。

在这样的背景下,1985 年,57 岁的海耶克重组了两家陷入危机的瑞士钟表企业,成立了著名的斯沃琪(Swatch)钟表集团。

实际上,随着工业时代的到来,手表迅速普及。日本生产的石英表、电子表比瑞士的机械表走时更准确,价格却便宜得多,自然会受到消费者热烈追捧。也就是说,在石英表、电子表市场,日本已经占尽先机,而且瑞士人在成本上毫无竞争力。

海耶克领悟到了一点:手表不仅仅是一只冷冰冰的计时机器。比如一块潜水表最深可以潜到水下 600 米,但 99.99% 的消费者一辈子也不会有机会潜水,更不要说到那么深的距离。所以,手表不仅仅是时间,它是生命阶梯里的一种宣示,一种历程。

海耶克想到了时尚,为什么不可以像每天换衣服一样,根据不同的心情而拥有第二块、第三块,每天都有不同的手表。

世界上第一款时尚手表 Swatch 就这样诞生。它们跟市面上所有的手表都不同,完全由塑胶材料制成,色彩艳丽,设计前卫。面市第一年 Swatch 便售出 80 万块,成绩惊人。

不久后,日本人的石英表和电子表很快沦落为让人不屑一顾的地摊货,市场的潮流又一次回到了传统机械表。这时的海耶克的 Swatch 钟表集团旗下已经拥有了欧米伽、浪琴和天梭等品牌,如今,Swatch 集团已经成为了全球最大的钟表帝国,2012 年营业额超过 80 亿瑞士法郎。

不光是霸王和瑞士的钟表集团,在我们参与和研究的咨询案例中,很多企业,无论大小,都会遇到潮流或者时尚不站在自己这一边的情况,除了像柯达这种极少数的因为品类的消亡而倒下的企业外,大部分的情况仅仅是消费者一时的流行潮流发生了改变,但是这会让很多企业跟风而上,甚至改变了整个战略方向,而这才是企业陷入困境的开始。

当全球的健康时尚开始偏向素食主义的时候,以肯德基为代表的国际快餐该怎么办?停止炸鸡而全部改为米饭?肯德基无数次这样尝试过,但是每次都不了了之,没有人会相信一个炸鸡专家可以做美味的健康食品,最好的办法就是耐心等在原地。

当全球的智能手机消费者开始偏好三星的超薄超大概念的时候,苹果应该马上跟风而动吗?当然不是,耐心地等在原地,作为这个品类的开创者,苹果完全有理由相信消费者会最终再次回到原创身边,而今天苹果的市场份额和净利润率已经完全证明了这一点。

当互联网浪潮席卷而来的时候,作为北美考试的开创者新东方应该怎么办?马上开始全面进入互联网领域并为此调整内部和外部的战略方向?忘记这个可怕的想法吧,更不要相信媒体所鼓吹的颠覆,互联网确实可以给培训和学习带来很多便利和快捷,但是却很少会带来一个完整的战略方向，除了在极个别品类基础良好的领域里会诞生品牌，依靠互联网赚钱本身是一件很困难的事情，而即便是在那些适合开创互联网品牌的领域里，消费者从既有品类向新品类的转化时间也是相当漫长的，远远超出了企业所预想的时间，大量的财富依然存在于实体之中。

十三、聚焦在普通人生活中扮演的角色

2012年3月17号，泰国富豪许书标在曼谷的一家医院去世，享年89岁。

许书标是谁？

在中国这个名字几乎无人知晓，但是说起在他手中诞生的一个品牌，全世界几乎无人不知，这个品牌就是红牛。

许书标曾经一度是泰国的首富，在全球富豪排行榜上排名第205位。

他出生在一个旅居泰国的中国人家庭，当时全家人在泰国北部的披集府靠养鸭和卖水果为生。长大后，许书标的第一份工作是公交售票员。后来，他到兄弟位于首都曼谷的药店帮忙，此间还当过销售员，后来创建过制药厂，是白手起家的典型。

但是真正让许书标名扬全球的不是他的创业经历，也不是他的特有的低调（一生从未接受过采访），而是他被全球的媒体称为“红牛之父”。

在他去世后的报道里，所有的媒体依然用“红牛之父”称呼他。

他是世界闻名的饮料企业红牛的联合创始人，20世纪20年代，许书标的TC制药厂研制出一种含维生素B和纤维醇等多种成分的“抗疲劳饮料”，取名为Krating Daeng，在泰语里的意思为红水牛。当时红水牛的主要目标消费者是泰国的夜班工人和卡车司机。

1982年，时任保洁亚洲区销售经理的奥地利人迪特里希·马特希茨在泰国出差时，偶然发现了这款畅销的饮料，出于商业的敏锐直觉，他马上找到了许书标，希望能把这款饮料推向全世界。

两人一拍即合，马特希茨用其卓越的营销能力将这款饮料重新命名为红牛,并且为其配置了卓越的视觉商标,一款让许书标和马特希茨名垂千古的饮料就此诞生。

30 多年过去了,红牛牢牢占据了全球功能饮料第一的位置,从来没有失去过。

红牛让其所代表的企业全球闻名,而许书标因为创造了红牛在生前和死后同样闻名。

1991 年,在著名笑星比利·克里斯特尔主演的美国十大卖座片之一《城市骗子》中,杰克·佩兰斯问:"你知道人生的秘诀是什么吗?"

主演比利·克里斯特回答:"不知道,是什么?"

"一件事,只是一件事。你坚持不懈地做这件事,其他一切都是胡扯。"

20 世纪美国著名的探险家约翰·卡达德曾经在自己 15 岁的时候写下了他为未来的人生谱写的《一生的志愿》:

"到尼罗河、亚马孙河探险;要登上珠穆朗玛峰、乞力马扎罗山和麦金利峰……探寻马可·波罗和亚历山大一世走过的道路;主演一部《人猿泰山》那样的电影;学会驾驶飞机;读完莎士比亚、柏拉图和亚里士多德的著作……给非洲的孩子筹集 100 万美元捐款……"

据说卡达德写下自己的《一生的志愿》后用了 44 年的时间完成了 127 项宏伟计划中的 106 个,再辉煌的人生不过如此。

人生的一生可以做多少件事情并且同时成功,我们不得而知,这个世界上确实有像卡达德一样的人生,他们勇士般的毅力可以让人生如此丰富多彩,只可惜他们是少数派中的少数派,我们当中的大部分人都没有足够的幸运和勇气可以做到事事成功,对于这个世界上 99% 的人来说,一生只为一件事而生。

在卡达德的人生中,如果我们仔细观察也会发现,他的一生也只在做一件事情:"在自我挑战中让生命与众不同。"当一个人将人生的全部坐标聚焦于这一点时,"106 个人生志愿"其实是一个完整的统一体。

人和企业一样,终其一生要找到属于自己的那个字眼,这个字眼可大可小,可洋可土,而一个人可以多大程度上拥有所谓的成功,完全取决于一个人拥有的这个“字眼”的强烈程度。

黄小琥是酒吧女王,俞敏洪是留学教皇。

袁隆平是水稻之父,许鞍华是香港文艺片之母。

世人常感叹,人生如戏,而戏中最成功的人无不是一生在扮演一个角色。

看看中国最富有的演员,他们的一生无不是在扮演自己,他们都取得了空前的成功。

一个品牌永远无法做到包罗万象从而可以吸引所有的人,而在演艺圈最成功的演员无不是一辈子聚焦在一种角色。

梁朝伟是永远的翩翩佳公子;

张曼玉是永远的俏佳人;

周润发是永远的大哥;

成龙是永远的功夫之王。

如果说每个演员就是一个品牌,他们在导演的心中都会代表着一个字符,有着高度聚焦的演员可以大大简化消费者在头脑中挑选“品牌”的时间,而一个有着高度聚焦的演员在导演心中有着强烈的消费安全感。

全世界最富有的演员不会总是幻想尝试不同的戏路,这无关乎演技,而是聚焦点一旦形成,保持下去就是通往财富之路。

施瓦辛格一辈子都在扮演硬汉,观众永远无法接受一个围着围裙的硬汉出现。

迪卡普里奥永远是那个坏坏的英俊小生,奥黛丽·赫本则是永远的公主。

一个演员一旦被赋予某种优秀的认知,便是应该走上聚焦之时,哪怕这种认识只是某种巧合。

心理学家通过研究早就发现,记忆是需要理由的,而聚焦于某个第一是被记住的最好理由。黄渤是中国第一个用地方话演绎市井小人物的演员,《疯狂的石头》为他提供了早期成功所需要的聚焦点,粉丝们在疯狂地模仿着他的经典台词，即便是票房最好的《泰囧》也无法让人们记住里面那个说着普通话的黄渤。

无需对此感到遗憾，聚焦的智慧本身就包含了舍弃，而成为一部高票房影片中的主角是一回事，成为票房中真正的财富拥有者则是另外一回事。

在早期的香港台湾的娱乐圈中频频出现的影视歌三栖在今天竞争激烈的演艺圈里早已不存在，很少会有成功的主持同时成为影帝，很少会有成功的小品演员成为相声演员。

我们梳理了梁朝伟和刘德华在过去二十年的时间里在香港金像和台湾金马的获奖情况。

一直在歌唱和电影多个领域里勤奋耕耘的刘德华一共拿到了三次金像奖和两次金马奖，而在同一时期梁朝伟拿到了五个金像奖和三个金马奖，如果考虑到刘德华在2004年《无间道》中收获的金马奖是评委的同情奖，梁朝伟则以两倍于刘德华的奖项而完胜。如果他们分别代表了自己的品牌，前者的市场份额远远超出了后者，而一个明显的事实是，刘德华在电影方面屡有收获的时候，他的歌唱事业几乎止步不前。

事实上的演技好与坏并不重要，在评委眼中专业的演员当然会有专业的演技，说得更准确一点，导演心中的专业感就是一切。

全能再次输给了专能，我们的人生需要焦点，没有人可以做到面面俱到。

平庸地做着每一件事情，不如优秀地做好一件事。

我们对2008年北京奥运会十项全能冠军布赖恩·克莱的成绩与同项目奥运会冠军做过一个全面的研究对比，研究结果十分令人兴奋：

在1500米单项中，冠军选手超出了全能冠军布莱恩·克莱成绩的44%；

在铅球单项中，铅球冠军超出了全能冠军成绩的24%；

在标枪单项中，标枪冠军超出了全能冠军成绩的21%；

在铁饼单项中，铁饼冠军超出了全能冠军成绩的16%；

在跳远单项中,跳远冠军超出了全能冠军成绩的16%;

在跳高单项中,跳高冠军超出了全能冠军成绩的15%;

在400米单项中,400米冠军超出了全能冠军成绩的11.8%;

在110米栏单项中,110米栏冠军超出了全能冠军成绩的7.8%;

在100米短跑单项中,100米短跑冠军超出了全能冠军成绩的7.7%;

在撑竿跳单项中,撑竿跳冠军超出了全能冠军成绩的5.9%;

当全能遇到专能,失败的总是全能。

在营销的现实世界中,当全能品牌遇到专能品牌,失败的也总是全能选手。

竞争无限,人生有限,没有谁可以做到事事精通,面对成千上万的用努力来证明自己优秀的选手,最明智的做法就是缩小自己寻找机会的范围,找到一个能够释放全部才华的领域。

郭德纲是中国过去十年中国最火的相声演员,他的一生都聚焦于相声,他在相声舞台上的成功同样会让他在演艺和主持方面有所收获,但是这些附带的角色并没有让他同样成功。

这种焦点会让喜欢这个品牌的人更加喜欢,让不喜欢的人极其厌恶,从做人的角度看有些矛盾,从品牌的角度看却是极度成功的标准。全世界最成功的品牌很多时候都会走上一个极端,看看哈雷摩托这个品牌让多少哈雷迷痴狂不已,而让不喜欢摩托文化的人极度厌恶。再次回到我们的焦点,人生有限,你根本无法做到讨好所有的人,当一个品牌发现自己根本不受欢迎的时候怎么办?并不难,制造一群可以喜欢你的人,把他们带向另一个方向。

当耐克的运动鞋主导了这个品类的时候,美国的Brooks品牌将自己牢牢聚焦在“真正的跑步者”这个群体,一般的消费者不会见到它的广告和样品,它每年只把自己的试用品送给那些在外界听起来默默无闻但在跑步界却闻名遐迩的真正的跑步者。有所为有所不为,是每一个成功品牌必经的过程。

皮尔·卡丹,这位法国时尚界最为励志的少年,曾经因为无法实现自己的舞蹈之梦而郁郁寡欢，而最终成就皮尔·卡丹的并不是舞蹈，而是放弃了舞蹈在日后时尚界里的专心投入。

成功之后的皮尔·卡丹都做了些什么？

是的，正如我们今天看到的，皮尔·卡丹将自己的名字放在了除马桶以外的每一件商品上。甚至后来推出了皮尔·卡丹沙丁鱼，皮尔·卡丹红酒，更有意思的是卡丹先生将皮尔·卡丹这一品牌特许经营权出售给了全球近1000位特许持有人，分别用在了服装、家具及餐厅等产品上。

这样做的代价是什么？

代价就是那个曾经代表着高贵和身份的品牌已经沦落为一无是处，其中的大部分都已消失在了历史的尘埃中。

在全球奢侈品消费增长最为迅猛的中国，狂热的消费者的购物清单上永远见不到皮尔·卡丹的身影，相反的是，皮尔·卡丹被众多的消费者用来形容一个人的暴发和没品位。

当你把品牌延伸到无数个领域试图去取悦所有的顾客时，你得到的仅仅是一个知名度和一堆没有任何意义的产品。

或许所有人都知道皮尔·卡丹，但是人们购买的是LV、爱马仕。

在日本，LV在职业女性中的占有量已经达到了90%，如果说LV占据了90%的市场份额，可以想象像皮尔·卡丹这种没有任何聚焦的品牌日子又会好到哪里去呢。

聚焦是人生成功之基础，但这个基础是建立在执着而不是执迷之上。执着与执迷有着本质的不同，一个是更智慧做事的选择，一个是“更努力才会成功”的产物。执着是对所有优秀的机会保持开放，一旦选择便矢志不渝；执迷是一厢情愿地希望强迫势态发生。今天中国市场上大部分所谓的成功学都是后一种思想的产物，而现实中，你很少可能会因为更努力而成功，你却可以因为更聪明地做事而拥有财富。

这个世界上优秀的机会在降临的一刻对于很多人来说都不像是机会，第一个在线聊天的工具，第一个中文搜索引擎，第一个电商交易平台，第一所北美留学的机构，第一款海量音乐播放器。

如果在4年前你就购买了特斯拉的股票,如果你在10年前就成为百度的创业团队一员,如果你在10年前就开始运作王老吉,如果你在20年前就已经开始构思老干妈辣酱,今天这其中任何一个机会都足以让你的人生与众不同。

对于那些梦想着靠更加努力而成功的人生和企业来说,成功更多的时候是一种自我勉励的口号,当然对于很多人来说,更加努力的意义就在于奋斗总比不奋斗要强得多。

芙蓉姐姐成功吗?从媒体的关注来看,当然是。从品牌的效果来看,很失败。芙蓉姐姐始终有一个问题没有回答:她代表了什么?是演员,是励志,是炒作,是恶搞,她看起来都是又都不是。

龚琳娜成功吗?毫无疑问,从媒体的关注来看,很成功。从财富的角度看,更成功。“神曲”“狐狸叫”是艺术还是歌曲?这都不重要,重要的是她是中国第一个这样演唱的人。更好听不会让你更成功,与众不同才会让你真正出众。

凤凰传奇是过去的几年中最受欢迎的歌唱组合,他们为何如此成功?是歌声,是长相还是更加努力?都不是,是“最炫民族风”。或许没有人解释得清楚什么是真正的民族风,淡淡的歌词,简洁明快的旋律,总之他们开创了这一切,他们也是第一个占据了这个字眼的组合,或许这对于之前所有更加努力的歌手很不公平,但是执着于成为第一远胜过执迷于更加努力。

不要去相信什么努力就会成功,执着于一个与众不同的概念,执着于一个与众不同的焦点和方向才会让所有的艰辛和泪水看起来更加令人骄傲,更加努力很多时候是一个极具欺骗性的字眼,特别当主动权不在你的手中的时候。

无数优秀的中国品牌正是在“更加努力”思维指导下在多元化的道路上一路狂奔,直至品牌像流星般陨落。无数优秀的中国创业团队也是在“更加努力”思维指导下忽略了品牌打造的常识,而让创业只留下了悲壮的故事。

聚焦的人生需要更智慧的聆听和对常识不断的培养。

今天的中国是一个前所未有的中国，大量的创业团队和企业开始正式从计划经济下的简单的粗放型的品牌策划进入到战略驱动的年代。

成功的人生不分领域，只要拥有打造品牌的常识，你几乎可以在任何一个领域创造财富，你没有听错，是常识在打造财富而不是哈佛商学院的毕业证书。

这意味着不要把机会浪费在完全没有常识和品牌知识的领域中，保持开放绝不意味着丧失常识。

听说过物联网吗？这是今天中国的创业者和互联网大佬们疯狂在呐喊的一个名字。有谁可以用一句话解释清楚这个概念吗？没有。要解释清楚这个概念，你必须要从互联网谈起，这是一个令人兴奋的概念，但是却是一个根本无法创造真实财富的领域。我们可以清楚地知道顺丰代表着什么，我们永远无法将“物联网”直观化。这也是为什么我们拒绝参与任何关于物联网品牌的战略咨询，只是因为你的人生遇到了互联网和物流，并不代表可以产生一个“物联网”的品牌。

最重要的是，消费者可以第一时间想起：“打电话给顺丰快递！”但却没有人会说：“让我们去物联网消费吧！”

听说过智能家居吗？这也是今天中国的创业者心醉的一个字眼。什么是智能家居？很简单，你可以用手机和互联网遥控家中的一切，在下班之前将热水烧好，将电视打开，将冰箱里的啤酒冰镇到位，甚至可以通过电视观察家中的一切。省省吧，消费者实在想不出来为何到家之后就可以轻松完成的一切需要通过互联网和手机完成。

半个世纪前就已经产生的智能家居概念，直到今天也没有任何一个全球品牌的诞生，这绝不是意外。不要把你的人生聚焦在一个原本就不存在的概念上，创新与幻想是完全不同的概念，媒体的炒作只是为了赚取眼球，对于你的人生没有任何意义。

听说过智能城市吗？这是一个令人向往的概念，很难描述但却让无数公司和创始人夜不能寐。简单地讲，从你一出门开始，就像科幻大片中的一切,你只需要用嘴发布口令,所有的数据和图片都会随时出现在你眼前。如果你想体验一下传说中的智能城市,只需要花几十元去电影院,根本不需要让你的人生也参与其中。

我们曾经参与过国内一家著名的上市公司的智能城市战略咨询,偌大的办公室里负责人口若悬河地讲了一个小时,大家的眼神里都有着同样想说又不敢承认的一个问题:“到底什么是智能城市?”如果城市真的变成这样,生活在里面的人只会智障不会智能。

最终项目负责人向我们坦白,他们只想创造一个噱头可以拿到政府的项目资金,至于智能城市,他们所能想到的也只是让公交卡可以变成信用卡。这更加荒谬,你可以想象用一张公交卡陪你的女朋友逛街刷卡吗?品牌很多时候无关于技术,品牌只关乎心智。

智能的城市不会让你的人生更加成功,智慧的选择可以让你真的走进财富。在面对一个机会的时候,首先聚焦于这个机会是否能直观地描述和客观地感受。

像百度、新东方、QQ、王老吉等中国最有价值的品牌除了创始人个人的坚持和魅力外,还有一个重要的原因就是他们在正确的时间、正确的地点,用正确品牌打造的方法开创了一个全新的品类。没有李彦宏,百度会不会诞生?会,一定会。或许是张彦宏或许是王彦宏,要知道在李彦宏开创中文搜索这个品类的时候中国有成千上万的团队和个人正在向那个方向努力,光是我们在日后咨询的过程中就有无数的互联网精英抱怨过命运的不公平。可是这又怎样,成为第一胜过千万个更加努力,特别是在赢家通吃的互联网世界中。

人生因为一件事情而成功,我们要随时保持聆听的姿态,或许是一个不起眼的面包圈,或许是中国第一个 APP 平台测试品牌,或许是中国第一个品牌学院,或许是中国第一个远程心理学品牌,每一个机会在敲门的时候并不是所有的人都能听到,一旦听到,请你敞开大门。

人生因为一件事情而成功,这需要任何一个创业团队要明白这无关乎是你自己单打独斗还是抱团取暖,一个个人拥有全部股份而倒下的品牌远不如一个团队拥有的谷歌和百度。

人生因为一件事情而精彩，但这绝不意味着匹夫之勇，不要被乱加编撰的“成功学”迷惑了眼睛，在正确的时间正确的地点做正确的事情并不是意味着要一路悲壮一路泪水。

当机会被瞬间把握，当人生的航班在四处游荡中终于确定了坐标，你需要制定一个富有常识而简洁的计划。

翻看字典看看常识的定义：不受情感和智力因素影响的良好判断。它并不依赖特殊的技术知识，我们看到的就是事物本来的面貌，计划中并不掺杂感情和个人喜好。

当你的机会吸引到大量天使和风投的时候，常识会告诉你不要丧失理智，一个成功的品牌没有天使也会成功，一个没有战略的品牌再多的风投也只能是运气和暂时的。看看京东、神舟租车、58 同城这些拿着大笔风投却始终看不到胜利的品牌。

当你的创业团队准备拿着大笔的广告为品牌开路的时候，请你坚决说不，因为常识会告诉我们广告根本没有任何可信度，更不可能创建新品牌，广告唯一的作用就是在战略清晰的起步后维持战略上升的趋势。

人生因为一件事情而富有，即便是在一个已经拥有强大敌人的领域里，只要你理解营销只发生在大脑中而不是现实的产品里。

谁是中国最值钱的男歌手？这很难回答，但是你一定知道谁是中国最值钱的“唱女声”的男歌手。没有谁会在乎谁更加努力，但是一定有人在乎谁在“离经叛道”。这就是为什么邓亚萍并没有因为更加努力而让新的搜索品牌成功，面对百度，他们需要的是完全与众不同。

请不要误会，我们不会否认努力和坚持的优秀品格，只是在今天全球一体的竞争格局下，这些都已经变为仅仅是进入赛场的入门券。

一旦机会来到，请你紧紧把握，胜利之剑至死不离手。

歌德这样描述坚持的意义：“不苟且地坚持下去，严厉地驱策自己继续下去，就是我们之中最微小的人这样去做，也很少不会达到目标。因为坚持的无声力量会随着时间而增长，到没有人能抗拒的程度。”

要理解再优秀的战略和战术在诞生的一刻都是看起来微不足道的,甚至是被人耻笑的,是时间和正确的打造让优秀的战略不断发酵,当有一天这种战略可以明确地被人感知的时候,就是你的人生和品牌爆发出惊人力量的那一刻。

十四、聚焦两大支配力量：品类和分化

为何聚焦战略中首先要了解和学习品类的力量?

因为我们的心智对于世间万物的归类从我们落地那一刻便开始了。

在我们幼儿的时候,生命就是给身边的一切分门别类,父母教我们的第一件事情就是分清什么属于什么,什么不属于什么。

在数学、语文,甚至是玩耍中我们被教会了如何将同一属性和同一品类的东西归为一起,1 属于奇数,“美丽的”属于形容词,小偷属于坏人。

难以想象没有归类的世界将是怎样一种景象,大脑又将会如何应对这样一个如此复杂而难以预料的世界。

在没有与这个真实的世界建立起某种关联之前,人们必须知道我们面对的未知事物是如何被分类的:蓝天,白云,男人,女人。

当我们碰巧遇到一些无法分类的植物,一种从未见过的动物,大脑首先会为这种植物和动物做一个简单的分类,是有毒还是无毒,是昆虫还是鸟类。一个无法被分类的物种首先就失去了被大脑记忆的机会。

如果品类就是消费者衣橱里用来分类的储物隔段,那么品牌就是隔段中的挂钩,为了能够让品牌清楚地被储存在大脑的储物间里,我们不但需要隔段也需要挂钩。一个品类描述都有问题的品牌,首先留在大脑里的就是一个模糊的身影,随着时间的流逝,这个身影最终会从大脑中消失。

步步高的点读机,简一大理石瓷砖都是这种产品描述不清的受害者,这会让产品从诞生起就处于一种尴尬的处境。

步步高的点读机融合了图书和 MP3 的多种功能,但是这样的一种融合的产物既不是更好的电子图书也不是更好的阅读设备。

简一大理石既有大理石的品位又有瓷砖的价格,这造成一个问题就是这既不是真正的大理石,又不是更好的瓷砖,对于追求品位的消费者来说,这是一种像瓷砖的廉价大理石,对于追求廉价的消费者来说,这是一种像大理石一样的昂贵的瓷砖,两种概念同时拥有等于没有任何的概念。

在我们大量的咨询案例中,太多的产品都可以被归入不伦不类的行列。

加入了黑豆的黑色牛奶,加入了互联网功能的互联网电视,加入了键盘的平板电脑,加入了川菜和粤菜的融合餐厅,能够飞行的汽车,很多时候,人们以为创新就是将不同的品类组合在一起组成一个更伟大的概念。

牛奶从诞生那一刻就是白的,如果是黑色,那一定不是牛奶,消费者对于品类的认知很简单:非黑即白。

互联网是主动媒体,电视是被动媒体,直至今天这种“不伦不类”的品类中没有诞生任何一个伟大的品牌。

有键盘的平板电脑既不是更好的平板,也不是更好的电脑,所以微软的 Windows 8 设备的滑式键盘设计在手机上可能是一个伟大的创新,但是在现实的营销中却很失败。这个笔记本和平板电脑的混合物,令人非常困惑。例如,索尼的 VaioDuo11 和微软的 Surface,消费者普遍抱怨,如果当作平板电脑来用的话显得非常厚重,如果被用作笔记本,键盘的实用性又会大大降低。

就在川菜和粤菜继续向着更细的品类分化的时候,却有很多品牌继续着自己的菜系融合创新,即便是像港丽这样的餐厅也希望搭上融合的快车,好在港丽的品牌名称足够香港范。

对于消费者头脑中的商品类别,任何营销学和科学概念上的定义都意义不大,尽管他们都非常严谨和客观,例如对于质子和中子,DNA 和 RNA 之间的本质区别。

普通消费者眼中的品类与科学没有任何关系,而是心智的本能的分类认知能力,在商业领域中,认识到这一点十分重要。

在这里,“为什么脉动就是运动饮料”这个问题的答案是毫无意义的。

脉动之所以是运动饮料，就是因为同样的维生素饮料卖给了喜欢运动的人，如果是红牛，那可能会更提神。

士力架之所以是士力架，是因为它是专门为成年人打造，如果士力架的外形再小很多，我们就会称其为“M&M 巧克力豆”。

圣女果之所以叫圣女果，是因为它专门为水果而诞生，是可以直接食用的零食，而不是没有长大的小西红柿。

这就是为什么为一个新的品类命名几乎决定了这个品类是否可以成功地开创一个品牌，其中企业最需要分清的就是市场层面的品类和消费者头脑中对于品类的分类区别。

市场层面的品类和心智层面的品类的本质不同：

A. 市场意义上的品类是以明确的货品种类为基础形成的，这种产品种类往往都会在工商注册时供企业选择，以此来给企业生产的产品分门别类，例如卡车、轿车等。但是这些明确的工商分类标准中并没有驾驭、安全、安静这些品类。

B. 心智意义上的品类是商业社会发展和分化过程中认知所赋予的产品种类，并不依托于市场的界定标准，更多的是基于分化和消费者心理的基本归类。

如培训界非常流行的留学培训，在消费者的认知中又被明确地分成以托福为代表的北美的考试项目和以雅思为代表的英联邦考试项目。

不同的品类名称唤起的是不同的情感，如果在办公室吃奶昔时发出了声音，大多数人都会感到很不好意思，但对于星巴克的星冰乐来说，就是另外一种情形了。马戏团里的狗熊让你感觉可爱至极，但是同样的狗熊出现在你家的后院那就只能是恐惧。

如何开创并命名一个全新的品类将会决定消费者如何在日后界定和接受一种新品类，因为新的品类和品牌名称唤起的是截然不同的感觉。当人们把一只鸭子称作为宠物时，它是你的朋友；当你把一只鸭子取名为家禽时，它只是餐桌上一堆白色的肉。不同的名称，一个让你玩得开心，一个让你吃得开心。

为何理解品类的力量如此重要?

消费者对于品牌最初的感受都来自于品类,品类是消费者购物时第一个思考的要素,在确定购物清单之后,消费者才会思考能代表品类的品牌,全世界所有的消费者都是通过品类进入购物的过程,通过品牌完成购买的结果。

一切优秀的品牌和营销战略的根本推动力量是品类,而品牌只是品类这个巨大冰山露出海平面的那个尖角,如果没有体量巨大的品类的支撑,品牌本身没有存在的意义。

任何成功的品牌无不是有品类作为强大的基础支撑,而消费者最终看到的并不是品类而是品牌的成功,但是品牌的创造者企业始终要明确地感受到品类的巨大推动力量。

支撑九阳成功的并不是九阳本身,而是众多的追随者共同托起的豆浆机品类。

支撑起王老吉的并不是王老吉本身,而是众多的追随者共同托起的凉茶品类。

当企业在思考创新,并考虑让品牌在市场上获得真正成功的时候,不能总是考虑品牌,而是要更多地考虑品类。

品类的创新通常并不在于市场不存在的东西,更多的是从消费者大脑中的认识来看待品类的创新,也就是大脑中是否有这样一个品类的存在,成功开创品牌全部的努力就是首先让品牌能够高度地代表品类,而不是把所有的希望寄托于寻找所谓的蓝海。

在一个充分竞争的环境中,早已不存在什么所谓的蓝海和空白产品,特别是在极具山寨能力的中国市场。如果一个品类始终是空白,或者品类只有你一个人在耕耘,只能说明这个品类根本不值得付出。一个成功的品类开创者的重要标志就是有无大量追随者,这意味着品类开创者必须要学会如何驾驭竞争和战略的节奏。

现实中的营销蓝海越来越少,但是如果要从消费者的心目当中找寻一个没有能够代表品类的品牌却比比皆是。

想一想你上次买的白糖的品牌是什么?

想一想你周末刚买的男袜的品牌是什么?

想一想你上个月刚给马桶消毒的品牌是什么?

想一想你送给同事刚出生的婴儿的贴身内衣品牌是什么?

想一想你推荐给隔壁邻居最安全或者是最可靠的微型汽车品牌是什么?

99%的人一个都答不上来,这就是千千万万中国企业和创业者的机会,千万不要小看。

合理利用消费者心中的品类认知

没有人可以洞悉某个事物的全部,因为所有事物都是在不断变化的,由此而来的不确定性要求我们投入更多的专注,在这个过程里我们通过创造不同的类别来体验世界。

哈佛大学著名心理学家,积极心理学奠基人之一艾伦·兰格说:

“我们用许多套不同的类别对各种现象进行感知和整理。各类意识形态就是我们将这种倾向发挥到极致的产物。作为思想体系,意识形态能够为我们的生活提供意义,合理化或神化我们的生活。民族主义、共产主义、存在主义、基督教、佛教,都能让我们明白自己是谁,该怎么做,并为世界的本源和发展提供解释。”

我们不但用类别对身边的世界进行感知和整理,同时我们用类别来定义自己的过去和现在。

“除了进行心理治疗或碰到危机,我们一般不会去重新定义过去。虽然我们会为了解释现在发生的事情而时不时地调用过去的记忆或印象,但是我们很少会重新审视原先的记忆或印象。”

格兰教授对于大脑如何定义已经归类的事物的解释很好地为我们揭示了消费者如何对待第一个出现在大脑中的某个新品类。

当任何一个品牌以第一的身份出现在记忆中时,大脑就会将其牢牢定义为这个品类中的代表，在此之后的品牌除非有能力可以让品牌引领另外一种方向，否则都将会被视为山寨，无论跟随品牌如何努力改变消费者头脑中的记忆都无济于事，大脑中的记忆和认知一旦形成很少会重新调整。

消费者的大脑简单而直接，一个最简单的事实就是我们对身边人和事的评价。

我们经常会倾向于用一个或两个词来描述一个人，但是这几个词更多的是出自于偏见，这些描述都是来自于大脑中浅念的第一印象，这不公平更不合理，但是这就是大部分人的大脑运行的方式，特别是我们更倾向于去重复大部分人的描述。

任何一个我们没有经历过的人生都根本没有办法去用一字概括，这就是为什么大公司流程化的人力资源招聘会让人才越来越处于平庸，标准化的模式和流程会淘汰掉所有在这种浅念之外的优秀人才。

优秀的品牌打造其实就是要利用大脑这种偏见和浅念的存在，将所有的资源向一个卓越的认知靠拢，让品牌的聚焦能够符合大脑喜欢简单的运行机理，而不是总是寄希望于事实是多么令人震惊，例如消费者总有一天会发现我们的努力和优秀。

在现实的世界中，苹果的平板电脑只适合娱乐媒体的使用，作为文件处理设备实在是不方便，尽管事实如此，苹果还是创造了一个全新的品类，并且给新品类起了一个全新的品牌名称——Ipad。

这也很好地解释了为什么蒙牛和伊利加入果汁的牛奶并没有成功，而诸如纯果乐、低脂（去掉脂肪）牛奶和纯牛奶却能在全球大行其道。

开创品类意味着人们可以从不同的视角将同一个人，同一种想法和行为看成不同的对象。同样是一头公牛，在农场主的眼里，它是牛排；在印度教徒的眼里，它是圣物；而在生物学家眼里，它只是一堆基因和蛋白质的集合。

开创新的品类并不需要你拥有多么高的学历和技术实力，有些时候往往就是一种营销思想的调整。明白普通消费者喜欢以偏概全的企业，在利用聚焦战略打造成功品牌的时候可以坦然地接受牺牲和舍弃的概念。

合理地利用消费者在品类中的某些片面的认知要远比与这种认知对抗更有意义。

2009年,随着"赢在中国"栏目的播出,很多中国的观众都认识了谢丽和她的"奇"火锅,这个优秀的重庆女性用她的执着和勤劳最终打动了柳传志和评委,谢丽为自己的火锅品牌赢得了起步需要的第一桶金和强大的公关,但是这不足以保证这个品牌会最终走上成功的轨道。

今天,除了在山城重庆和商界杂志封面上的广告外,我们已经很少能感觉到这个品牌的存在,奇火锅的品类描述严重妨碍了这个火锅品牌的成功。

"养生火锅""吃了不上火"的火锅在国内已经存在了很久,但是很少在这个品类中会诞生优秀的品牌,更别说全国的品牌,这其实与技术没有关系,这更多的是消费者心智中的品类认知。

一个品牌的成功并不单纯是品牌本身的问题,还有品类的界定和定义,火锅跟所有的品类一样也会不断地分化出新的品类,但是这种品类的创新完全与技术无关,更多是与营销有关。火锅在全中国人的心目中就是热气腾腾热火朝天的模式,对于大部分喜欢火锅的消费者来说辣和火本身就是火锅的一部分,当然会有人喜欢不上火的东西,可是那并不是绝大多数普通大众对于火锅品类的定义。

一个没有火热感觉的火锅本身就没有了火锅的味道,一个本身就不爱吃辣的消费者也不会对不上火的火锅有太大的兴趣,品牌的创始人需要跳出技术的角度来看待营销的问题。营销无关乎技术本身,营销是一门心理的学科。

阻碍品牌成功的另外一个问题就是品牌的名字。一个优秀的名称很多时候已经指明了品牌发展的方向,一个糟糕的名称也已经暗示了企业未来的结局,这句话无论如何强调也不过分。看看中国品牌100强和世界品牌100强中,没有哪个蹩脚的名称可以支撑起一个只是更加努力的企业。

谷歌、百度、特斯拉、真功夫、可口可乐、思科、格力、万科,不管是计划经济早期诞生的企业,还是后起之秀,这些品牌都具备了高度的与众不同和各自领域中的代表意义。

在火锅这个领域中,德庄、海底捞都是非常优秀的品牌名称。德庄在消费者的嘴中一听就是火锅世家的感觉,海底捞让人对于火锅的图片浮想联翩。一个优秀的名字会在消费者读出的那一刻就走入大脑,一个优秀的火锅名称更需要在念出的那一刻就可以跟味蕾相连。此外,优秀的品牌名称中很少有一个字的品牌,一个字的名字很难形成意群,更难形成音符的连读,这让靠声音思考的大脑形不成最直观的印象,中国这么多优秀的品牌中也只是劲酒取得了成功,而这也得益于这个字跟品类十分关联。

开创品类需要有着异于常人的商业直觉

聚焦于一个全新的品类,需要创始人有着非凡的营销直觉和简单做事的能力。

这是一种能够透过复杂的表象看到事物本质的能力,更是一种面对专家意见和成堆的财务数据不会丧失常识的能力。

当迪特里希·马特希茨准备把红牛这个品牌推向全球市场时,他首先准备的是把这款饮料推向欧洲市场,当时市场调研的结果是:这种所谓功能饮料颜色看起来很淡,根本没有喝它的欲望,喝到嘴里,感觉黏黏的,很恶心。

市场调研公司给出的结论是:这是迄今为止最失败的产品。马特希茨面对这一结果的第一反应是:太棒了!

这个世界上没有任何成功的品牌是靠调研和数据打造的,数据只会告诉我们曾经发生过什么,而数据永远无法告诉我们对于一个新的品类是否会成功,这需要的是品牌经理有过人的勇气和毅力。

要创造一个新的品类和一个成功的品牌要能承受与各种普世的标准相违背的压力,如果一种思想和产品要等到全世界的人都认可,已经为时过晚。

要创造一个全新的品类需要能忍受孤独小路上的独来独往,四通八达的通天大路因为走的人太多往往大路全变成了死路，狭小的道路往往一眼看不到头走的人寥寥无几但却最后能够走向通天大路。

王正华在成立中国第一个无修饰航空的时候有大量的专家引用了太多的数据来论证春秋航空根本无法在中国生存，但是出色的聚焦战略让春秋航空成功起飞。

Gustave Leven 在美国开创第一个带泡的矿泉水品牌毕雷时，大量的咨询公司和行业专家告诉 Leven，在可乐的国度里出售带泡泡的矿泉水可笑之极，今天毕雷矿泉水已经是美国最成功的矿泉水品牌之一。

在凯迪拉克称霸北美豪华汽车市场的时候，凯迪拉克的高级经理们没有人相信市场上会有任何品牌能挑战凯迪拉克的霸主地位，直到多年之后奔驰汽车带着高价位的豪华汽车和一个真正代表豪华的品牌名称杀入北美市场，今天的凯迪拉克已经沦为一个大路货。

当菲利普·莫里斯公司准备将万宝路品牌战略聚焦到牛仔所代表的男子汉气概的时候，调研显示当时的美国真正的牛仔数量不过 1000 人左右，但即便是牛仔在已经美国逐渐消失的这一现实也根本无法阻挡万宝路牛仔战略的成功，今天在美国消费万宝路的远不止男子汉们，还有同样想拥有男子汉气概一样的女子汉们。

聚焦于开创新品类的品牌拥有众多的首发登场的优势，成功聚焦于新品类的品牌将会以第一的原创认识走进消费者的心智，一旦这种认知形成，任何外部的力量都无法剥夺，这就是可口可乐连续多年称霸全球最有价值品牌榜首的根本原因，这更是全球的巴菲特们长期持有其股票的最大原动力。

看看中国品牌打造的历史上，任何占据了第一位置的品牌除非自己犯下严重的错误，否则任何外部直接的进攻都无法撼动其霸主的地位。

我们跟踪研究了自 20 世纪八九十年代以来成功开创品类的 30 个品牌，它们都是第一个进入其所在的品类市场并成为其品类的代表，数据显现它们当中 60% 的品牌今天依然牢牢占据了第一的位子。

品牌	品类领域	成立时间	市场份额
汪氏蜜蜂园	瓶装蜂蜜	1992 年	20%
九阳豆浆机	家用豆浆机	1994 年	56. 46%
老干妈辣酱	瓶装辣酱	1996 年	76%
格力空调	家用空调	1991 年	27. 3%
康师傅方便面	碗装方便面	1992 年	50%
腾讯 QQ	即时聊天	1998 年	70%
东阿阿胶	即食阿胶	1993 年	35%
张裕葡萄酒	葡萄酒	1994 年	10. 59%
方太吸油烟机	抽油烟机	1995 年	40%
欧派橱柜	橱柜	1994 年	8%
华帝燃气灶	燃气灶	1992 年	15. 4%
顺丰速递	快递	1993 年	20%
农夫山泉	瓶装矿泉水	1996 年	22%
太太乐鸡精	鸡精	1989 年	40%
百度	中文搜索	2000 年	59. 58%
富耀玻璃	车用玻璃	1987 年	71%
鲁花花生油	食用花生油	1992 年	52%

原创和第一的认知将会给品牌提供长久且恒定的推力,第一的认知力量在生物界和生活的方方面面同样存在。

像《红楼梦》《西游记》这样的经典的电视剧很难被超越,这与技术无关,无论之后的演员阵容多么豪华演技多么精湛,实际上在经典原创面前,观众的认知就是现实,观众能看到多少更专业豪华的演技并不重要,重要的是他们是否看到了当年他们所看到的。

像江苏卫视的《非诚勿扰》和浙江卫视的《中国好声音》这些节目都创造了惊人收视率,其首发登场的巨大优势无不让后来者始终活在模仿的阴影之下,大多数普通观众根本没有能力辨认到底谁是真正的“中国好声音”,这从来就不重要,重要的是他们听到的是浙江卫视的《中国好声音》。

1973年,奥地利比较心理学家诺贝尔生理学和医学奖获得者康拉德·洛伦兹在动物行为研究方面发现了印记理论。

所谓印记(imprinting),是指某些动物在初生婴幼期间对环境刺激所表现的一种原始而快速的学习方式。

洛伦兹发现,刚孵出的雏鸭对最早注意到的环境中会移动的客体,随即表现出跟随依附的行为,如在它面前出现的是母鸭,雏鸭会跟随,如出现的是母鸡或人,甚至是移动的玩偶,它也会跟随。

印记一旦形成,长期不变。

同样道理,最先作为代表新品类出现的品牌,总是被消费者当作领导品牌看待,这为品牌后来的成功带来了源源不断的动力。

首先进入消费者眼中的最有可能成为原创,跟风的永远是山寨。

消费者永远购买别人购买的领导品牌,在企业眼中最好的产品才能卖得好,在消费者眼中卖得最好的才是最好的产品。

成为第一的品牌永远可以在渠道、经销商、展位、进场费,甚至是招聘人才方面获得更多的关注,当一个年轻的物流专业的学生要选择速递企业的时候,顺丰当然会成为第一个考虑的品牌。

品牌应该如何清晰地描述品类呢?

聚焦于一个创新的品类并且能够让代表品类的品牌快速进入消费者的认知当中,首先需要精确定义的就是对于品类的描述。

清晰的品类界定能够帮助消费者快速地与品牌建立认知上的关联,毕竟在购买一个产品之前,人们一定要知道产品是什么。

任何一种无法被归类的东西会让大脑明显感觉混乱而无法认知,正如一个没有明显性别特征的人,我们会有一种本能的迷惑感,这种感觉会让我们的思维停滞,人们的第一反应会问:那个人是男的还是女的?

通常情况下,聚焦于一个清晰的品类描述包含了两方面的含义:一个是对于代表了企业的品牌的品类描述;一个是对于品牌所代表的产品的品项要素描述。

王老吉是中国第一款凉茶类品牌,这个品类描述中的另外一个品项要素就是“去火”。

真功夫是中国第一个米饭类快餐品牌，这个品类描述中的另外一个品项要素就是“营养还是蒸的好”。

黄飞红是中国第一个麻辣花生的高端品牌，这个品类描述中的另外一个品项要素就是“粒粒辣脆饱满”。

如果品类市场本身就是很成熟，定义和描述品类一般不存在任何问题，但是如果品牌聚焦的是一个创新的品类，描述品类就是首要问题。

非常遗憾的是，在品牌打造的世界里，我们见到了太多不伦不类的无法清晰界定的产品。

无数的广告公司称自己是整合营销机构；

无数的家电公司称自己是智能家居的引领者；

无数的互联网公司标榜自己是物流和互联融合体。

这些品类的描述词汇在企业看来都是赋予了某种使命感，但是在消费者看来却没有任何的意义。

没有人会去一个广告公司去购买“整合营销”服务，今天的营销已经向着完全不同的方向在分化，埃森哲、奥美、罗兰贝格，每个品牌都是专家的代表，今天的电影公司甚至会将电影的预告片交给专业的剪辑品牌以保证预告片的成功。

没有消费者会说：“我们去购买他们的智能家居产品吧。”在所有家电品牌一站式的思维指导下，品类完全是一个整体，而在消费者眼中，互联网和家电是两个完全不同的品类。

像物流和互联融合的动人概念只抓住了媒体的眼球，而却始终没有抓住消费者的心，在比尔·盖茨和鲍尔默眼中的超级互联和无纸化办公的美好景象今天依然没有到来。

一个优秀的品牌无不是能清晰而简洁地描述自己的品类，一个连品类都无法描述的品牌和企业首先丧失的是进入消费者大脑的入场券。

宝马是全球第一款运动型豪华汽车；

宜家开创了全球第一款可组合式家具；

百度是第一个中文搜索引擎；

哈根达斯是全球第一款高端冰激凌；

Iphone 是全球第一款触屏式智能手机；

红牛是全球第一款功能饮料；

香飘飘是第一款杯装式奶茶饮料；

真功夫是第一家米饭快餐；

黄飞红是第一款充氮式高端辣花生。

老干妈是第一款瓶装辣酱。

忘记那些能让企业管理人员自我感觉良好的宏观而抽象的字眼，试着在白纸上用几个字清晰地描述出品牌所代表的品类，如果写出的不是几个字而是几行甚至是整段的文字，企业的品牌已经患上了严重的分裂症。

企业的管理人员似乎总是忘记了营销最终的目标就是要在消费者大脑中创造一个字眼，并且能够让自己的品牌与这个字眼紧紧相连。

苏宁将自己描述为一个“线上、线下，实体和虚拟的包罗万象的云苏宁，无限购”的地方，这听起来像是苏宁要发动一场改革中国商业环境的“圣战”，然而在无数消费者的眼中，苏宁只是一个实体的电器营销品牌。

很多的高级管理者是自上而下的目标导向者，他们用尽抽象的词语来表述心中一个不可能完成的战略愿景，有些抽象的概念已经完全背离了品牌所代表的方向。

“云苏宁，购无限。”这对于一个中国普通消费者意味着什么呢？

或许“中国每天售出电器最多的地方”更能让我们理解苏宁所占据的心智资源。

当一个品牌连最基本的品类描述都困难的时候，品牌便也开始变得模糊不清。

太多的培训公司将自己界定为“教育公司”“管理咨询”时，顾客的反应又是怎样的呢？

如果消费者要购买北美留学培训产品，他们会去像新东方这样的公司。

如果消费者要购买管理咨询类服务的产品，他们会去埃森哲、罗兰贝格这样的公司。

如果消费者要购买信息咨询类服务的产品，他们会去 IBM 这样的公司。

如果消费者要购买数据咨询类服务的产品，他们会去尼尔森这样的公司。

如何判断一个品类可以成功开创

1. 品类描述精确

一个精确的品类描述决定了产品将会以何种身份被心智首先接受，在这个过程里产品要尽量避免以下几个方面的误区。

(1)融合概念严重。

微软和索尼平板电脑二合一，简一的大理石瓷砖，蒙牛的谷物奶，都是融合后品类令人困惑的描述。

平板电脑既不是更好的平板，也不是更好的 PC；

大理石瓷砖既不是更好的瓷砖，也不是更好的大理石；

谷物奶既不是更好的麦片，也不是更好的牛奶，美国人民早餐时将麦片泡在牛奶里不代表企业需要生产谷物和牛奶的融合体。

很多企业的品类的创新完全背离了常识的认知。

娃哈哈的格瓦斯宣称自己是液体面包，这是一个令人困惑的描述，听起来像是一种啤酒，喝起来更像是一种带泡的饮料，不喝酒的人不会喝像饮料一样的啤酒，喝酒的人不会喝一种像啤酒一样的饮料。

更多的企业耗费大量的人力物力研制出的含有更多营养的黑牛奶，含有高级润滑功能的石墨黑机油，这些所谓的创新除了制造困惑一无所获。牛奶从诞生一刻起就是白色，如果是黑色那一定不是牛奶，黑色的机油永远是汽车废弃的机油颜色。

(2)品类概念超出了心智的接受程度，例如智能卧室、智能家居。

人们可以清楚地想象出什么是洗衣机或者是冰箱，但是人们很难理解什么是智能家居、智能客厅等概念，一个连想象都非常宏观的字眼现实中很难产生付钱的意愿。

(3)品类概念与常识认知出现了严重的不协调，例如黑牛奶、黑机油、保洁蛋、比亚迪速锐的自动出车。

鸡蛋本身并不存在清洁的需要，即便是有也不构成一个品牌成功的品类基础，对于大部分消费者来说，即便鸡蛋不是很干净，只需要清水冲洗一下即可，这并不能成为企业构思战略的方向。

比亚迪速锐的自动出车系统更是解决了一个不需要解决的问题。有人会因为车与车之间的空隙太小而打不开车门吗？会有，但是这种问题产生的几率太小了，企业完全不能因为一个偶发性的小概率问题从而去规划一个品牌的核心要素。

(4)品类概念过于看重学术字面。

很多品类的描述过于复杂和学术而无法被心智接受。

红十字国际委员会最初的名称为“伤兵救护国际委员会”。

全世界第一台计算机被称为“电子数字积分计算机”(英文全称为 Electronic Numerical Integrator And Computer)。

激光在 1965 年之前一直被中国人称作为“受激辐射光”。

全世界第一台测谎仪被称为多参量心理测试仪。

全世界第一种抗生素被称为青霉素。

今天这些过于复杂的品类描述早已被更加简单而符合大众接受的字眼所代替。

心智喜欢简单厌恶复杂，任何过分强调产品物理意义上的概念都会因为过于学术化而无法被消费者接受。心智更加喜欢清晰而简单的分类，任何给自己贴上宏观而复杂标签的品牌首先失去了进入心智的机会。

(5)太过于情感化，品类完全沦落为了文字游戏，除了企业没人看得懂。

“云苏宁”“幸福并不是你能左右多少，而是有多少在你的左右”，这些听起来不错的策划方案在今天以战略为主的商业社会里已经没有多少存在的意义了。

2. 品项属性精确

品项是在品类之外的另一个品牌的要素,简单地讲就是代表了全新品类的品牌最核心最与众不同的价值体现。需要说明的是,品项本身并不一定是什么大的创造和发明,但是却可以区隔自己与大部分的竞争对手,并且可以支持第一品牌的独特地位。

王老吉是凉茶第一品牌,并有着精确的去火的独特属性。

Ipod 是音乐播放器第一品牌,并有着精确的第一款硬盘存储式独特属性。

Ipad 是平板电脑第一品牌,并有着精确的第一款触屏式媒体播放操作。

星巴克是咖啡第一品牌,并有着精确的第一高端咖啡品牌独特属性。

黄飞红是麻辣花生第一品牌,并有着精确的粒粒饱满的高端辣花生的独特属性。

3. 具备一定的参照物和对比概念

任何一个新的品类中的认知一般都会有既有的商品种类的参照和提醒,这种参照可以大大简化消费者对于一个新的概念的辨认和接受时间,就如同生活中的高矮胖瘦之间的对比,非常直接和高度可见。例如线上和线下,可乐和非可乐以及低糖可乐,洗衣液和洗衣粉,飞机和无人机,等等。

4. 具备被追随的基础

任何一种可以诞生财富的新品类中,对手会很快嗅到成功的气味而蜂拥而至,企业对此完全不用恐慌,因为正是因为有大批的追随者和模仿者,才更加能体现开创者的地位和先锋姿态,企业应该张开双臂热烈欢迎他们,是他们前呼后拥的追捧让新品类更具备了消费的紧迫感和必要性,在这个过程里企业要不断做好战略节奏的调整,始终提醒呵护和保护自己的原创身份,并带领这些模仿者一起将品类不断扩大。

5. 品类描述不要带有太明显的性别界定,特别是在某些不具备隐私保护概念的领域里

在过去的几年中,很多企业希望利用性别的区隔来开创新的品类市

场,但是成功的案例非常少。例如女性啤酒、女性手机,这些品类的开创最大的一个问题在不需要性别分类的市场里硬要区分。

啤酒本来就是属于男性的东西,当然这并不代表女性就不喝啤酒,正好相反,很多喝啤酒的女性本来就希望让自己看起来更加独立,更有一些刚强的成分。硬生生地创造一种女性啤酒只能让温柔的女人更加弱不禁风,让坚强的女汉子们看起来不屑一顾。

手机本来就是一种很中性的东西,一种为女孩子打造的手机或者单独为老人或者农民工打造的手机除了给这些人群贴上特定的标签从而让他们感觉被歧视,制造不出什么意外的惊喜。

企业聚焦于某种特定人群的思想本身没有错,但是这种聚焦战略的前提不宜扭曲头脑中对于隐私和性别的正常的认知。例如在健身场所,对于女性特殊隐私的呵护是完全合情合理的,这也是只聚焦于女性健身概念的Curves 在全球的成功。

利用女性啤酒概念无法单独开创成功品牌,但是利用女人喜欢甜品的认知却可以开创非常成功的餐后甜酒品牌。

十五、百利：聚焦全球职业女性的典范

只聚焦于一种人群几乎在全世界每个品类中都让品牌大获成功。

当全世界洋酒和啤酒品牌都是清一色为男士而打造的时候,全球最大的洋酒商帝亚吉欧专门为全球年轻时尚女性打造的甜酒品牌百利(Baileys)正在成为全球年轻女性的新宠。

百利的甜酒被誉为世界最受女性欢迎的利口酒,最早源自爱尔兰。利口酒又称力娇酒,指的是保留了蒸馏酒的基本特征但是其中添加了天然香料的餐后甜酒,味道甜美且具有女性最爱的芬芳气味。

百利的甜酒最大程度地符合了女性的口味,酒中既有奶油所透露出的女性的温柔,同时又保留了威士忌的坚强象征意味,这让百利的女粉丝们更加拥有了百利酒中所暗示的独立品味。

酿造团队将发酵产生的酒精原液和奶油以及多种香料均匀调和成乳液状,正是这看似奶茶般的液体和独特的口感让女性消费者感觉到自己更是在品味情调,而不是嗜酒成瘾的酒鬼。

在全球力娇酒品类中百利做到了与其所有对手保持了最大程度的不同。

全世界所有的力娇酒都并非专为女性而设计,即便是全球最大的力娇酒品牌墨西哥甘露咖啡酒,以及法国的蒂她荔枝酒和西班牙的马利宝椰酒也并没有将焦点清晰地聚焦于女性身上,它们当中很多品牌从未提出明确聚焦女性的概念,而是为了吸引不同性别的消费者,百利第一个明确将品类消费者聚焦在全球年轻女性群体上。

这一清晰的聚焦战略让百利在短短三十年的时间里已经成为全球最受欢迎的女性甜酒品牌,在全球每一分钟会售出 2365 杯百利甜酒,每年售出845万箱，这是一个令人心动的数字。

当全世界所有的甜酒品牌只拥有一个品牌名称时，百利为自己设计了独特的视觉锤，一个古爱尔兰体的双B镀金标志，让百利可以在百米之外清晰可见。尽管这个标志并没有很好地传递出源自爱尔兰的卓越品质的概念，但是依然可以让百利拥有一个与众不同的视觉部分和其独具女性气质的品位。

2005年从百利进入中国后，为了引导对酒更为保守的中国女性接受餐后甜酒的概念，百利首先选择了最为开放的城市上海作为原点市场，同时百利开始了闺密概念的推广，让更加独立、自主和有品位的中国年轻女性引领女性力娇酒的市场。

百利的聚焦战略已经成功地开创了女性甜酒的品类，而很多行业内的专家认为女性是一个相对较小的市场，如果明确将聚焦点放在女性身上，则会丧失更为庞大的男性消费群体。这明显没有领悟聚焦战略最精华的部分，一个高度聚焦的品牌本身必然包含了舍弃的成分，而一个没有舍弃的面面俱到的产品根本形不成强大的品类代表意义。

一个具有高度聚焦的品牌其战略上的放弃并不代表其战术层面的舍弃。

万宝路因为男子汉气概的牛仔战略成为最成功的品牌，而大量的万宝路的消费者却是女性，她们同样被万宝路聚焦于牛仔的概念而吸引，她们更想通过万宝路证明自己的独立气质。

全球喝红牛的消费者中并不都是困了累了的顾客，而是认为红牛会带给他们能量之外的某种潜能的消费者。

强生的婴儿沐浴露聚焦于婴儿的天然无刺激，而强生的产品中有大量的成人消费者，他们相信一款对于婴儿呵护备至的产品对于成人一定也是同样呵护，但是这绝不意味着强生需要调整自己的聚焦点到成人身上，那将会是一场灾难。

因为一个卓越的聚焦战略成功是一回事，而最终为这个战略付钱的人却不一定是聚焦战略中的消费者。当体贴呵护的丈夫为爱妻精心准备了一份百利甜酒的时候，也是全家分享甜美之时。

十六、CURVES：聚焦女性的经典之作

在美国这样对于健康和运动高度重视的国度里，健身领域早已是一个饱和的行业，但是就在这样早已变为红海的领域里，总部位于美国德克萨斯州的健身品牌 Curves 却一路高歌猛进。

Curves 是如何做到的？

Curves 聚焦于拥有大量想保持身材却总是失败的女性群体为主要目标群体。当时美国市场充满了传统的健身俱乐部，它们不分男女，有全部健身项目可供选择，而且开在繁华市区中，吸引高端人群。

其实，大部分女性去健身房不是为了那些健身器械和见到男性的机会，有的非专业的健身女性甚至不希望在健身时遇到男性，以免被看到难看的赘肉，而她们更喜欢在家里锻炼，因为家里私密性好而且也较舒适，她们去健身房只是因为在家里锻炼经常会放松对自己的要求，半途而废，达不到锻炼的效果。

Curves 消除了那些对大多数女性毫无吸引力的传统健身俱乐部的服务，去掉了那些特殊的器械、食物、美容、游泳等服务，甚至连那些带锁的洗浴间、更衣间等也去掉了，取而代之的是用成本低廉的幕帘相隔的不同区域，因为都是女性，所以私密性的要求比分男女的俱乐部要求低。

Curves 将健身器械换成了无需调整、安全、易用的液压器械，这些器械专门为女性设计，因为大部分女性对于健身器械的调节、使用等都不在行，且她们讨厌去调节那些笨重的东西。

在 Curves 里女性可以一边健身一边交谈，健身房四周没有镜子，不会让那些肥胖的女性看到镜子里的自己而丧失自信，觉得减肥无效。她们看

不到镜子里的自己，反而会专注于健身出汗的感觉，并对于健身和减肥充满了希望和锻炼时的愉悦感。且周围没有盯着她们看的男性，她们也不必为在异性面前自己的身材形象不好而尴尬和担心。

在 Curves 里，女性朋友们通常只需一个小时左右就可以完成健身计划，大大节约了顾客的时间，给她们的工作和家务带来了最低程度的影响。

减少了那些不必要的设备和服务，专注于一部分顾客的共同需求，Curves 的价格比传统的健身俱乐部下降了 2/3 多，传统俱乐部一个月的费用是 100 美元，而 Curves 的费用每月只有 30 美元。

大部分传统的健身俱乐部都开在繁华地带，地价很高，而 Curves 在市郊买了大块的空地，在健身俱乐部前面为顾客提供了大块的免费停车场，这样顾客来 Curves 时既避免了去繁华地带健身时堵车的困扰，又减少了在繁华地段寻找稀缺的车位。

对于美国基本家家都有车的情况来讲，Curves 开在市郊并没有影响顾客前来的便捷程度。与传统俱乐部开办需要 50 到 100 万美元的成本相比，开办一家 Curves 只需要 2.5 到 3 万美元。且 Curves 的人员与维护的费用也大大较传统俱乐部低。平均只要有 100 名会员，几个月内 Curves 就可以收回投入的成本并盈利，几个月内就可以盈利 10 至 15 万美元。Curves 的口号是以每天一杯咖啡的价格享受正确锻炼带来的健康。这样，Curves 的风格是质量适中，不太低也不过于奢侈。

Curves 的出现引领了一种全新的健身热潮，从 1995 年开始实行连锁经营以来，Curves 就像野火一样迅速蔓延，营业网点超过 6000 个，拥有会员 200 多万，总收入超过了 10 亿美元。平均每 4 个小时就有一间 Curves 健身中心开张。

作为一个整体的聚焦战略，企业通常不会仅仅聚焦于一种概念而不需要对战术层面做出调整，一个优秀的聚焦战略本身就意味着从真实的战术层面精简和梳理，以便能够最大程度地支持自己有效的战略发挥，并让聚焦战略成为一个完整的与众不同的方向。

从品牌的角度看，聚焦一种人群会无限增加一个品牌的魅力。让

Curves 成为女性群体的专业之选永远强过只是万千健身品牌中在挣扎度日的一员。

在一个群体中成为第一远远胜过在每个群体都虚弱地存在。当你的品牌可以专注于一个群体时，这个群体通常会选择看着品牌的脸色行事。当你的品牌在每个群体中都若有若无地存在时，你永远要看别人的脸色，也就是大部分品牌绞尽脑汁在策划的“满足消费者所有需求”的东西。

从财务的角度看，企业总会希望两种不同性别的顾客加起来的利润一定会大于单一性别的顾客。从品牌的角度看，尝试取悦两种性别的顾客只会让品牌在任何一个领域都看起来像滑头的墙头草，随时会选择放弃对他们不重要的一方。

聚焦人群很像是政治选举中的承诺，当你向一个人群抛出自己的纲领时，你已经将另外一个人群置于对立面上。

很多时候不但品牌可以吸引特定气质的消费者，品类同样可以具有这样的人群划分功能。当某一种品类向一部分特定人群敞开大门的时候，就意味着另外一群的消费者同时被拒之门外。

选择一个群体，成为他们的领路人，品牌需要不断地挥舞手中的焦点，随时呵护和保护对于这个群体的诉求，始终不离不弃。

十七、聚焦市场的两端

几乎在任何一个品类当中，都可以将产品聚焦在市场的两个极端打造优秀品牌。这个世界上总会有人喜欢品位，也会有人喜欢真正的便宜，这为很多企业在市场上打造高端和低端品牌提供了无数的机会。

在成熟的欧美市场中，在很多品类大树上几乎在顶部和底部都会站着一个相应的品牌。

在咖啡品类中，高处有星巴克，低处有绿山咖啡；

在冰激凌品类中，高处有哈根达斯，低处有 DQ；

在手表品类中，高处有劳力士，低处有斯沃琪；

在汽车品类中，高处有奔驰、捷豹，低处有丰田和现代。

商业的世界里似乎总有一只无形的手推动事物走向两个极端，走向任何一个极端都可以创造惊人的财富。

全球的航空业都被认为是最难赚钱的地方，尤其是在中国这样一个航空领域还没有充分开放的环境里，选择在这个领域里创业无疑是最不被看好的，然而来自美国和中国的四家公司不但在这个领域成功开创新的品类，并且保持了骄人的盈利能力。

春秋航空

2008 年，中国的航空企业遭遇了被媒体誉为“最难过的一年”，国内几大航空公司纷纷曝出巨额亏损。

首先是东方航空亏损 140 亿，其次是南方航空亏损 48 亿，接下来是国航亏损 91 亿，亏损最小是上海航空的 12 亿。

四大航空公司总共亏损了将近 300 亿元，而这并不是四大航空公司唯一的亏损纪录，在此之前上航就已经因为连续两年的亏损其股票已经被 ST（特别提醒股民，谨慎对待连续亏损的企业）。

“受金融危机影响，需求下降，客货运市场惨淡。”中投顾问交通行业分析师对《中国产经新闻》记者表示，这是 2008 年国内航空业亏损惨重的一个原因。

“营运成本偏高，目前包括飞机进口关税、降落费、燃油费等，都要受政府控制。由于政府控制油价，中国航空公司的油价成本通常都比海外对手高，尤其是在国际油价处于低位的情况下。”

这些字眼已经不是第一次出现在这些亏损的航空公司身上了，对于所有战略混乱、做事复杂且根本没有聚焦的企业来说，这些理由听起来再顺理成章不过。

而就在这种成本和油价理论以及各大航空公司的“套保门”的背景之下，国内两家民营航空公司却传出了盈利的消息，他们是同样位于上海的春秋航空和吉祥航空。

2008 年春秋航空和吉祥航空分别盈利 2017 万和 1150 万元。尽管盈利不是多么惊人，但是考虑到行业背景和民营航空公司在航线选择等多方面因素，这个成绩单已经实属不易。

这个成绩绝不是偶然，春秋航空和吉祥航空从 2004 年成立之初到今天已经连续 8 年保持了高速的增长。

仅在 2006 年，春秋航空首飞后的第二年，凭借租赁来的 3 架空客 320，便实现了 5.4 亿的营业收入和 3000 万的利润，单机利润率水平将三大航空公司远远甩在了背后。

春秋航空是美国西南航空公司低价战略的完美再现，尽管在局部的战术中进行了更适合中国国情的微调，但是春秋航空依然保留了西南航空的战略精华——聚焦无修饰航空，俗称低价航空。

春秋航空的优秀老师

创建于1971年的美国西南航空公司(Southwest Airlines),总部位于德克萨斯州达拉斯。它是世界第3大航空公司,是全球无修饰折扣航空的鼻祖,从成立至今的30多年里,西南航空一直保持了高速的增长,其一家公司的利润率是美国三大航空加起来的3倍之多。

20世纪60年代末,美国的消费者随着生活水准的提高对航空出行有了更大的需求,而当时所有的大航空公司都热衷于跨大洋间的长途飞行,对国内的短途特别是小城市间的飞行业务根本不屑一顾。

1967年,西南航空成立,刚开始时只飞行达拉斯、休斯顿和圣安东尼奥三个城市。他提供的航班不仅票价低廉,而且班次频率高,乘客几乎可以在任何一个小时都可以搭上一架西南航空的班机。

西南航空从诞生之日起,就保持了高度的聚焦:短途,低价。并切坚决拒绝了高利润的欧洲航线的诱惑。

对于西南航空的成功,全部的精华总结起来其实就是四个字:聚焦&简单。

只有一种飞机,波音737(在春秋航空是空客320),这样飞行员和养护工作可以保持最大程度的简单。

没有指定座位,不能提前登机。只有可以重复使用的塑料登机牌。

没有反胃的食物。因为是短途飞行,西南航空的飞机更不需要在机场花时间等待装卸食品。

没有中转,避开繁忙的机场,飞机只在两点一线之间的城市飞行,他们的全部努力就是上飞机容易下飞机也容易。

当然,所有的聚焦都包含了放弃,西南航空舍弃了大部分航班上的装备,这不免会让一个多小时的旅途有些无聊。面对这个问题,西南航空公司为了使枯燥的旅行变得轻松和富有情趣,员工们制造各种惊奇、趣事逗旅客们开心,在登机的过程中,服务员会发现袜子上有窟窿的乘客,并给窟窿最大的乘客颁奖。

西南航空开创了美国第一个低折扣品牌,最重要的是从一开始创始人赫伯·凯勒尔就没有偏离过这个优秀的聚焦。

做事简单是西南航空在高度聚焦之外的另一个优秀的品质。

1971 年公司刚成立时,顾客们抱怨登机牌太过于简陋,看上去很像公交车票,很容易被扔掉,公司管理层建议安装一个耗资百万美元的电子出票系统,而西南航空最终的做法是,调整一下出票机,在每张票上都打印上一行醒目的字:这是一张机票。

在西南航空一切都是如此的简单。

西南航空公司的乘客已经习惯了平均飞行时间仅一个小时,平均单程费用仅 85 美元,没有什么享受的飞行。

在西南航空公司无需预订机票,旅客领取有号的等机通行票,以 30 人为一组集合登机,先到先坐,"西南航空公司会把你和你的行李一起送到你要去的地方"。

那么,为什么如此多的旅客对西南航空公司情有独钟呢?也许除了折扣航空外最重要的是,西南航空公司擅长最基本的东西,就是极尽简化后的战术配置能准时地送旅客到他们想去的地方。

1992 年,西南航空公司首次获得了美国交通部颁发的最准时服务、最佳行李托运和最佳顾客服务三项皇冠奖,并连续五年保持这个成绩。十多年来,西南航空公司一直是准时执行任务的行业楷模。

相比于大多数公司复杂而无用的战略制定,西南航空的简单做事看起来十分富有效果。

西南航空无修辞战略仅仅是创始人赫伯·凯勒尔与一位飞行员的朋友在餐巾纸上谈论到短途航行时的几个想法。

没有没完没了的问卷调查,没有参考任何所谓专家的意见,赫伯·凯勒尔非常清楚地知道自己要做的就是开创一个新的品类。

30 多年后,一位叫王正华的中国人在仔细研究了西南航空和全球低价航空公司后,从赫伯·凯勒尔的手中接过了其战略精华。

就在春秋航空即将开始中国的"西南航空"时,大量的专家搬出了众多数据来论证低价战略无法在中国生存。

他们认为西南航空从美国的二类机场做起，在那里他们可以得到很少甚至全免的机场起降费，而在中国这是不可能的。另外，通常在民营航空业80%是刚性成本，不可能改变。而其余20%的成本中，还有人力成本省不了，尤其是低成本航空的人力成本，都要比传统的航空公司高50%左右。“低成本”从何而来呢？

专家的论证只证明了成本确实会成为一个问题，但是专家都严重低估了一个聚焦精准的品牌其成本性结构优势的力量和品类的开创力量。

20世纪90年代，美国航空也因为经济衰退而出现了集体亏损，到1992年，四大航空公司的赤字总额已达80亿美元，美联、西北、大陆三大航空公司全部因严重亏损而破产，但是西南航空也是在一片不被看好的情况下一路突飞猛进，在1992年整个航空企业集体亏损倒闭的情况下实现了25%的收入增长。

时间最终证明王正华是一位卓越的营销将领，他从来没有被专家和所谓的数据冲毁营销的常识和优秀商业直觉，并且拒绝做一个程式化的傻子。

在春秋航空成功开创中国低价航线之初，曾经发生在西南航空身上的也发生在了春秋航空。

一个战略聚焦非常精准的航空品牌，春秋航空让所有的竞争对手惶恐不安，他们动用了打折和法律等一切手段来封杀这个襁褓中的婴儿，但是对手的每一次封杀行动反而为这个新品牌带来了大量的公关。

如果说春秋航空本身就是一架飞机的话，聚焦于结构性成本优势就是其优秀的发动机，开创并占据低价航班的认知就是其优秀的空气动力学设计。一个是战术，一个是战略，要想起飞，二者缺一不可。

对于春秋航空来讲，结构性成本优势本来就是其战略的精华所在，所有的老品牌都无法仅仅通过某一时刻的打折来封杀一个聚焦精准的新品牌，他们应该做的是在早期尽量推出自己的全新低价品牌，而不是对于新品牌的耿耿于怀。

今天的春秋航空已经开始考虑增添国际航线，这是一个非常危险的信号,春秋航空似乎还没有在它的老师哪里领悟到到聚焦战略中最精华部分的:聚焦恒久远,焦点永不变。

逻辑上的多个产品之和加起来大于一个产品的销量在现实中往往没有立足的空间,可惜的是当现实与逻辑发生碰撞的时候,被放弃的总是现实。

这也是中国三大航空公司经常会传出亏损的根本原因所在,它们无不是国内、国际一起飞,客运、货运同时运,长途、短途同时有,这其实也是最终导致美国三大航空公司破产的原因,成功各有不同,失败却有着惊人的相似。

在这个高度竞争的市场里,商业从来不是一个人的独唱,更不是真空,企业似乎需要用很长的时间才能明白品牌打造最精华的部分。春秋航空最值钱的,不是其飞机的新旧与否,不是办公楼的漂亮与否,更不是企业自己研发的票务系统——尽管在初期这确实在很大程度上帮助了春秋航空成功起步,而是春秋航空最终在所有消费者心智中所占据的那个字眼:中国最大的折扣航空公司。一旦拥有,任何外部的力量都无法剥夺。

春秋航空接下来要做的也很简单,保持聚焦,修剪任何会对这个聚焦战略造成伤害的部分,例如砍去让消费者抱怨的超过 2 个小时以上的长途航线,低价本身就意味着放弃一部分的舒适,但是不能让这种放弃变成一种折磨。

实际上,今天的中国航空开放程度远不如欧美,在航线审批、机场起降费用甚至是航空燃料领域依然还处于垄断的前提下,春秋航空依然可以成功起飞,并可以连续多年保持高速增长,聚焦的战略因素是其最大的保障,只是这种单一而显而易见的聚焦似乎根本无法满足众多专家眼中的成功逻辑,很多人选择从更复杂更宏观的角度去解读,如果西南航空和春秋航空的成功需要你用一个研究小组或者是论文的形式去解读,你可能已经走入歧途了。

吉祥航空

这个世界上能花几千万买一架私人飞机的人并不多,但是这个世界上愿意多花几百元钱购买一点小资情调的人却比比皆是。在很多情况下,顾客更加愿意在可以感知的前提下为品牌支付一定的高价。

吉祥航空是中国民营航空品牌中另一个成功起飞的品牌。与春秋航空完全不同的是,吉祥航空聚焦的不是折扣,而是高端的商务飞行。

这个世界上有人喜欢在淘宝挑选便宜,有人喜欢去更舒适的环境享受真正的购物,生活总是会将所有的事物一分为二,没有谁可以做到面面俱到,讨好所有的消费者。

吉祥航空是一家位于上海的企业,对于中国最现代化和商业活动最活跃的城市,聚焦于这个原点市场本身就是一个优秀的战术配置。

每一种优秀的聚焦必然包含了放弃,对于吉祥航空来说,这意味着它要完全走到春秋航空的对立面,它要谈论得更多的是价值而不是价格。

吉祥航空的座位空间不小于31英寸,比其他所有航空公司要大,每个座位都有可调节的头枕和腰垫,超大的储存空间给经常需要大包小包同时携带的商务人士更舒适的感觉,航班上提供精美的饭菜,没有普通航班上太多吵闹的婴儿,训练有素的乘务人员让旅途更加惬意。

这一切的要素让消费者有理由为吉祥航班支付一定的高费用。

相比于很多航空公司,吉祥航空还有一个优秀的品牌要素,就是品牌名称和视觉部分。

吉祥航空是中国为数不多的拥有独一无二的视觉标识的品牌,代表着吉祥红的凤凰图标可以让品牌在几百米之外就清晰可辨。优秀的视觉标识可以帮助我们不需要经过转化成所需要的文字信息就可以被大脑立刻记住,而吉祥这个独特的名称更可以让消费者将品牌与品类紧密的关联起来。

一个聚焦的品牌,首先要考虑的就是一个优秀且独一无二的品牌名称,一个卓越的品牌名称往往指明了企业成功的方向,而一个糟糕的品牌名称足可以毁掉一个品牌。

相比之下,奥凯这个航空品牌听起来更像是一个皮鞋品牌,当然奥凯航空缺的不只是一个优秀的品牌名称,他们更缺乏对于营销的理解和足够的耐心去等待一个概念的成功起飞。

春秋占据了低处，吉祥占据了高处，两个准确聚焦的企业，两个优秀的品牌名，两架战略简洁清晰的“飞机”，而奥凯已经折翼空中。

当你已经幸运地找到你的代名词，并被消费者开始接受，接下来要做的就是拼尽全部的力量将这个词准确无误不厌其烦地向你的目标顾客呼喊，直到这个词深深地扎根在他们的心中，这是所有营销高手真正应该去做的事情。

吉祥航空的老师——中西特快

中西特快（Midwest Express）是美国金伯利·克拉克公司首创的商务飞行品牌，飞机只设有商务舱，没有头等舱和经济舱。

中西特快主要的服务对象是年龄较大、较富裕的商业旅行者。中西特快航空公司35%的乘客每年的收入在10万美元以上，并且大多数的年龄在35至54岁之间。这些乘客想要更多的服务，而中西特快正是为他们而诞生。

乘坐中西特快的飞机是一种特殊的经历：“你滑进你的真皮座椅，而不必在座椅相接处为占椅子把手而同某个汗津津的陌生人扭斗，因为没有座椅相接处，每个人的座位之间有很大的活动空间。”

在早班机上，冰镇香槟是免费的。中餐和晚餐的时间你会喝到货真价实的地道的美酒，吃到盛在瓷器里的热餐。食品，不是脆饼干或袋装的熟食，而是有经过认证的、热情的机组服务人员送上来的龙虾或鲑鱼。

乘客可以在衬衫上戴上一个亚麻布餐巾，并且难以想象的是，喝水用的杯子都是精美的玻璃杯，而不是简陋的一次性纸杯，这不是旅行者的幻想，而是真实地存在于有着令人惊讶的文明程度的中西特快航空公司航班上的理想国度。

空中“最好的关怀”，中西特快航空公司与其格言一致，始终提供给乘客高质量、近乎一流的服务。所有的座椅都是真皮的，而且要比其竞争对手的宽很多，飞机上去掉了让人不舒服的中间座位。

机组人员热情和善但又不为过，用刚做好的、带有免费酒水和香槟的高档餐饮来招待旅客。每餐大约花费 10 美元是全行业平均水平的两倍（西南航空公司是 20 美分）。最近一次的航空舒适度调查中，中西特快航空公司的得分是 98 分，满分是 100。其他航空公司的平均分在 67 ~ 74 之间。中西部特快航空公司的营业规模很小，除非你住在密尔沃基、堪萨斯或奥马哈这些中西特快服务的主要城市，否则你可能从没有听说过它。

这个有档次的航空公司已经发展了一批忠实的客户，公司营业额逐年稳定增长，并且连续 14 年获利。中西特快航空公司创下接运 2 万人的纪录。再加上其他的荣誉，三个全国性旅行杂志称其为美国最佳航空公司，当然中西特快航空公司的乘客为其高分的服务付出了高的价钱。

但是这个已经成功起飞的航空品牌却在 2000 年成功地进入巡航轨道后开始偏离航线。

从 2000 年开始，为了吸引到更多的顾客选择中西特快的航班，公司开始频频使用机票打折促销。

2002 年 10 月，中西特快的航空餐饮标准开始大幅度下调，由最初的 9. 5 美元下调为 5. 5 美元，而优质的餐饮标准正是密尔沃基当地居民认为中西特快最吸引他们的地方。

虽然下调后的 5. 5 美元仍高于同行业平均价格 4. 5 美元，但对于以优质餐饮及设施优质而突出的中西特快，打了折扣的服务无疑是对于原有顾客群体的一个打击。

此后，中西特快试图以新鲜的饼干来取代高档航空餐对于乘客的吸引。

2004 年航空餐以及特色的皮椅已经在中西特快一半的业务中消失，顾客需在飞机上购买航空餐。同年 11 月，机票代理公司合作提出大幅度折扣。迫于自 2000 年以来的经济低迷与燃油费的上涨以及行业中的竞争压力，中西特快首次推出以无法满足航班座位空缺为前提的价格促销行为。

2009 年中西特快被共和航空公司收购。共和航空将同时收购的边疆航空（Frontier）和中西特快作出了 18 个月的合并计划，正是这次合并将中西特快彻底送入了破产的境地，因为在此之前边疆航空是一家折扣航空公司，一个没有意义的折扣品牌加上另一个失去焦点的商务飞行品牌只得到了一个更加没有意义的航空品牌。

2010年中西特快被正式并入共和航空，中西特快就此消失。

没有品牌可以代表全部的人群，没有企业可以打造全线的产品，没有一个名字可以吸引所有的粉丝，没有一种战略可以全线作战。

中西部特快航空公司总裁蒂姆·霍克塞默曾经自豪地说过："无论怎样，明年要使乘客登上飞机，并且说：哇！"

而蒂姆可能完全忽略了一个商业中最简单的常识：低价永远是高雅的杀手。

黄飞红

同那些难以企及的高档奢侈品品牌相比，生活中打造高价位品牌的机会到处都是，一瓶百分百无添加的果汁，一粒更饱满脆辣的花生，一种更方便携带的奶茶，一种不含添加剂的鸡精。随着中国经济的不断发展和生活品质的不断上升，无需什么惊天动地的创造发明，只要将聚焦对准一个品类便可以打造能产生巨额财富的品牌。

一个优秀的聚焦战略首先从差异化开始，这种差异化可以让很多公司即便是身处一个传统的领域，也可以走上成功之路。

在传统的零食品类，麻辣花生往往是一个十分不起眼的商品，而就是这样一个不起眼的产品却诞生了一个非常成功的品牌——黄飞红。

黄飞红是山东欣和味达美食品有限公司的品牌，这家公司的旗下同时拥有六月鲜等优秀的品牌。2007年，这家公司推出了自己的高端辣花生品牌——黄飞红。

一个高价位战略首先是从战术的差异化开始的，这种差异化的感知是制造付钱的真实理由，黄飞红是如何在自己的聚焦战略中创造自己的差异化的呢？

当市面上所有的麻辣花生都是普通廉价的真空包装时，黄飞红使用的是充满氮气的精美包装。

当市面上所有的麻辣花生的辣和油都在表皮时，黄飞红让辣味透入到花生里面。

当市面上所有的麻辣花生都是大小不等的花生颗粒时，黄飞红选用的全是净重量1克的饱满颗粒。

当市面上所有的麻辣花生都是非常廉价时，黄飞红用高价支持的自己的独一无二的价值体现，每公斤麻辣花生的单价是普通麻辣花生的4倍。

当市面上所有的麻辣花生都只有一个可有可无的品牌名称时，黄飞红独特的辣椒视觉让人在琳琅满目的货架上可以马上得以辨认。尽管黄飞红本身并不是什么美丽的名字，但却是如此的与众不同。一个优秀的名称更可以将品牌与品类关联起来。

从2007年起步开始，五年的时间营业额已经做到了将近5个多亿，牢牢占据了麻辣花生品类70%的份额。

一个新品类的开创者会赢得大量的公关，这更加得力于这个品牌有效的高价位的聚焦。媒体总会关注谁做事与众不同，从诞生到现在，这个品牌从来没有做过任何形式的广告，而这本身就意味着利润。

接下来黄飞红应该做什么呢？

和所有成功开创的品牌一样，保持聚焦，同时还要留有一定灵活的空间。

聚焦战略并不是永恒不变的，当所有的对手嗅到成功的味道而加入战斗的时候，商战形态就发生了一些微妙的变化。

黄飞红成功开创了高端麻辣花生的第一品牌，随后出现了大量的“黄粒红”及“十三姨”等品牌，这些品牌没有任何成功的希望，任何品牌只要跟风马上就沦为山寨，不管它的花生是更辣还是更麻。这些跟风的品牌要想成功，跟随无法实现，只能走到第一品牌完全的对立面上。

黄飞红接下来要做的就是继续保持高度的聚焦，任何对于包装和口味的修改都将会对品牌造成伤害。

五年的时间,黄飞红已经吸引了大量的公关,这些公关可以成功地帮助黄飞红起飞。

随着战争的升级,黄飞红需要在不久的未来用广告来捍卫和扩大自己第一的认知,那广告应该如何体现黄飞红的战略呢,答案就在所有消费者的口中,“粒粒辣脆饱满”或者是“中国最受欢迎的麻辣花生”都是不错的思考方向。聚焦战略中简洁最富有力量,特别是这种简洁与认知和战略保持了高度的一致。

绿　山

任何一个位于高处的品牌总会给众多的处于底处的品牌重组的想象空间,当苹果在智能手机的高处不胜寒时,三星和众多的对手从中间和低处发起了进攻,当味千拉面在高处一家独大的时候,马兰和兰州拉面在低处谋划布局。

20 世纪 90 年代,当星巴克开始主宰美国的咖啡零售业时,一个名叫绿山的品牌凭一杯小小的 K 杯,一种与星巴克完全不同的商业模式,开始在咖啡业的低处挑战星巴克的霸主地位。

成立于 1981 年美国佛蒙特州枫林市的咖啡公司——绿山咖啡(Green Mountain Coffee Roasters)最初只是一家普通的咖啡馆外加咖啡烘焙业务,公司创始人斯蒂勒上个世纪靠销售烟纸赚的钱买下了这家位于佛蒙特州枫林市的其貌不扬的咖啡馆,在最初的 3 年里,绿山咖啡一直处于亏损的境况。

一次偶然的机会,他无意间听到了店里喝咖啡的两个附近公司员工的谈话,员工抱怨说公司的速溶咖啡非常难喝,让员工出来喝咖啡,老板又不乐意,很是苦恼,每次都是偷偷溜出来喝。这启发了一直亏损的斯蒂勒,他开始思考如何让绿山咖啡与众不同。

最终斯蒂勒决定用一种与众不同的方式销售自己的咖啡,他决定将绿山咖啡的焦点从咖啡店转移到大型公司的办公室里去。他首选的渠道是北美最大的办公用品供应商史泰博，将绿山咖啡送入了史泰博北美的600多家办公用品超市，并且进入了超市的邮购目录，至此绿山咖啡成功迈出第一步。

1998年，斯蒂勒做出了一个更大胆的决定，关闭绿山公司所有零售咖啡店面，从而完全聚焦于公司渠道。深谙“渠道为王”道理的斯蒂勒聚焦在了埃克森美孚加油站和Stop & Shop便利店。

几经谈判，2001年，绿山咖啡开始进入埃克森美孚公司旗下的1600家便利店。

与星巴克只卖“品味”不同，绿山除了售卖咖啡之外，更多的利润来自于克里格的单杯咖啡机和跟它配套的咖啡杯K杯。在美国，办公室经常使用的是咖啡机，但传统的咖啡机一煮就是一大壶，这会使咖啡的香味散发掉很多，口感也比较粗糙。

而一次只能冲一杯咖啡的K杯，是一个保证咖啡香味最大化的专利设计，外表像纸杯，里面有一个小一点的纸杯状渗透装置，只能渗透液体，里面装的是咖啡粉，上面用铝箔盖封口，以保证咖啡的香味不会散发。

简而言之，K杯就是一大一小两个杯子，大杯套小杯。小杯子就是滤杯，装的是烘焙过的咖啡豆磨成的粉，水一冲，我们喝的就是外面这杯咖啡。K杯的顶部完全密封，可以保证咖啡香味留在整个杯子中。

把K杯放在咖啡机里，一分钟之后一杯香喷喷的咖啡就呈现在你面前了——无需磨咖啡豆、无需称量、不用清洗、杯底无残渣、每次正好冲一杯，永远不用担心咖啡和水的比例问题。

实际上克里格的咖啡机并不是什么发明创造，早期的雀巢也提供相似的产品，它授权电器生产商为它生产咖啡机，但所用的咖啡只能是雀巢生产的咖啡包。而绿山的商业模式则更进一步。其他咖啡生产商、茶或者热可可生产商也可以采用“K杯”包装销售，斯蒂勒把克里格一直沿用的权益金模式进一步发扬光大，允许其他咖啡、茶或热可可生产商采用K杯包装，在克里格咖啡机上使用，绿山向他们收取每杯6美分的权益金。

2006年6月，绿山咖啡以1.043亿美元收购克里格公司的全部股份，

获得其咖啡机及 K 杯业务，至此，绿山咖啡终于建立起完全与众不同的商业模式：绿山咖啡和克里格咖啡机

在经济形势不是很乐观的时候，越来越多美国人放弃了星巴克 5 美元一杯的咖啡，而选择 0.5 美元一杯的 K 杯。

2010 年的前三个季度，绿山就售出了 6.83 亿个 K 杯，按每个 K 杯 0.064 美元的授权使用费来算，仅授权收入就有 4372 万美元。K 杯缔造了一个不小的商业奇迹。2008 年，绿山卖了 98 万台咖啡机，而 K 杯就卖了 10 亿个，占当年绿山销售收入的四分之三。

当星巴克将绿色女妖的标志开遍全球的时候，绿山则聚焦于加油站或者普通的办公室；

当星巴克平均 6 美元的咖啡占据了高处时，绿山聚焦于平均 1 美元的低处；

当星巴克的柜台前面总是需要排队等候的时候，绿山的 K 杯可以让你即刻品尝到一杯口味同样不错的咖啡。

从 2006 年到 2010 年，绿山咖啡股价的上升速度远超星巴克。今天，北美的家庭和办公室，每天都会消耗掉 300 多万个 K 杯，绿山的单杯咖啡类产品包括咖啡机的销售额将接近 40 亿美元。

绿山公司的 K 杯、包装线和咖啡机的创新技术，在美国申请了 32 项专利，在全球有 69 项。客户也非常认同，超过九成被访消费者表示会强烈推荐克里格咖啡机给朋友，而超过 25% 的人曾将此咖啡机作为礼物赠送。2010 年 8 月，在美国《财富》周刊评选出的全球发展最快公司中，绿山咖啡已然站在全球第二的位置上。

一个优秀的聚焦首先是一种与众不同的思维方式，这种思维方式很多时候与技术并无关系，有时候只需要一个小小营销角度的调整。中国的香飘飘、老干妈和呷哺火锅都是这种思维的受益者，它们的手中并没有什么创新和高科技的发明，它们所做的只是在合适的时间将普通的产品用一种与众不同的形态呈现出来。

无论高价和低价都需要一个理由

消费者愿意为可以感知的品牌要素付出更高的价格，这在今天已经成为企业定价战略中的基本常识，这些要素可以是与众不同的战略方向，可以是一种新的品类，也可以是传统家电企业的家电品牌，但是所有这些要素都是建立在品牌高度聚焦的基础之上，没有这个基础，企业只能不停地谈论价格。

在价格要素里，不管是品牌站在高处还是低处，有一个永远需要清晰表达出来的要素，那就是付钱的理由。这个理由可能是全新一代的代表，也可能是完全不同的渠道，更可能是第一个聚焦咖啡的品牌。

奔驰汽车拥有近130年的历史，是它定义了汽车特别是豪华汽车的概念，它轮胎上的一颗螺丝钉的寿命都会比别的汽车品牌更长，你愿意为这样一辆汽车付一笔不菲的价格吗？当然，但是今天的奔驰已经完全丧失了焦点，相继在中国推出了越来越像日本汽车的小型奔驰，难怪它会把豪华汽车的地位输给了像捷豹这样的品牌。

捷豹是什么？

捷豹曾经一度是英国皇室的专宠，它代表了英国皇室的气质，更是几代英国皇室成员的专属座驾，光是看看多少英国皇室成员选择它作为出行工具就足可以让你怦然心动并为此付出一大笔的金钱。

新东方是什么？

新东方是中国北美留学和考试领域的开创者，这个品牌在过去的20年中已经帮助几百万的留学生走进了全球顶级的学府，“几百万留学生共同的选择”会让任何人心甘情愿为此掏一笔昂贵的学习费用。

大多数人的选择、历史以及经典等，这些要素都可以成为消费者愿意付钱的理由，这些理由在很多策划人员的眼中并没有什么创意，但是正是这些看似简单的理由构成了消费者在可以感知的范围内付钱的借口。企业的管理层应该鼓励自己的营销人员尽可能地将这些付钱的理由融入到整个的营销方向里，而不仅仅是体现在某一个点。

在高价位战略中，企业需要注意的是高价并不代表高出了正常的认知基础，例如作为智能手机的开创者，消费者完全愿意为一台 Iphone 多掏点钱，但是我们明显可以看到同样作为平板电脑的开创者，苹果的定价却明显低于市场上大部分的个人电脑价格，这同样是跟消费者的基本认知有关。

平板电脑是减法成功的典型代表。很多人误以为简单地将电脑中的某个部件去掉就可以开创新品类了，实际上 Ipad 的减法只是其成功的第一步，更为关键的是苹果将 Pad 的品项聚焦在媒体娱乐，而不是通常的办公电脑，当然我们可以用 Pad 来办公，但是大部分人都不会那么做，因为太不方便。

其次，Pad 的定价完全符合消费认知。当一种去掉键盘的平板电脑跟普通个人电脑比时，消费者会本能地认为其价格也应该就是个人电脑的一半，过高的定价会严重影响这种新品类产品走向大众。上网本和超级本这些今天已经从购物清单里消失的品类最大的一个问题就是，这些品类本质上没有降低任何部件和功能，却有着跟旧的品类相同的价格，这严重地影响了品类的扩大。

同样道理，当一辆小型汽车的尺寸只有一般汽车的一半的时候，消费者通常也认为其价格也应该是一半，这也是为什么像 Smart 和 Mini Cooper 这样的品牌很难在全球取得成功，它们的市场份额都可以忽略不计，因为它们都是看起来只有普通的汽车的一半，而价格却与普通汽车一样，在中国这个特殊的市场里，价格甚至远远超过了普通汽车。

高价很多时候确实可以代表更高的盈利，看看苹果一家的利润就超过其他几个位于低处品牌的总和就知道这种高处的价值。但是不要误会，低处很多时候也可以产生很多利润，很多人总是以为低端的产品仅仅是产品，无法产生品牌和利润，这又是今天中国市场上的一种误区。不可能所有的品牌都爬到高处去，更不要说很多品类的高处已经有众多的国外品牌在主导。

作为一个低价品牌,首先要解决的问题就是低价带来的“便宜没好货”的认知。

大众汽车的甲壳虫在50年代刚刚进入美国的时候其营销的表述就是:虽然很丑,但是也很可靠。消费者很快会明白这种售价只有1600美元的微型汽车价格之所以便宜是因为其省去了所有不必要的装备和配件,但是本身是非常可靠的,这完全避免了消费者“便宜没好货”的想法。

绿山咖啡这个品牌之所以可以在咖啡巨头星巴克的眼皮子底下成功,就是因为在没有改变任何口味的前提下,将咖啡变为克里格咖啡机可以量化生产的杯装,从而拥有了整个结构与成本性优势,这又一次避开了“便宜没好货”的认知。

很多人认为低价赚不了钱,这是一个营销中的盲区。

很多时候低价确实赚不到很多高价品牌的利润,但是,当低价可以拥有一种巨大的结构和成本性优势的时候,并且这种结构和成本性优势可以融入到整个战略和管理的方向时,低价同样可以赚很多很多钱,沃尔玛就是一个最典型的代表。

很多超市打折仅仅是某个特定时期的战术性促销,当促销停止销量通常又会回到原位,而对于沃尔玛这样的企业来说,天天低价已经是其整个战略的基础,沃尔玛庞大的采购和精细的仓储系统让这家企业在面对供应商时拥有强大的议价权,并最终将这种议价能力变为整个战略的基础。

当然,不可否认的是,在电商和各个区域超市品牌的大举反击下,全球布局的沃尔玛已经开始盈利严重下降,此时此刻的沃尔玛重点要思考的就是不断缩小焦点,不管是版图焦点还是产品线焦点,即便是这个零售巨人也无法承受一场全线出击的战争。

很多时候低价的理由在消费者走进店里或者看到产品的时候就可以辨认得出,企业不需过多地去担心。小鸟钻石之所以可以成为过去几年最成功的互联网钻石品牌,并不是因为其降低了钻石或者黄金的质量,而是互联网本身就可以拉低相关成本的认知。在一些特殊的品类中,企业需要把低价的理由通过某种可以接受的形式毫无疑义地告诉自己的消费者。

十八、分化：开创新品类财富的秘密

企业家面对的最大的挑战就是在能够确定的现在与不确定的未来之间作出正确的判断。

——彼得·德鲁克

在商业的海洋中，每一次潮起潮落之间都会看到无数的品牌升起和退去，当我们漫步在海边放眼望去，无垠的沙滩上屹立着成千上万的品牌“残骸”，它们也曾经生如夏花之灿烂。今天无比辉煌的品牌中的一部分也可能在日后以各种不为人知的方式“死去”，也正是这些品牌生生不息的力量为商业世界的进步提供了源源不断的推动力量。

一个品牌从孕育到老去，“分化”的力量始终陪伴其左右，在每一次商业分化的节点上，我们都会看到一个卓越品牌的新生和一个衰老品牌的逝去，这是商业界新陈代谢的必然规律。

查尔斯·达尔文（Charles Darwin）在他的《物种起源》一书中曾形象地用“大树”的概念来形容世间万物的分化与进化的过程：“在每个生长期内，所有正在生长的枝条都竭力向各个方向伸展，去遮盖周围的纸条使之枯萎……每一种生物都在努力以几何级数增加其个体的数目；每一生物在生命的某一时期，在某一年中的某个季节，在每一代或间隔一定时期，都不得不为生存而斗争，而且都会遭到重大毁灭。”

中国道家文化中将这种万物的融合与分化称为：一生二，二生三，三生万物。

在生物的世界中，世界上出现得最早的物种是生活在原始海洋里的单细胞结构的生物体，经过漫长岁月的进化后，这些单细胞生物的营养方式发生复杂变化，一部分进化为含有叶绿素的原始绿藻，另一部分则进化为古代原生动物，生命继续沿着不同的方向向前继续分化。

2500多年前，孔子开始了中国最早的学院，教授礼、乐、射、御、书、数。这是中国最早期的大学形态，也是大学中最早期的学科分类。

在柏拉图的时代，古希腊的哲学家们也提出了七艺的概念，七艺的基本出发点是对人从身体到心灵的塑造，包括了语法、辩证法、修辞学、乐音、天文、算术、几何，这是科学体系首次出现了专业化的形态。

文艺复兴时期，科学体系向着更加专业的几十个方向分化，例如古典力学继续向材料力学、等离子力学、固体力学和生物力学等方向分化。

今天，现代科学已经分化出2000多个不同的专业学科。

一个多世纪前，当福特的第一辆T型车从流水线上驶出的时候，老福特一定无法想象，在他的T型车的大树上已经生长出了多少茂盛的枝叶。一个世纪的时间里，汽车的大树上已经生长出了轿车、卡车、跑车等枝干，这些枝干继续向前分化，今天我们又有了超级跑车、SUV、经济轿车、旅行轿车、重卡、轻卡和皮卡等。每一个分支都代表了一个优秀的品类，每一个品类都代表了一个优秀品牌。

看清楚品牌的物种分化对于打造中国品牌有着至关重要的作用。一个物种必然要经过分裂而变种从而形成新的物种，新的物种以同样的方式向前分化，不断生出的新枝最终成长为一棵参天大树。

可惜的是，今天的中国品牌成为参天大树的太少，长成虚弱枝叶的太多。在中国汽车品牌不断进化的今天，只有长城的SUV这棵分化出的新枝正在成长为一棵参天巨树，其他的几乎都是弱不禁风。所有的汽车品牌几乎都等不及在大树真正成长之前就开始了疯狂的内部多元化。

品类的分化力量几乎主导了整个的商业世界，看看在过去的几十年中，任何一个企业和品牌的兴衰背后都可以看到品类分化的身影。

在我们最熟悉的酒店领域中，从最早期的中国式的招待所和星级酒店中分化出了今天的经济型酒店、精品折扣酒店、胶囊酒店等。

在教育培训领域,单是从英语这一棵大树上就已经分化出了无数的分支。代表了北美留学考试的托福,英联邦留学的雅思,代表了美国高考的SAT,沿着这个方向又继续分化出了代表了留学规划和申请的专业方向。

在感冒药这棵大树上,品牌也已经分化出了不同的新枝。

今天我们有日夜型、长效型、儿童型和普通感冒药,每个分化出的新枝都有代表品牌。

日夜型感冒药——白加黑;

长效感冒药——康泰克;

儿童感冒药——护彤;

普通感冒药——感康。

几十年前从我们家庭里的水龙头流出的自来水都是可以直接饮用的,这似乎意味着我们根本不需要再自己花钱去购买一种被称为 H_2O 的东西。今天,从水龙头流出的水已经流向不同的地方,分化出了不同的枝叶:纯净水,矿泉水,苏打水,高山矿泉,蒸馏水。

纯净水品类中,乐百氏曾经是这棵大树的代表,今天则是娃哈哈。

矿泉水的品类中,农夫山泉已经成长为一棵大树,这个品牌"自己不生产水,而只是大自然的搬运工"。

曾经在中国任何一个大型饭店里,我们几乎可以吃到所有我们想吃到的东西。今天,大型综合饭店已经向着不同的方向分化。

在面食品类中,味千将高价位拉面单独分化并成功开创,低处还有马兰和其他中小品牌;

在港式餐厅品类中,港丽将港式餐厅成功分化;

在甜品品类中,满记将甜食成功分化。

曾经在一个饭店里经营的各地美食都在向专业的品牌分化,这只是一个开始。将大型酒店的菜单上任何一个优秀的单品单独分化出来都可以打造成功的品牌。

分化的力量是如此简单却如此之大,但被所有的创业者忽略。在素有美食天堂的成都和重庆,几乎任何一个餐厅菜单上热卖的单品都有机会打造成功的品牌，想一想绝味和周黑鸭这两个品牌，仅是在鸭脖这样一个毫不起眼的品类中就创造出了如此巨大的财富。

在食用油品类这棵大树上已经分化出了花生油、调和油、葵花油、豆油等分枝。鲁花、金龙鱼就是这些品类的优秀代表。不仅如此，新的分枝还在向前继续分化。

我们在为品牌提供咨询的过程中曾经遇到过山东的一家企业，他们生产的是棉籽油，这个从食用油家庭里分化出的新品类听起来没有任何让人激动的地方，但是这个新的品类有一个非常优秀的品项：高温持续烹炸不产生反式脂肪酸。

什么是反式脂肪酸？这是一种非常容易在高温烹炸下产生的一种致癌物质，虽然目前没有明确的证据证明反式脂肪酸和癌症之间有着100%的关联，但是各国的政府和健康组织已经将反式脂肪酸列入严格管理的范围。

同样的事情也发生在互联网，自媒体的大家庭里不断分化，从博客分化出了微博，微博继续向前分化出了照片发布和单独的状态发布。从在线聊天这个领域里又分化出了移动聊天等。今天，几乎每个分化出的品类中都诞生了完整而独立的品牌。

曾几何时，中国每个城市里都几座大型的百货公司，它们几乎统治了整个城市里的消费者。今天，这些大型的百货公司都已经不见了，它们都被各个领域中分化出的品牌逐一分解。

女鞋品类中成功分化出了百丽、TaTa等品牌；

男鞋品类中成功分化出了奥康、骆驼等品牌；

运动鞋品类成功分化出了安踏、李宁等品牌；

办公用品成功分化出了史泰博和得力这样的品牌；

电器成功分化出了苏宁和国美。

今天，还有太多的品类等待出现成功分化的品牌，还有太多的品类没有代表品牌，即便是在百丽和奥康这些优秀的品牌中，大部分都是男鞋、女鞋，男装、女装全部都有，这是品牌分化过程中最大的一个误区。分化的前提是聚焦，是聚焦让分化变得有力量有意义，如果品类中的分化本身就包含了包罗万象的产品时，分化就退回到了品牌延伸和愚蠢的多元化。

面对分化出的新品类，企业应该如何打造一个成功的品牌？

品牌的创始人要真正理解分化的力量，并且利用这种力量成功地打造品牌，需要从几个方面理解分化的常识。

分化和品牌打造的其他要素一样需要有聚焦作为强大的基础。

上文中提到的棉籽油品类只是这家企业的众多项目中的一个，这是中国无数中小企业所面临的一个最大的问题，要么企业业务多到无法描述，要么企业面对分化无动于衷，直到真正懂得品牌打造的企业从一个狭窄的领域中成功开创，而原创企业黯然出局。

面对一个全新分化出的品类，企业必须要学习分化过程中重要的常识性元素。

全新品类需要全新名字

这个世界上有太多的企业和创业者认为产品的成功是产品的本身和产品背后的人，从企业本身来看这没有错，但是从打造品牌的角度看，这完全错误。

企业所有的营销行为终极目标是通过营销让产品成为大脑中所代表的品牌，而现实中真正的营销只发生在一个地方——消费者的大脑中，其他皆为假象。

一个成功的品牌必然包含了一个优秀的品牌名称，一个优秀的品牌名称也必将会指向一个成功的方向，这是所有只关注产品和服务的企业无法理解的。

在即食阿胶领域，东阿阿胶占据了第一的位置，其品牌名称即代表了经典，又是品类发源地的传承。

在线即时沟通的第一品牌是 QQ，这个品牌让心智立刻会有一种年轻的生命渴望被了解和聊天的冲动。

中国所有快递品牌中最有价值的品牌是顺丰，这个品牌在成千上万的快递品牌中最具有品类的代表力量。

看看在过去几十年中全球最有价值的品牌，无不是在分化到来之时启用了全新的品牌，没有任何一个品牌是企业通过已有的延伸名称而打造的。

苹果的Iphone——智能触屏手机；

微信——移动聊天；

高德——移动导航；

小米——智能手机；

特斯拉——纯电动汽车。

这些品牌名称都是具有高度的品类导向性。高德听起来就是一种充满科幻色彩的高科技装备，特斯拉听起来就是传说中一种身手矫捷的可以快速爬行的大怪物。

分化背后的推手

品牌的分化工作有市场自然进化的结果，但是大部分还是品牌创始人顺势而为的努力。

在达尔文的进化论中，自然界物种进化的过程中，所有的种群内部的优胜劣汰斗争会提高种群的质量，而种群本身没有明显的变化；但是在种群之外的外部竞争环境会让物种本身朝着不同的方向发展，这个过程里，物种的个性分歧越来越明显，越来越具有明显的差异化。例如在远古的某个时代，猫和狮子很可能来自同一个祖先，但是它们为了适应外部环境的变化而不断分化，今天他们之间的差异越来越明显。

在商业的世界中，品牌与品牌之间的竞争会让企业本身不断改良，但这并不会改变产品品类的本质，只有在产品之外的品类之间的不断碰撞才会分化出全新的品类，这种分化很多时候并不会自动发生，而是需要品牌创始人优秀的营销直觉。

在过去的几十年中,中国的酒产品可谓琳琅满目,市面上任何一家酒厂都会有拥有至少十几个产品线,产品与产品之间的竞争并没有产生成功的品牌,反而让众多优秀的白酒品牌虚弱不堪。而来自湖北的劲牌有限公司将最不起眼的保健酒成功地分化出来,并且在1993年给这个全新的品类起来个一个简洁的品牌名称"劲酒",在此之前的品牌名字没有任何一个可以代表这个全新的品类。

今天的劲酒成功吗?

毫无疑问。2012年劲酒的销售收入达到了56亿,占据了近一半的市场份额。再看看曾经优秀的保健酒品牌张裕三鞭,张裕把自己的名字分别用在了葡萄酒、保健酒、白兰地、冰酒等每个品类上,今天只有张裕的红酒品类还继续保持领先,其他的都非常虚弱,保健酒的份额已经萎缩到了可以忽略不计的地步,而张裕三鞭这个品牌还面临一个重要的问题,就是这既不是一个更好的品牌名称,也不是一个更好的品类名称。

当所有的留学培训品牌都在培训、托福、雅思、规划申请,游学,无所不做的时候,啄木鸟是第一个将北美规划申请完整地分化出来并且成功打造品牌的一个机构。

当所有的中国手机和家电生产企业都在用已有的品牌延伸进入智能手机品类时,小米是中国内陆唯一一家用全新的品牌将智能手机,确切地讲是低端智能手机完整分化的品牌。这就是为什么在面对苹果、三星以及HTC这些数一数二的品牌时,小米可以成功突围。

在品类分化战略中,当企业已经可以明确地感受到一个新品类或者一项全新技术即将诞生时,企业最应该做的就是启用一个全新的品牌或者是一个完全独立运行的组织来应对全新分化的品类产品。

今天在互联网的浪潮中,所有的中国银行品牌都推出了在线银行业务,那么未来中国的网上银行品牌属于谁?如果不出的意外的话,赢家不属于任何一个实体银行的网络版,而是全新的互联网银行品牌。

在美国,互联网银行的赢家是谁?不是任何一家现有实体银行的网络版,而是荷兰金融财团旗下的ING Direct网络银行。这是一家1997年成立于加拿大的全新互联网直销银行。这个全新的互联网品牌从诞生之日就完全与众不同,没有分行,没有自动取款机,没有最低余额限制,甚至没有支票。

正是因为 ING Direct 没有实体店,所以可以以 3 倍于美国银行的利率向储户支付储蓄利息。为了保持最大程度的简单,这家银行只提供一种存款账户、一种支票账户和两种房屋抵押贷款。

就是这样一家做事简单的网络银行在银行业发达的美国 2012 年全球资产排名已经进入前 20,储户每年都在以十几万的数量增加。

分化是创造完整独立的应用

面对品类的分化趋势,企业经常存在的另一个误区就是用简单的删减来代替品牌的分化,这一种误区经常存在于高科技领域中。

看看品牌的打造历史,分化不是简单的删减,你不能将电脑中的某些功能删减掉而得到一个更成功的电脑品牌或者是手机品牌。

分化打造品牌的前提是通过去掉某些功能从而创造一个完整而独立的应用,这与品牌本身的删减与升级有着本质的不同。

我们可以将电脑中的机箱和其他功能删减掉而得到一个纯粹的笔记本电脑。我们也可以将笔记本中的键盘和其他功能删减掉而得到一个完整的 Ipad,但是请注意这三个产品都不是任何一个的简单替换,而是提供了一个完整独立的应用。

台式电脑会让我们在办公环境里更稳定,笔记本会让移动办公更快捷,Ipad 更适合媒体的播放和阅读。

我们当然可以用笔记本来播放媒体和游戏,但是总是感觉很不专业很不舒服。我们也当然可以用 Ipad 来打字和处理文件,但是我们很少会有人那么做,因为太不方便。

台式机、笔记本和 Ipad 分别提供了不同的应用,满足了不同的场景,我们的家里都有笔记本,但同时我们的家里也会有一台 Ipad。

这也很好地解释了为什么索尼的外挂相机和三星的 Gear 为什么很难成功。它们并没有提供完整独立的应用，而仅仅是一个功能性的附属品。

SUV 是什么？

SUV 是完整的为非公路路况设计的一种车型，而不是任何一种小型车的大号版本。尽管这个世界上的 SUV 车主并没有多少机会行驶在非公路路况上，这并不重要，重要的是 SUV 分化并创造了一种全新的应用，这也是路虎这个豪华 SUV 品牌在过去几十年中大放光彩的重要原因，除此之外没有任何一个品牌的 SUV 品类的延伸会创造路虎一样的成绩。

能够理解品类分化的独立应用这一点，就能在一片愚蠢的“谁会取代谁”的预测中清晰地看到事物的本质。

手机会取代平板和电脑吗？

从媒体和那些梦想技术颠覆世界的创业者的眼中看，一定会；而从消费者的眼中看，这完全没有意义。在拥挤的地铁上，你当然会看到用手机上网和看视频的人，他们这样做只是为了方便，但是手机屏幕的尺寸和功能注定了只要回到家中人们依然会在视频时选择平板，在办公时选择电脑。

是分化而不是融合创造财富

在高科技创业领域中，大部分的创业者和企业也会走向另一个极端就是科技的融合。在过去的十几年间，太多的企业和个人在这个荒谬的方向上浪费了无数的钱。

1995 年，比尔·盖茨在其新书《未来之路》(The Road Ahead)中对于互联网的未来做出了种种预测，在他的预测中：“电子邮件将会取代大量面对面的会议，信息高速路将会让更多的朋友聚在一起交流，人们可以随时通过视频查看订购的鲜花是不是漂亮，互联网将把家中的一切联在一起，信息高速路将为更多的人提供隐私保护。”这是令人神往的预测。

今天，比尔·盖茨书中曾经预言的大部分的情景都没有实现。电子邮件非但没有代替会议，反而在今天已经成为人们工作效率低下的一个重要因素，人们每天不得不在成堆的垃圾邮件里挑选出不多的有效信息。

互联网确实可以让人们轻松地找到朋友，但是这远达不到所谓的聚合在一起交流。在中国，真实的情景是一个人的 QQ 和微博账户中有上百的朋友，但是大部分人只是静静地待在那里。电脑越来越像人，只是人也越来越像电脑。

今天的互联网购物确实在迅速发展，但是没有谁会通过视频去订购一束鲜花，消费者更想不出为何需要在打电话的时候需要看到对方，在上班的时候需要通过互联网遥控家中的冰箱、空调和彩电。

微软的首席执行官史蒂夫·鲍尔默也曾经预言过："不出 10 年，我们今天定义的媒体的任何形式，无论是印刷媒体、电视还是互联网，都将通过 IP 和数字信号传输，任何你阅读的内容也将会由屏幕来承载。"

正是基于对于未来的种种预测，微软在过去的十几年中投入了大量的人力物力希望能够完成互联网的融合大创意，但最终都以失败告终。不光是微软，几乎全世界所有关于科技融合的概念都以失败告终。

1997 年，微软以 4.25 亿美元的价格收购了美国 webTV 电视网（后改名 MSN TV），基于人们一定会通过电视来上网这样一个一厢情愿的想法，盖茨想借此将个人电脑、互联网和电视机融合成一个巨大的卧室娱乐系统。

互联网媒体和电视媒体有着本质的区别，一个是主动媒体，一个是被动媒体，在电视媒体中一切都是被设定好的，消费者没有更多的主动权，而在互联网媒体，猎人和猎物之间的关系发生了本质的变化，一切的主宰权在消费者手中。

一群技术的天才全然忽视了一个最基本常识性的问题，人们为了休闲而看电视，没有谁会在看电视的过程中将电视变为网络，这总是让人们感到不伦不类，过于复杂，更不要说需要跟电视进行一系列的复杂的互动。他们可能并没有意识到，对于一台电视机，80% 的复杂功能消费者是从来没有用过的。WebTV 经过多年发展，用户也不到 50 万，相对于有线电视用户亿万的数量来说,WebTV 的数量几乎可以忽略不计。2013 年 7 月 8 日,微软正式宣布关闭交互式电视服务 MSN TV。

早在 1977 年 12 月 1 日,Warner Amex cable(一个由华纳音乐及美国运通合资的公司)就推出了第一个互动电视系统 Qube,这是一套非常昂贵的系统,用户需要通过 200 美元的一个机顶盒以及专用遥控器实现和电视机的互动。1983 年,Qube 亏损达到了 8.75 亿美元,为了避免破产,华纳引进了美国运通的投资,甚至出售了 Qube 服务中最著名的 MTV 频道和 Nickelodeon 儿童频道给维亚康姆公司,但这些依然于事无补,1984 年 Qube 互动电视业务正式终止。

飞利浦在上个世纪就雄心勃勃地推出了“智能 TV 生态系统”,其决心将智能芯片融入家具设备、电器、服装,并成为这个智能网络的领导者。飞利浦的领导曾向外界描述了这样一个家庭互联场景:如果有人在客厅观看电影时想要去厨房做爆米花,电影画面会连续地跟随主人进入。

省省吧,人们只需要按下暂停键,然后去做爆米花就可以,有些概念愚蠢至极,只有开发者才会相信。

1999 年,微软 50 亿美元支付给美国 AT&T 电话公司,将微软电视软件装入 1100 万台 AT&T 机顶盒,从而试图将微软的融合梦想变成现实。

这是一项涉及硬件提供商、计算机服务器厂商、提供电视和网络服务的公司以及另外的插件提供公司如家庭视频摄像系统公司等复杂而庞大的工程,实际上就连微软自己都描述不清他们的融合蓝图到底是什么样子的。

讽刺的是,AT&T 提供的机顶盒没有一个安装过微软的电视软件,首先从技术上就是复杂无比的一个方案。更为讽刺的是,AT&T 作为一个电话服务商当时正在退出了本来就不是自己专长的有线电视业务。

作为一个伟大的品牌,微软在软件品类中无疑是非常成功的,但是作为软件之外的品牌延伸,微软可圈可点的地方寥寥无几。

如果说微软在互联网融合和创新方面的种种失败还只是时机和技术的问题的话,那微软在实体产品上的失败则完全是因为对于品牌打造和聚焦常识的违背。

早在苹果发布Ipad的数年前，微软就曾开发过一款配置铁笔的WindowsXP平板电脑，这是一款融合了手写和平板电脑的产品，售价高达1000美元。比尔·盖茨当时宣传，Tablet PC将在五年内渗透到各个角落，而实际上这款产品只存活了短短的一年时间。

你不能仅仅把电脑的键盘去掉就以为得到了另一个更优秀的电脑，苹果的平板电脑提供的是一个完整独立的媒体播放功能，而不是“更好电脑产品”的产物。

除了融合思维严重之外，这款产品还有一个致命的缺点，就是平板电脑看起来只有普通电脑的一半而价格却是几倍之高，在普通消费者眼中，如果一个电脑看起来只有普通电脑的一半，那么价格也就应该只有一半，在这一点上，消费者的心智简单而直接。

微软并没有就此停止自己的融合梦想，2012年微软隆重推出了一款Surface平板电脑，这又是一款带便携式键盘的平板电脑和手写电脑的融合产品，脚跨两个领域的Surface在两个领域中的表现都不伦不类，这既不是更好的电脑，也不是更好的平板。根据微软当年公布的季度财报，Surface RT平板电脑在当季损失了近9亿美元。

微软将融合思维也同样带入了智能手机品类。

早在苹果的Iphone之前，微软就曾试图通过模仿Windows在台式机和笔记本上的外观和感觉来为手机用户提供便捷体验，最终微软将Pocket PC进化为Windows Mobile，进而又诞生了后来的Windows Phone。Windows Phone短时间内取得了不错的业绩，但是，在苹果2007年发布Iphone智能手机后，微软在智能手机市场上品牌延伸份额从Windows Phone刚推出时的50%下滑到如今的个位数，微软在软件行业的强大认知让消费者很难接受一款名为Windows的电话，面面俱到的融合思维面对专业对手再次败下阵来。

当首席执行官对于公司的经营仅仅是基于一厢情愿的想象或者是融合愿景时，当这种想象最终变为信仰成为公司战略一部分，幻象破灭的时候,你质疑的一定不是你自己的信仰和商业战略,而是缺乏创新或者是执行乏力等这些听起来堂而皇之的理由。

微软为融合梦想付出的代价是巨大的,就在2012年微软公布的第四季度财报显示,期内营收180.6亿美元,净亏损4.92亿美元,微软四财季运营亏损1.92亿美元,每股亏损为0.06美元。

尽管微软首次出现亏损的原因很大程度上是因为微软计入非现金、无税可免除收入61.9亿美元作为商誉损失减记,以及5.4亿美元相关递延收入,但是在过去的10年当中,微软在品类战略方面屡屡犯错,品类描述不清、品类分化时机把握不准、品类产品跟风,造成了微软在除主营业务之外的所有的业务发展几乎都以失败和亏损告终,这也是微软首次出现亏损的重要原因。

缺乏焦点的融合概念只是诞生于技术人员的试验室和那些为了吸引眼球的杂志当中,他们抓住了人们的眼球,但却从来没有抓住消费者的心。

融合梦想从来没有停止过,相对于仅仅聚焦于一个产品和一项业务,更多的企业更愿意扮演无所不能的高科技圣斗士,毕竟谈论变革和扮演变革先锋的角色远比只卖一杯凉茶更可以让CEO们感觉良好,当年在微软身上所发生的一切今天也正在中国的企业间上演。

2013年7月阿里巴巴集团发布旗下最新产品"阿里·华数盒子",试图以互联网电视盒切入"家庭智能生活",力推"打开电视即可购物、支付"等功能合一的客厅应用场景。

所谓"盒子",也就是互联网电视盒,通过它可以将智能手机、平板电脑等多个终端连接起来,通过互联网,人们手持遥控器,或者仅仅只是一部智能手机,便能在线收看电视和视频节目、上网、玩游戏等,并将手机和平板电脑上的图片视频投射到大屏分享观看。

像阿里巴巴这些企业,互联网领域获得的成功让它们产生了幻觉,在现实的世界中,电视、视频、上网和游戏,平板和智能手机都在朝着不同的方向的继续分化。

不光是阿里巴巴,盛大、小米、乐视,以及国内外众多电视机厂商等,无不将目光投向盒子背后的家庭互联网市场。阿里巴巴的管理层对外宣称，阿里盒子将把电商引入智能TV行业，整合手机、电视、PC等多个智能生活终端。在推出盒子的同时，阿里巴巴宣布与思科等多家公司结成"智能TV生态联盟"，只是到今天我们也没有看到任何实质性的进展。

尽管在过去的十几年中已经有无数的融合的潘多拉之盒已经宣告失败，但这似乎并未影响后来者的兴趣。从联想、乐视、小米、PPBox到各路"山寨机"，都开始加入这场豪赌。

当一个企业把战略建立在未来虚无缥缈的一个概念时，失败也是在所难免的。

没有消费者会理解什么叫"智能TV生态联盟"，也更不会有人说"让我们去购买智能互联网电视或者智能TV生态联盟吧"。

融合本身就是一个漏洞百出的思维，特别是企业尝试将一个主动媒体（互联网）和一个被动媒体（电视）结合起来时，这好比是将老虎狮子结合在一起，无法进化出更好狮子或者更好的老虎。

尽管没有企业在智能电视和互动电视方面取得过任何的成功，这并不妨碍企业继续为这个融合的美好愿景继续投入。

时代华纳（Times Warner）前任首席执行官Terry Leven和美国在线（American Online）的前任首席执行官Steve Case也是两位狂热的融合创新粉丝，正是在他们两个的主导下，一个全世界最大的平面媒体服务商和一个全世界最大的互联网服务商合并到了一起，组成了"世界上第一家面向互联网世纪的完全一体化的媒体与传播公司"。

响亮而毫无意义的口号只迎来了媒体的热捧却最终没有迎来任何消费者。

2002年，美国在线业务已经萎缩成公司中最小的一部分资产。

2003年9月17日，美国在线时代华纳宣布将公司名称改回"时代华纳"，合并之前的时代华纳标志也被重新采用。

2009年5月28日，时代华纳宣布将美国在线分拆出去，至同年12月9日分拆计划完成后，美国在线再度成为一家独立的上市公司。

时代华纳和美国在线合并之初的市值达到了2800亿美元，而今天时代华纳的市值只有700多亿美元，贬值了70%，时代华纳公司为了这个融合的梦想付出了将近1000亿美元的昂贵学费。

分化打造品牌的经典代表

1. Drybar

与媒体很多时候热捧的融合不同，品类永远是在走向分化而不是整合，这就是商业社会源源不断向前进步的原动力，即便是我们身边的美容店和理发店也在遵循着这一简单的商业原则向前分化。曾经消费者去美容店为自己的身体做全面的保养，今天消费者去单独的美容机构祛痘，单独的瘦身机构瘦身，单独的烫发店烫发，单独的美甲机构美甲。

在香港，已经诞生了为职业男士而打造的职业快剪品牌，对于职业白领无需排队等候，无需繁琐的程序，职业的快剪技师为白领迅速打造出他们想要的职业发型，这在时间就是财富的香港来说是一个非常出色的聚焦战略。在我们为其提供咨询的过程里，我们建议他们围绕“15分钟型男”概念打造一个强有力的男士快剪品牌。

在美国，曾经人们理发烫发和吹风都在同一个地方进行，而今天，事情已经变得完全与众不同。

美国Drybar公司创始人阿莉·韦伯（Alli Webb）凭借一把小小的吹风机白手起家，她将公司的焦点仅仅聚焦于吹风。仅凭吹风机提供吹发服务，不提供剪发和染发服务就创建了一家销售额2000万美元的吹发造型连锁公司。

在阿莉41岁的时候，她用从哥哥那里借来的25万美元在加州布伦特伍德（Brentwood）开设了第一家Drybar门店。

对于这个只为吹发而诞生的品牌，他的哥哥，这位曾在雅虎担任负责品牌营销的光头副总裁始终在疑惑：“女性为什么不自己动手——或者为什么愿意付钱吹发呢？”

在他们做品牌调研分析时,他和阿莉预估,他们每天需要接待20到30个顾客才能使门店经营维持平衡。

但实际上对于这样一个全新的品类,在他们还没有开张之前,顾客便蜂拥而入。当他们发出信息,提醒加州布伦特伍德的女性Drybar即将开张后,他们的登记册上就已写满了数千条预约信息——按照迈克尔的估计,在短短八小时之内就接到了需要六周的时间才能全部做完的预约。

如今,Drybar在美国六个州的近30家分店每月要为五万多名女性顾客做吹发造型。顾客人均消费为40美元——该店只有吹发,没有剪发,也没有染发。那位曾经始终质疑吹发品牌的光头Drybar首席执行官迈克尔·兰道(Michael Landau)透露,该公司旗下每家门店的净利润率介于15%至35%之间。而一般美发店的净利润率通常在11%左右。

作为一个品类的开创者和高度聚焦的品牌,Drybar拥有一套可复制的操作流程,阿莉、她的丈夫卡梅伦(Cameron)、哥哥迈克尔尽一切可能对这套流程进行完善——细化到40分钟服务过程中的每一个步骤,店面的装饰和布局,甚至背景音乐的播放列表。“我知道什么能产生预期效果,什么不能产生预期效果,”阿莉说,“其实我们真正销售的是自尊。”

一个高度聚焦的品牌总会为消费提供某种形式的自尊,并将这种自尊转化为真正的文化认同和自豪感,而一个面面俱到的品牌根本谈不上认同,想象一下当你走进Drybar的门店,前台的接待人员的第一句话是:欢迎来到全世界能吹出最美发型的Drybar!

分化并聚焦于一个卓越的功能和诉求几乎可以在任何品类中制造优秀的品牌。

2. Gopro

从诞生到现在,照相机这棵大树中已经诞生了单反、微单等不同的枝叶,今天照相机的家族又生长出了一个全新的树干:极限运动摄像机。

2002年10月,一位名叫尼克·伍德曼的美国人在自己的互联网公司倒闭后在自家破旧的大众面包车里成立了自己的极限运动摄像机品牌Gopro。

Gopro 的灵感来自于伍德曼在冲浪时,绑在手臂上的摄像机总是会滑落,一款为极限运动单独打造的品牌就此诞生。

2002 年 Gopro 首款英雄 35 毫米相机一上市便引起了专业运动爱好者的宠爱,第一年的销售达到了 35 万美元。虽然成绩显著,但是这些钱还不够 Gopro 大规模的广告活动,这反而让伍德曼开始思考如何聚焦于一种独特的渠道,这个时候 YouTube 网站成为了他关注的焦点。专业极限运动员用 Gopro 拍摄的那些让人肾上腺素飙升的画面迅速引起了全世界专业爱好者的关注,Gopro 的销量迅速稳步增长。作为这个新品类的开创者,Gopro 的专业运动相机被带入了谢霆锋主持的《十二道锋味》,引发了中国年轻极限运动爱好者的追捧。

Gopro 的快速增长很快吸引来了全球巨头的加入,一时间三星和索尼这些巨头纷纷推出了自己的品牌。三星推出了三星 Miniket,并在第一年就在全球投入了 40 亿美元的广告费。索尼推出了自己的 HDR - AS15,同时也投放 1 亿美元的广告费,但是即便是这样大手笔的跟风投入,依然无法阻挡 Gopro 这个原创品牌本身的成功。面对强敌的挑战,Gopro 坚持聚焦于自己独特的渠道战略,这家企业坚持不懈地与全球顶级极限运动员签约,并将他们的极限运动录像不断上传给全球观众分享。

大量跟风的品牌更加凸显了 Gopro 的地位,2014 年这个品牌的全球收入达到了 7 亿多美元,并牢牢占据了极限运动相机市场 45% 的份额。

十九、聚焦对于中国普通创业者的重要意义

2014年9月19日,随着阿里巴巴董事局主席马云在纽交所敲响上市的钟声,马云瞬间以200亿美元的身价成为中国新的首富。

马云的成功不但让无数国人看到了一个财富偶像,更看到了一个精神偶像,一个没有任何背景的草根在中国特色的社会中成功逆袭的英雄。

今天的阿里巴巴是一个电子商务的巨人,而就在19年前这个今天电子商务的巨人却只是一个有着三个人、两万元启动资金的草台班子。

回顾全球的商业发展史,今天全球品牌100强里的所有品牌都跟阿里巴巴有着完全相似的成长历程,没有任何一个品牌天生就是大,今天所有的大巨人无不是诞生在一个小小的躯体中。

风光无限的通用电气曾经只是爱迪生的实验室,也正是从那个小小的房间里诞生了世界上最早的电灯泡,这只灯泡也照亮了通用电气日后成长之路。时至今日,材料科学领域仍然是通用电气盈利最大的品类贡献者。

长期称霸最有价值品牌榜榜首的可口可乐,当年只是亚特兰大一位名叫约翰·彭伯顿的药剂师发明的治疗头疼的药水,比其晚12年诞生的百事可乐当年也只是一款用来治疗胃痛的药水。

129年前,全球豪华汽车品牌奔驰只是两位年轻的工程师戴姆勒和卡尔·奔驰手中的普通三轮车,而当时他们给三个轮子的汽车的定义是“不用马拉的车”。

全球最大的英文搜索品牌谷歌,是拉里·佩奇和盖林两位斯坦福的青年才俊在朋友转租的车库里成立。

全球三大比萨饼品牌之一棒·约翰是创始人约翰·施耐德大学毕业

后用3000美元在自家后院的厨房里创建的。今天伴随着“更好的原料，更好的比萨”这一战略，棒·约翰已经在全球开出了4000多家分店。

全美最大的有线电视品牌ESPN是拉斯穆森父子用信用卡透支出来的5000美元成立，今天的ESPN可以在美国一亿多家庭和全球150多个国家收看。

这个名单还很长很长，如果你再将眼光看向中国，也会发现同样的故事每天都在这个古老的土地上上演。

万科、联想、娃哈哈，无不是在一间作坊里诞生成长为日后的巨人。

多年的品牌战略管理和咨询的经验让我们深刻感受到，不曾有任何一个成功的品牌，无论是互联网还是现实生活中的，是诞生在任何一家大公司里的。

所有聚焦于小的公司最后都变成了大，所有聚焦于大的公司最后都变成了小，这就是新时代背景下中国创业者所拥有的机遇。

九阳是创始人王旭宁因为喜欢豆浆而开创，豆浆机的品类开创者不是任何海尔和美的的延伸产品。

百度是留学美国的李彦宏在中国创立，而不是谷歌的中国本土化。

小米是雷军量身为互联网时代的民众打造，而不是任何联想和华为的衍生品。

环球雅思是创始人张永琪在准备去英国留学的时候创立，而不是任何一家大培训集团的衍生。

为什么全球所有的成功品牌都是草根和个体打造？

首先，小企业的战术（注意我们没有说战略）非常贴近前线的需要，这些战术往往都是如此清晰而且拥有一个完整可以适应竞争的视角，同时这些战术无不是专注于一个焦点。

从这些品牌的优秀战术部分，企业可以顺理成章地提炼出真正卓越的战略方向。有别于大企业由内而外一厢情愿的战略制定，小企业的战略则都是由外而内、由下至上。

等等，这可能完全不是商学院的教授交给我们制定战略的方法，这也完全不符合大部分企业高管的逻辑，战略怎么可能这么简单而没有味道？战略应该非常宏大，“成为世界500强”“收入2000亿”“赶超苹果”才是真正的战略愿景。

没有谁会反对这些美丽的字眼。战略就应该是动人的图片，这已经是现代中国企业根深蒂固的观念，要推翻他们就是冒天下之大不韪。

如果明天就是十一长假，我们通常是首先想到要去哪里，然后才会计划如何去到哪里，很少会有人反过来思考。

如果“去哪里”就是我们的假期战略，那么“如何去”就是完成这个战略的具体战术部分，这非常符合情理，企业管理层的思维有些时候跟生活完全一样，我们通常先梦想，然后开始规划如何实现梦想。

战略来指挥战术哪里会不对吗？

“心没有方向，到哪里都是流浪。”面对这样动人的心灵鸡汤谁又会提出反对的观点？

不对，这些完全不是我们这么多年营销战略咨询实践的真实感受。

吉利汽车梦想成为中国最大最成功的汽车品牌（战略）从而推出了全系列的车型（战术）去实现，直到今天，吉利依然在亏损的泥潭中苦苦挣扎，因为这个品牌造的车型越来越多而盈利却愈加艰难，仅有的盈利报告也来自于政府补贴。

假设吉利可以学会从实际出发，让战术来指引战略部分会怎样？

吉利会发现曾经自己推出过的一款微型熊猫汽车开始让越来越多的消费者谈论，这款汽车小巧却又敦厚，并且拥有同类车型里最多安全气囊，没等吉利自己定义，消费者已经将其定义为中国最安全的家用汽车，这一成绩远比吉利想造更多车型有意义得多。

“最安全的微型汽车”战略在今天油价高居不下的时候非常让人心动，“最安全的微型汽车”这一战略另一个激动人心的地方就是它避开了沃尔沃占据的豪华安全汽车概念，从而在低处开创全新品类。

从战术指导战略的角度出发，无论吉利曾经有过如何恢宏的规划，它都是第一个创造这个认知的企业，不管吉利造多少车型，我们坚信成为这个领域的真正领导者远比造出更多的车型有价值,只可惜这样的认知在吉利看来完全无法跟“全产品线”这样的字眼相媲美。

小的企业从外部的真实市场环境审视自己的内部战略制定,灵活而富有弹性,它们完全不必拘泥于像大企业一样的管理模式:拿着自己在办公室里想象出来的蓝图去拿到自己想要的结果,因为市场从来不是真空。

小企业的战略都是由下而上的提炼,由上而下的推广,由外而内的校对,由内而外的监督。

俞敏洪老师的梦想是通过出国留学(战略)改变自己的命运,而在这个过程里他发现了留学考试(战术)。他没有让个伟大战术机会溜走,而是用它来指导自己的战略。

这种战略视角的不同对企业和管理团队有着重要的意义。

由内而外的管理者通常一厢情愿,他们相信人定胜天这样的伪成功学,梦想可以改变环境。由外而内的管理者非常务实,他们知道要努力自我改造以便适应外部激烈的竞争环境。

由外而内的管理者嗅觉灵敏,他们往往关注的是新的战略机遇。由内而外的管理者只会在现有的市场里跟风。

由外而内的管理者把金钱投向有最大机会胜出的产品,而由内而外的管理者通常会试图挽救一个已经失败的产品。

由外而内的管理者在乎当下,更关心长远,而由内而外的管理者只在乎当下。

小企业的对于战略机遇的把握,特别是新的营销概念非常灵敏,大企业的管理层往往对于一个新的思想反应十分迟钝,为了满足高管们种种的安全感,他们往往需要没完没了的数据和调研,而此时小企业已经开始行走在成功的路上了,他们完全不需要那些复杂而无用的数据,他们需要的仅仅是卓越的商业直觉和一点行动的勇气。

当市场调研人员告诉红牛的联合创始人马特希茨,红牛的口味测试令人恶心和反感时,他的第一反应就是:好极了。

满足消费者的口味和需求是绝大多数大企业管理者心中的逻辑,而对于拥有优秀营销直觉的小企业管理人员则完全不是,他们关心的是:作为第一款功能饮料,我是不是拥有完全不同的口味来支持“功能”的概念。

当大量航空专家告诉春秋航空的王正华,“无修饰”航空在中国特色社会主义的国家里不可能成立时,他完全没有理会。

历史证明了他优秀的营销直觉:低价本身不会帮你打造品牌,但是当你能够将低价融入到一个品牌的血液里,当你的所有战术可以将低价整合成一个完全与众不同的成本优势时,春秋航空就可以翱翔在利润的天空里。

很多时候,一个优秀的营销概念在初期的时候都会看起来很垃圾,没有多少取胜的机会,有的时候更像是被人吃进嘴里又吐出来的残羹剩饭。

马云在最初创建淘宝的时候被很多人认为不正常,没有多少人理解成为“第一个电子购物平台”这一思想背后的力量,也没有人理解 eBay 这样的品牌所带来的榜样的力量,文化各有不同,但一个成功的营销思想是没有国界的。

这也从另一个侧面印证了营销中一个简单的现象:一个优秀的营销概念如果要等到被所有的人都认同已经太晚了,而小企业往往拥有巨大的先发优势。

小企业在打造成功品牌方面拥有的另一个巨大优势就是人才的使用。

多数情况下,由内而外制定战略的公司通常会把人放在绝对重要的地位上,“人对了事情就对了”就是这种做事方式的典型代表。遗憾的是,营销不是“人对了事情就对了”的问题,营销是“做对什么事情才能配备什么样的人”的问题。

只有当公司拥有了一个明显具有竞争性视角的具体战术,公司才会理顺清楚如何将这种差异化的视角融入到公司长期有效的战略方向中,此时,真正适合这个位置的人才会浮出水面。

然而大部分大公司都把这个因果倒转了。他们往往先想到做什么,再决定由谁来做,最后才由这个人来决定怎么做。当幻想中的战略无法实现时,背黑锅的往往是执行战略的人,而绝不是当初做出决定的人。

这就是为什么我们的品牌战略团队在为国际一线品牌服务多年后，将方向转向了千百万具有成长为真正成功中国品牌的小企业。

今天，在任何一个领域里，只要按照正确的品牌打造的规律和聚焦法则，我们都可以创造惊人的品牌财富，这是小企业相比于大企业又一个巨大的优势，在那些大型企业不屑一顾的领域里，都是小企业最好的舞台。

二十、聚焦战略对于公益事业的意义

很多人都会认为聚焦所代表的营销和战略工作只是企业的事情，跟平常百姓、政府以及公益事业等没有任何意义。

完全错误。聚焦战略不但对于企业有着重要的意义，对于生活中的很多方面都有着强大的话语权。

奥巴马正是在其战略团队的谋划下，用优秀的聚焦战略围绕“我们可以相信的变革”建立了一个优秀的个人品牌，并最终帮助他成为美国历史上第一位黑人总统。

李连杰的“壹基金”是中国最知名的慈善组织之一，这个品牌与其他的基金不同在哪里？

不像其他只需要民众捐款的组织，壹基金围绕“小也可以有力量”打造自己的慈善概念，这个品牌专注于大额捐款之外的每一份微小的力量，同时这个品牌还拥有可爱的用1元钱的概念构思的笑脸，这让壹基金的可视度大大加强。当然这个品牌还差一句语言上的描述：捐出能回报以微笑的一元钱。一个强大的品牌通常会聚焦于一个有力的语言和有力的视觉。

今天中国的很多政府和慈善组织都已经开始有了品牌打造的意识，但是可惜的是绝大多数城市和慈善组织的营销无不是一年一个主题，这严重浪费了很多资源，没有任何一个城市品牌和慈善品牌是可以在不停地变换中打造出来的。

用营销来打赢对青少年吸烟的战争

“吸烟有害身体健康”像一句日常的问候一样被要求印在每盒香烟的外包装上，每个青少年都知道这句可有可无的废话所代表的意义，但是中国每年依然有超过1500万的青少年在吸烟，另外还有4000多万在一旁观看并跃跃欲试的同伴。

每个对香烟成瘾的成年人绝大多数都是在20岁之前就开始了吞云吐雾的经历，现代医学证明超过20岁之后对香烟成瘾的可能性便变得很小。这些青少年正是中国3亿多烟民中源源不断的新生力量。

单纯靠香烟盒上的警告根本无法阻止这些孩子们尝试，政府的禁烟法令也只会让公共场合的吸烟更多转移到学校的厕所里，一切于事无补，中国青少年吸烟的人数每年都在增加。

如何打赢这场对孩子们吸烟的战争，问题并不在香烟本身，而是他们头脑中长期潜伏的观念。

如果今天你就是刚刚上任的中国青少年禁烟委员会的负责人，你会如何去规划这场战斗？

找出各种香烟致病的图片，罗列出香烟对于一个未成年人身体的种种严重危害。对不起，如果这些方法可以起作用，今天中国所有的烟厂早已关闭停业了。

过去的十几年间，政府和民间组织无不是用这种方法来警告青少年香烟的危害，然而在耗费了巨大的资金和精力后，情况似乎越来越糟糕，在今天互联网和媒介多渠道的影响下，香烟依然成为了时尚。

现在要制定这场战争的取胜之道你不能像大企业一样一厢情愿地先想到结果，再去思考怎么做，现在的问题不是“要让青少年远离香烟就要告诉他们香烟的危害”，而是“如何做才能让青少年不再以为吸烟是一件很酷的事情”。

寻找思想里的根源

很多人并不明白的是，营销很少是关乎实际产品的战争，营销真正的秘密是头脑中思想和观念的碰撞。

对于很多青少年来说，“吸烟危害健康”之所以会像一句废话一样，除了大众媒体的示范作用外，还有一个重要的社会信息就是：如果真的有危害，为何身边这么多人在吸？

有的时候观念如同信念一般根深蒂固很难改变，要想改变观念你必须要找到这个观念赖以生存的信息认知基础，并找到认知基础上最软弱的部分加以进攻。

如何找到一种强大观念最软弱的部分？你不能将目光仅仅盯在对手的产品上，也就是学生手里的香烟，你必须成为他们当中的一员并察觉到他们产生观念的信息部分，那就是，香烟作为一种令人作呕的东西本身并没有多少孩子会真正喜欢。

绝大多数学生们尝试吸烟完全不是为了好奇、解闷，更谈不上什么带来创作灵感。

如果不是，那会是什么？

当你可以像消费者一样去感受的时候，就知道作为一个学生在青春期这阶段最恐惧的心理感受是什么。

对，是被群体抛弃。

没有人喜欢被冷落，更没有人喜欢被群体拒之门外的感觉，那是一种比烟更为强大的心灵之痛。

为了成为群体的一部分，为了让行为准则更加符合群体的定义，孩子们开始伸手接过他们人生中的第一根香烟，在众人肯定的目光中完成这个仪式化的动作。这期间，香烟味道如何已经完全不重要，尽管大部分人的第一口都如同烂叶被火烧焦的感觉，但是群体已经认同自己的感觉非常酷。问问从来不抽烟的你在大学宿舍里接过第一根香烟的时候是否也是这种感觉?

寻找有效战术

当我们研究清楚了整个状况时,一条清晰而有效的战术便呈现在了我们的面前。不像吸毒,吸烟并不单纯是一种生理依赖的东西,更多的还有社会身份认同的成分,没有这种认同,青春期的孩子们很难依靠自己的力量去度过没有群体承认的落寞时光。

现在是我们向这种信息结构宣战的时候了,基本思路就是告诉孩子们:只有懦夫才会通过吸烟来被群体承认,真正的强者从来不需要。

把战术提炼为有效战略

理顺清楚了所需要的战术部分,下一步就是将其整合成真正的"中国反青少年吸烟"战略了。

这个时候,曾经扮演了负面角色的媒体和公众人物将承担起演绎这个战略的重要力量。让曾经以为吸烟多么合群和有范儿的成年人和公众人物通过电视媒体来告知这些正在吸烟的孩子们:他们曾经是如何为了被一个群体承认而把无知当作个性。

政府要把这种战略拍进商业宣传片中,在每个宣传片即将结束的时候,都会有一双真诚的眼睛看着镜头告诉你:吸烟,是没有真正个性而又希望被承认的懦夫选择。

比一个有效的聚焦战略提炼出来更为重要的是长久地坚持,这才是聚焦战略很多时候很难继续下去的原因,因为总会有人站出来告诉政策的制定者,这个广告太无聊了,该是时候换一个新主题了。实际上,真正无聊的不是那些孩子们,而是政策的制定者本人,企业很多时候也在做着相同的事情。

二十一、城市营销中的聚焦战略

品牌无处不在，无论是大学、医院、非营利机构还是城市。

过去的几年中，中国最大的变化不仅仅是企业的品牌战略意识开始觉醒，城市的战略意识也同样开始提升。对于每一个普通的消费者最直观的感受就是央视大量的城市广告的出现。遗憾的是，这些广告跟中国品牌一样，还只是处于一个初级的策划包装阶段，千篇一律的广告只是对某个城市景点在战术层面上的一个烘托。

一个优秀的城市品牌战略最终极的目标就是让城市所代表的方向可以高度地区别自己，这是一种真实可靠的诉求，也为一座城市指明了未来的方向。一旦战略最后被提炼出来，可以马上与消费者心中的概念形成共鸣。

全世界所有成功的品牌和城市都有一个高度相似的地方，它们都可以将城市的全部营销信息高度地浓缩于一个词上，这个词既是品牌真实的战术提炼，更是战略方向的精确表达。

拉斯维加斯代表了全球最大的赌城，澳门则是“东方拉斯维加斯”，凭借这一高度的聚焦战略，澳门博彩业的收入已经远超拉斯维加斯。

巴黎是浪漫之都，米兰是时尚王国，香港是金融自由港。

这些高度聚焦的营销信息不但让全世界的消费者记住了它们，更让这些城市拥有了真实的财富。

正因为如此，各个城市的管理者纷纷将自己的城市品牌搬上了电视屏幕。遗憾的是，这些城市的品牌打造大部分都是毫无意义的口号，或者是简单的文字押韵游戏，他们并没有真正理解营销中聚焦是如何发挥其强大的战略推动力量的。

是什么让中国很多城市每年花费千万只是为了在央视说一句可有可无的废话?

当然是“创意”“好点子”和所谓的策划包装。

闭上眼睛想一想,有哪个城市能清晰地留在你的心中?

没有,几乎没有任何一座城市在我们的心中留下清晰的印迹。它们千篇一律的风光秀美、经济开放、文化深厚。当然,它们都“欢迎你”。

从战略层面来讲,检验一个战略的优秀与否最大的一个标准就是能否被轻易地覆盖和复制,因为优秀的战略本身就是一个与众不同的方向,一旦出现很难被山寨。

问题是:什么是一个城市的品牌战略?战略又是如何制定的?

要回答这个问题最好先从战术讲起,战术为战略提供真实有效的基础,战术为战略提供基本的方向认知。这与策划工作中完全是闭门造车的艺术加工完全不一样,优秀的战略都是从战术层面开始提炼。

青岛代表了什么?

要回答这个问题,请不要先启动大量的自我意识,好的战术是需要我们带上眼睛和常识到一线去观察的。

走在青岛的大街小巷中,你会强烈地感觉到这个城市的传统和现代的交融,这个胶东半岛最国际化的城市,有着跟东南亚很多城市非常相似的历史。

青岛是中国北方最早开放的港口,20 世纪初期殖民地的历史,让美丽的岛城里依然保留着大片的欧式建筑,教堂和学校,新旧老城,历史和现代交织在一起。

环绕岛城的单行线,干净湿润的海洋气候,码头前日益增多的私人游艇,国际化的奥帆中心,夜幕下的国际品牌将岛城点缀得星光璀璨,位于香港中路的世界 500 强环岛而坐,夜晚从游艇向岛上看去,灯火辉煌之中的港岛繁华尽收眼底。

1903 年,德国人奥古特在青岛开办了中国早期的酿酒公司,它是青岛啤酒的前身,奥古特也是第一个把啤酒介绍到中国的德国人。尽管青岛啤酒的奥古特品牌是一个不成功的品牌名称,但是享誉全球的青啤可以作为这个国际化的城市最好的品牌背书。

沿着青岛这些真实可靠的战术认识向上疏导,所有这一切战术层面的真实认知都在强烈地指向一个非常优秀的战略聚焦——中国胶东半岛的小香港。

实际上在今天很多青岛居民的嘴中他们早已习惯向游客这样介绍青岛,这个优秀的表述即代表了青岛此时此刻的认知,更指明了青岛未来的方向。

拥有这样一个聚焦对于青岛意味着什么?

依靠“北方香港”这个国际化的光环,青岛首先会吸引真正向往国际化的人才,他们的到来为青岛这座城市的进一步国际化打下良好的人才基础,这让生活在其中的居民会感觉良好。没有谁愿意生活在一个落后闭塞的城市中,“北方香港”战略会让整个城市重新校订和审视生活的品质。

“北方香港”的战略诉求会为青岛的管理者在整个战略布局上提供更为准确的设计蓝图。在这个基础之上,“北方香港”的战略聚焦会吸引全球顶级的公司和财团进驻青岛,他们的到来会进一步在战术层面上强化国际金融港的概念,这也为青岛人民带来了无数的财富和就业机会。

那么青岛该如何规划和执行自己的营销战略呢?

首先把整个城市真实有效的营销信息高度地聚焦在一个词上——北方的香港。而完成这个营销表述最有效的方法就是将青岛跟香港紧紧完成一个心智上的关联,并通过简单的艺术化加工,简洁而清晰地表达出这个优秀的聚焦战略:如果你只去过一个特区的香港,那么现在请你来到中国北方的“香港”——青岛!青岛——北方小香港。

除此之外,青岛应该规划一个视觉锤,一个独一无二的能够与“小香港战略”保持一致的视觉部分。

“北方的香港”也在暗示着青岛对于这个城市各个方面的不断完善,更加自由的金融港,更加繁荣的贸易体制,更加完善的法律和人文环境。

战术就是一个完全与众不同的概念或焦点，战略就是将这个概念制定成一个整体方向。

战术就是一个真实而富有竞争性的视角，战略就是将这个竞争性视角融入到整个品牌打造的过程中。

当然，制定一个优秀的战略很重要，坚持不懈地执行这个战略更重要。年复一年地执行卓越的聚焦战略，不因任何一时的心血来潮而随意改动。更要保证品牌的聚焦不会因为个人标签工程而修改，直到这个优秀的战略深入人心。

但是这样一个简单的聚焦战略会让青岛的品牌决策者认同吗？很有点难度，因为太过于简单，特别是品牌的管理者头脑中没有一个清晰的聚焦点时，越是显而易见往往越视而不见。相对于一个简单的概念，决策者往往会觉得面面俱到的“创意”更有安全感，而事实恰恰相反，简单的聚焦力量无穷。

拥有这样一次高度聚焦的词会爆发出怎样的魔力，此刻还不得而知，让好的战略形成强大的力量的另一个要素就是足够的时间和耐心。看看聚焦为世界上所有高度成功的城市品牌所带来的一切，青岛应该有足够的信心。

巴黎，米兰，香港……

它们都是全世界最成功的城市品牌，这些有着高度认知的城市也为它们的品牌带来了城市和国家心智资源。法国的化妆品、米兰的时装等，无不是在全世界大放光彩。

城市营销不是孤芳自赏的策划，这是中国当下城市营销战略中最大的一个误区。城市营销更不是找一堆专家来用各种消费者听不懂的术语来解释战略层面的东西。

关起门来罗列和策划一个城市的种种优点非常简单，而能够找到在所有消费者心中具有强大代表力量的那个词却不容易。

面面俱到的优点罗列无法拥有撬开顾客拥挤的大脑所需的力量，那个神秘的区域里已经塞满了各种各样的广告垃圾和同样面面俱到的城市描述。

品牌就是消费者大脑中的一个挂钩,如果你想要将你的城市品牌牢牢挂在这个挂钩上,你不仅仅需要所谓的亮点,也就是战术,你更需要一个钉子,也就是战略,将两者紧紧关联起来。

产品只是承载了战略的工具,并不是品牌战略工作中的全部,战略工作的全部意义是一个与众不同的思考方向,更是一个品牌如何区分自己,不管是感性层面还是实际的层面。一种优秀的聚焦都存在于城市所拥有的真实认识基础之上,并且能够在消费者心中占据了一个字眼,而不仅仅是消费者听到和知道这个城市的名字。

重庆这个城市在你心中代表了什么?

或许我们可以从战术的部分反问:什么可以代表重庆?

重庆是中国最热的城市,至少在大部分人的印象中这是一个真实的认知,如同这个城市里火热的火锅。同样火一样的还有生活在这个城市里的人,生性好客直爽。

除此之外,作为刚成立的直辖市,重庆也是中国经济最火热的城市。全球 GPD 增长最快的 10 个大型城市中重庆排名第一,是全球增长最快的大型城市之一。

这个西部大开发过程中最重要的一个城市,其发展的速度就像是这个城市夏日里的温度,一派火热。走在这个中国西部人口最多、发展速度最快的城市里,高耸的摩天大楼和现代化进程令人印象深刻。

所有这一切战术层面的认知已经在指向了一个独一无二的战略方向:重庆是中国最“火热”的国际都市。“最火热的城市”战略指明了这个城市的前景,人才和源源不断的心智认知。

想象一下当你听到“欢迎来到中国最火热的国际都市”的表述,在这里你感受到是前所未有的激情,当然作为最受欢迎的“热”城,你需要忍受一下这里同样火热的天气。

一个优秀的城市聚焦战略与公司的品牌没有太多区别,同样需要具备三个最基本的条件:

1. 战略符合认知,真实而有效。

2. 战略一经提炼,简洁而富有常识,无需大脑过度思考。

3. 战略具备独一无二的区隔,不会被轻易覆盖。

没有任何两个品牌可以拥有共同的诉求,城市战略也完全一样。

为何只让一个城市代表一个字眼

只让一个城市代表一个字眼这让很多城市的管理者很难接受,任何一个城市都会在各自发展的历史中拥有众多值得描述的品质:特产、历史、经典、人文、景观,等等。

几乎每个点都可以成为城市营销中关注的重点,这没有错,但是有两个最本质的问题导致了城市品牌与公司的品牌都无法面面俱到地去讲述每一个品牌的优点。

首先,品牌战略的制定很多时候并不存在于产品所拥有的真实功能特征,因为绝大多数功能特征都是可以被轻易覆盖和模仿的。所有的城市都有特产,所有的城市都有景点,当特产越来越多,景点越来越多,城市跟城市之间已经没有区别。优秀的聚焦战略需要从一个城市最真实的认知疏导,最终落脚于城市所拥有的独一无二、与众不同的字眼。

其次,生活和广告信息的极度噪音让消费者无法辨认超过一个字眼的营销信息。

最后,一个优秀的聚焦战略会让品牌拥有巨大的光环效应,这是很多品牌的管理者所不能理解的。

只聚焦于"博彩"的拉斯维加斯

1931 年,美国内华达州议会通过了著名的"托宾法案",正式将博彩合法化,这一法案为拉斯维加斯这个位于美国西南部沙漠中的城市日后成长为全球最著名的赌城打下了坚实的基础,每年吸引着成千上万的游客。

在每年近4000万去拉斯维加斯的游客中,有多少职业的赌徒?

有,但是寥寥无几。

在每年近4000万去拉斯维加斯的游客中,有多少会去赌场试试手气的?

人人都会尝试。

在一个以赌博为主要营生的城市里,拉斯维加斯每年的营业收入中博彩业的收入能占多少呢?

答案是:只占到了45%,而且这个比例还在逐年下降。

这一点都不奇怪,人们因为博彩来到拉斯维加斯,但是最终消费的却是美食和购物,消费者因为一个品牌的光环而走进店内和消费者最终为之付钱的东西完全可以是两个不同的概念,这便是营销中优秀的聚焦战略所带来的光环效应。

将所有的营销信息高度的集中于一点,从而可以在所有消费者的心中牢牢占据了一个位置,代表了一个概念,而不仅仅是消费者听说过一个品牌,这是理解聚焦在营销中的意义的关键之所在。

营销本身并不是什么高科技,更不是什么神秘的科学命题,营销更多的是一门关乎常识和心理认知的学问。

20世纪20年代,美国著名的心理学家桑戴克第一次提出了“光环效应”的概念,这一效应也被称作“晕轮效应”。

桑戴克认为,人们对人和事物的认知和判断往往只从局部出发,扩散而得出整体印象,也就是我们常说的以偏概全。

这就好像刮风天气前夜月亮周围出现的月晕,这种月晕其实就是月亮光的扩大而带给我们的感觉。光环效应是一种影响人们知觉的因素,这种爱屋及乌的强烈特点,就像月晕的光环一样,向周围弥漫扩散。

在现实的营销世界里,大部分的企业并没有真正领悟聚焦中的光环效应,它们大部分都选择了将产品的聚焦点放在了顾客服务、质量、口味等这些非常宏观的焦点上,这些在企业看起来非常客观的东西在消费者看起来都是非常的主观,这是全世界所有的企业和品牌都在诉求的东西,根本无法形成任何有效的聚焦。

企业需要一个能守得住的概念来制造光环,而不是靠调研顾客满意度和品牌知名度而得来的诸如服务和质量这样既无法形成有效区隔同样也非常主观的概念,当企业真的按照这些概念去打造品牌的时候,却发现消费者对于这些所有企业都在诉求的陈词滥调根本不感兴趣。

小米手机是什么?创业精神,更好的手机?没有人知道。

小米的电视机是什么?顾客满意的互联网电视?没有人知道。

小米是一家充满个性和创业精神的成功的企业,但是小米并不是一个成功的品牌。

小米真正需要的是让品牌有一个可以守得住的概念,并以此制造光环,像苹果的全球第一款智能手机和三星的超薄超大概念。

消费者的心智从来都是主观的第一印象在起作用,企业总是抱怨的"有些时候真不知道消费者在想什么"正是这种主观观念在购买行为发生时瞬间的闪现。

从消费者简单的心智出发,聚焦便是打造这种主观第一印象的利器,如果说消费者的大脑是一块坚硬而神秘的岩层的话,聚焦便是能在坚硬的岩石上刻下品牌印迹的激光。

面对一个品牌的诸多方面,优秀的聚焦首先意味着放弃大量在品牌管理者眼中种种优秀的品质,这通常让品牌的拥有者感到不安,而在营销现实的世界中,拥有众多优秀特点的品牌往往没有在消费者心中刻下任何的痕迹。

只让拉斯韦加斯代表博彩怎样?

在管理层看来这完全不符合他们对品牌的期望,拉斯维加斯同样是美食之都,是全球舞台秀表演之都和年轻人结婚的天堂,为何要把资源只分配给博彩业呢?同样的资源分给这个城市的每个精彩之处会让更多的人来到拉斯维加斯,换句话说,从财务的角度看整体一定大于局部,但是这不是顾客看待问题的眼光。

在消费者的视角出发,一个能代表博彩的城市远比能代表所有一切的城市有意义得多，营销最终的目的是要消费者看到付钱的理由，而不是罗列品牌所有的优点。全世界有着成千上万的现代漂亮的城市，而全世界只有一座赌城。

看看在拉斯维加斯"世界博彩之都"光环效应的下所取得的成绩。

在过去的几十年中，随着赌城的光环不断放大，美国本土和全世界成千上万的游客来到这个沙漠中的城市。

在80年代中期的时候，拉斯维加斯的赌场收入构成了这个城市里酒店收入的大部分，占到总收入的60%。

到90年代的时候，赌场业务的收入所占的比重已经跌至45%，人们来到赌城更多的是来享受这里的夜景、酒店、美食和购物。

在赌城光环效应下，拉斯维加斯一共建起了600多家形态各异的酒店，在全长10公里的拉斯维加斯大街上，坐落着超过250家全球知名的酒店，全球最大的酒店例如米高梅都坐落于此，置身其中不像是来到了赌城，更像是来到了沙漠中的璀璨花园。

这些酒店每天晚上都会有极其盛大的免费的表演，从令人震撼的火山爆发到大型实景海盗船表演，某种意义上观看表演远比进入酒店试试手气有意思得多。

在赌城光环的效应下，拉斯维加斯聚焦了全球一流的舞台秀，从法国的丽都秀到百老汇音乐剧及歌后塞琳·迪昂每晚的专业演唱会，这个城市里汇集了全世界最顶尖的歌星与表演团队，从享誉全球的太阳马戏团到百老汇不朽的"歌剧魅影"，每年来到拉斯维加斯的游客里，70%的人就是为了观看这些令人眩目的表演。

在赌城光环的效应下，美食之都同样适用于拉斯维加斯，每天晚上世界各地的消费者可以在这里品尝到全世界顶级的美食，享用全球调酒大师调制的各种美酒。

同样在赌城的光环效应下，拉斯维加斯拥有1000多个展览会议中心，3个国际级展览馆，每年在拉斯维加斯举行的国际会议多达2000多场，每年约有500多万个厂商参展。

在拉斯维加斯充满激情的氛围下，这里同样成为全球爱情的见证地，因为拉斯维加斯拥有全球顶级的酒店、餐饮、游乐和购物中心，每年有12万对新人选择在这里领取自己的爱情见证。

2013年，拉斯维加斯的博彩业盈利达到了90亿美元，而同期在“博彩”这个光环之外所带来的盈利却高达110亿美元，超过了博彩业本身。

拉斯维加斯要改变聚焦点吗？

例如爱情之都、舞台剧之都或者是美食之都？

当然都不是，拉斯维加斯是永远的赌城，焦点一旦在所有的潜在消费者心中形成且保持不变就是最好的战略，用赌城这个清晰的焦点去映射美味、表演和旅游很容易，而焦点之外的任何一种品质都很难去映射赌城本身。

这就像一个仪表堂堂的人马上可以让我们想到精明能干等种种的优点，而一个长相平平的人却很难让我们记住任何一个平凡的点。

成功的品牌就是黑夜中可以引航的灯塔，一个聚焦点的明亮光环可以引领所有的消费者向自己靠拢，而不是像太阳的光芒虽强大却无法穿透一张纸。

聚焦中集中经营的力量

在任何一座国际化化的城市里，我们都可以看到集中经营所显现的巨大魅力，它们都是同一个领域的市场参与者聚集在一起。对于很多企业来说，集中经营所取得的效果和利润远远超过了单独个体努力的结果。

在北京，餐饮界集中经营最经典的代表就是簋(guǐ)街。在东直门这条一公里多长的大街上集中了130多家餐饮品牌，这么多餐饮品牌聚焦在条街道上会赚钱吗？

每天晚上各个餐馆门外排起的长长的队伍就是最好的答案。

这些餐厅真的都是美味可口吗？

答案完全因人而异，但是这不是最关键的问题，问题的关键在于所有消费者的心理因素，所有的消费者宁愿在人头攒动的大街上长时间排队等候,也不会去一家门可罗雀的饭店。

我们在对中国互联网品牌100强企业梳理的过程中,发现榜单上60%的企业都集中在北京的中关村,而中关村的高科技企业真的会比其他省份的企业更成功或者更优秀吗?

答案也不在于中关村真的有多少高科技成分,而是集中经营所带来的安全感和权威感。当所有的创业者认为这里就是高科技的圣地时,集中经营便开始发挥它最基本的光环作用。在这个光环的笼罩下,真正的科技创新并不是这里成功的全部,而是其对于所有创业人员的同化和聚合能力。

不仅仅是在餐饮和高科技产业,集中经营几乎在所有的领域里都大放光芒。

艺术的喜好者都集中在798艺术一条街。

银行业集中在朝阳CBD中心。

教育、培训则都集中在中关村的新中关一带。

对于很多国家来说,集中经营更是可以创造出比任何一家公司单打独斗更大的经济效益,特别是这种集中经营代表了国家层面的消费认知。

意大利的珠宝商都集中在阿雷佐和瓦伦扎波这两个城市,全球顶级的珠宝品牌例如宝格丽(Bulgari)和玳美雅(Damiani)都诞生于此。而意大利的制鞋业则都集中于东部的马尔凯地区,所有意大利顶级的皮鞋品牌都发源于这里。

全球知名的香水玻璃瓶供应商绝大多数都集中于法国北部的布雷勒河谷,这里生产的香水瓶占到了全球80%的份额,一个小小的瓶子的集中经营就可以让这里的个人GDP进入全球最富有的地区。

全球顶级服装品牌中的一半都集中于时尚之都米兰,这座意大利的第二大城市在整个意大利经济发展当中扮演了不可替代的角色,每年从服装以及其背后庞大的生产及设计所产生的经济价值便高达600多亿欧元。

在中国,集中经营的魅力也早已深入人心,如海宁的皮革,绍兴的轻纺,温州的皮鞋、打火机等。集中经营使这些地区表现出极强的活力和竞争力。但是,与欧美的集中经营所不同的是,中国企业的集中经营依然还停留在生产产品的阶段,特别是中国企业热衷于的OEM(代工生产),而以真正的品牌为基础的集中经营则寥寥无几。

生产产品所赚取的利润无法长久维持,纵观今天全球人均GDP超过5万美元的国家,它们的集中经营所贩卖的都是除了贵就是贵的品牌,生产产品赚不了钱,赚钱的永远是品牌。

在经济强国德国,最优秀的厨具制造商都集中在美丽的莱茵河畔小镇索林根,这里不仅有全球最优秀的厨具生产商,更有顶级的厨具品牌,例如全球顶级的厨具品牌双立人正是诞生于此,而德国的钢铁生产企业则都集中在德国第七大城市多特蒙德。

日本的乐器与摩托车制造商都集中在滨松市,全球知名的电子琴和摩托车品牌雅马哈就是于1887年在此成立。

瑞士顶级的制药厂都集中在巴塞尔,例如最大的制药集团诺华(Novartis)和霍夫曼·罗氏集团(Hoffmann - La Roche)。

集中经营不仅仅体现在瑞士的制药行业,在瑞士的卢塞恩地区的阿尔卑斯工业区内,集合了几乎全球所有的手表品牌,而支持这些手表品牌的背后更是庞大的金属冶炼、精密切割等高精尖的辅助行业。

美国印第安那州的华沙曾经是一个默默无闻的小镇,但是就是这样一个不起眼的小镇却发展成了全球领先的人体替换关节的聚集地。华沙是全球身体关节替换的中心,全球最领先的外科植入物公司有三家就坐落于此(生迈、捷迈、德普伊)。不仅如此,今天的华沙还有大量的与整形外科相关的企业和专家。

集中经营在美国另外一个州的成功典范就是有着千湖之都的位于美国大湖区的威斯康星州,这里濒临五大湖中的两个湖区以及一万多个湖泊,全球100多个顶尖的水处理企业都选择这里作为生产和研发的总部,其中就包括热水器的领导品牌A. O. 史密斯。

为何集中经营可以在全世界各地大放光芒?

集中经营很容易形成集群效应。让一个企业代表一个国家的认知会比较困难,但是当一群企业集合到了一个概念和产品上,就很容易产生产品所代表的国家认知,特别是当集中经营的地区与品牌所代表的认知一脉相承时,例如米兰的服装、瑞士的手表等,这种代表了国家认知资源的集中经营的力量是惊人的。更为关键的是,相比于一家企业的独立存在,媒体对于集中经营的概念更为敏感,这为品牌的打造创造了众多公关驱动力。

集中很容易形成购买的冲动,当所有的小吃和美味集中在一条街上时,再理性的消费者也会停下驻足品尝。当所有的顶级服装品牌都集中于米兰的一条大街时,品牌和品牌之间的参照对比和可选择性会让消费者感觉到更强大的购物的必要性和安全感。

所有的企业集中在一个区域经营,这种产业群本身所创造的压力会使竞争态势持续升级,这种让企业本能地想在竞争中胜出的冲动会让企业在各个方面不断地审视和反思自己,而这种持续的竞争态势下的升级很容易让企业具备全球化的思维和视角,意大利的米兰等就是这种全球化视角的最好诠释。

集中经营很利于行业内的互相学习,并且在这种学习中将彼此的品位和格调不断拉升。很多时候一个企业的地位并不是这个企业本身所决定的,而是整个的环境所赋予企业的一种外部的认知。位于中关村的企业真的就会比中国其他创业园区的高科技企业优秀吗,完全不见得,但是普通消费者的认知往往就是这样认为的。

集中经营可以非常迅速地吸引到行业内最优秀的人才,相比于自己在成千上万家品牌中挑选适合自己的工作,集中经营会大大缩短优秀的人才寻找机遇的时间,全世界所有的天才服装设计师都会第一时间想到米兰,全世界所有的卓越计算机工程师都会想去硅谷看一看。

集中经营可以让整个行业的上游和下游产生大量的附带经济价值,一个集中经营的概念所惠及的绝不仅仅是行业内的企业,而是由点及面地辐射到各个民生领域,任何一个因为集中经营而闻名全球的地区,其餐饮和旅游以及其他方面也不会差到哪里去。消费者因为一个集中的概念走到一个地方,但最终为之掏钱的东西可能完全是不一样的。

二十二、聚焦战略中光环效应的具体应用

在我们参与过的众多品牌战略的咨询案例中，企业的创始人总会对聚焦战略有所顾虑，特别是涉及某些概念和领域的舍弃时，更会让他们感觉没有安全感。为什么我的产品有这么多好处但却要放弃那么多诉求？为什么我们有这么多产品线却唯独把资源倾斜给一种？诸如此类的想法还有很多，归根结底还是企业对于聚焦战略中光环作用的不理解。

光环效应最早是来自于心理学的一个范畴，它指的是人们因为某个特殊的品质而对一个人或者物体做出的以偏概全的结论，例如在面试的过程里容貌和长相出众的人总会比相貌平平的人更加吸引人，这种以貌取人的做法就是光环效应在生活中最真实的体现。同样道理，光环效应在企业的战略制定过程里同样会起到强大的支配作用。

企业应该如何学习和使用聚焦战略中的光环效应？

品牌的光环效应都是从具体到抽象。

红牛饮料中的维生素、氨基酸和咖啡因完全可以让红牛成为万能神水，但是红牛的创始人和品牌的打造者奥地利人马特希茨将红牛牢牢聚焦在“功能”，这也是让红牛在诞生地泰国成功的一个字眼。“功能”两个字的聚焦如此强大，以至于很多喝红牛的消费者相信红牛有着更神奇的“某种”功能。

品牌的光环效应也是从点映射到一个面。

万宝路香烟在聚焦“牛仔”战略之前，是一款为所有女性准备的产品，面对众多女性香烟品牌，万宝路一直默默无闻，直到万宝路将品牌聚焦到男子汉气概这一全新的方向上，万宝路成为美国最成功的品牌之一，而在

大量选择万宝路品牌的消费者中，有众多的女性消费者，她们相信自己拥有跟牛仔一样的独立精神和价值观。

宝马拥有一个强大的“驾驭”光环，但很多宝马的消费者并不需要成为职业的驾驭者。

王老吉拥有一个强大的“去火”的光环，但大多数喝王老吉的消费者并没有火。

保时捷拥有一个强大的“速度”的光环，尽管大多数保时捷的车主平均车速都不会超过100迈。

品牌的光环效应往往会让消费者从微观向宏观看待品牌。

当一个人因为一点而成功时，整个人也都会看起来自信无比，毕竟没有谁会真的像上帝一样完美，看看全世界顶级的商学院无不是聚焦在一个领域中从而让整个学校享誉全球。

哈佛商学院聚焦于管理；

斯坦福商学院聚焦于高科技；

沃顿商学院聚焦于金融；

凯洛格商学院聚焦于营销。

今天全球大而全的综合类大学已经不再是学生的宠爱，他们更加喜欢在一个领域中赫赫有名的专业学术机构。

光环效应几乎指导了所有的行业和品牌，在中国品牌中最典型的案例便是顺丰速递。

在中国注册的8000多家快递企业中，规模上百亿的企业目前只有邮政EMS和顺丰两个品牌，中国邮政的EMS因为其特殊的历史地位占据了快递品牌第一梯队，但是在众多的私营快递企业中，顺丰却与EMS一起站在了快递第一梯队，两家企业的规模都在百亿之上。

为何偏偏是顺丰？

在快递品牌第二梯队的有四家企业，中通、申通、圆通、韵达，营业收入在10亿左右，众多第三、第四阵营小企业则在亿元以下。数据显示，大部分民营快递企业基本集中在业务量近60%、但收入占比不到50%的国内异地业务这个中低端市场。

顺丰为何可以比肩中国快递第一品牌?

顺丰拥有所有快递企业中最能代表快递的品牌名称。

顺丰拥有独一无二的视觉部分,消费者可以在百米之外清晰的辨认出顺丰的工作人员。

最重要的是,顺丰始终聚焦于小件物品,当你听到顺丰的工作人员在电梯间里自豪地表述“我们是小件专家”的时候,就可以理解这种清晰的聚焦带给企业真实的使命感。

有什么比专家更让人信任的?专家不但代表了高品质,同样可以让消费者为这种专家品质付出额外的费用,同时在小件专家的光环下,顺丰同样可以让消费者相信,他们投送大件的质量也不会差到哪里去。用专才映射通才很容易,用通才映射专才却很难。

今天,当所有的媒体和专家都在用各种词汇和术语来描述顺丰的成功和其神秘的创始人的故事时,都没有提及顺丰打造品牌过程里的聚焦战略。

实际上,成功的品牌是因,优秀的管理是果,很多时候我们并不需要去听那些陈词滥调才能明白这个最简单的品牌逻辑,因为同样的事情也发生在美国的联邦快递这个品牌身上。

联邦快递成立伊始便模仿美国当时的快递老大 EMBRY 做全线业务,这个品牌曾经用“一个雨伞式”的一站式概念宣传旗下所有的服务。联邦快递曾经花费了巨额的资金来宣传这个全能的快递品牌,但是却始终处于亏损的阴影中。

联邦快递如何走上盈利的轨道?

很简单,放弃全线业务,聚焦于一个点。

几经波折之后,联邦快递将其所有的力量集中到了“隔夜送达”的邮件上,其战略表述是“当你需要准确无误隔夜送达时”,并将所有的公司资源投入到了传播这一战略思想上。“隔夜送达”这一战略使联邦快递获得了空前的成功。

很多品牌的管理者始终疑惑，隔夜送到会比当天送达或者两天三天送达的概念更好吗？

当然不是，现实操作中任何一种焦点都有可能成为整个品牌战略的元素，但是问题是当品牌把各种焦点和诉求都尝试融入到战略中时，品牌就是没有战略，因为消费者无法区隔和辨认你的独一无二的方向和与众不同的价值。

当业务是混乱的时候，概念便是模糊不清的，当概念模糊不清的时候，品牌所代表的认知就是杂乱无章的，一个杂乱无章的品牌想要胜出只能看对手的脸色和碰运气了。

当然，联邦快递聚焦于隔夜概念成功后，并不是完全放弃了所有的其他业务，其服务依然包括了两天和三天的快递服务。但是当他在隔夜送达上表现极其优秀的时候，其他的业务也都获得很大的提升。消费者通常倾向于认为一个能够做到“绝对以及肯定”隔夜送达的品牌当然可以拥有高素质的员工和快速、安全可靠的服务。

品牌的创始人很难接受将企业资源全部分配给占收入仅有40%甚至更低的产品上，这既不符合他们的财务逻辑，也没有办法满足他们基本的安全感。

试想一下头饰第一品牌流行美一直在向消费者传递的信息：终生免费盘发。

为何不大力宣传流行美最新的一款发卡？新上任的品牌经理很可能会这样思考，从企业的角度看并无问题，但是流行美的消费者来看便完全不一样了，这个世界上有无数卖头饰的品牌，但是只有一个承诺为你的头发终身免费盘发的品牌。

当爱美的消费者坐在流行美的镜子面前打理自己的头发时，她们总会顺便为自己的新头型选上几款精美的头饰。

消费者也会更倾向于认为，一个敢于为客户终身免费盘发的品牌其头饰产品一定也是独一无二的，这很像是当我们参加面试时，一个笼统而全面的形象远远比不过让一种品质深深地刻在他们的脑海中。

当一个公司的产品可以高度成功时,其光环效应同样可以覆盖其周边的产品。

过去的十几年里,苹果公司取得了令人瞩目的成绩,其成功的秘密是什么呢?

那就是在相当长的时间段内将所有优势资源集中到一款单一产品上,凭借一款产品的高度成功来为下一新品类的成功做准备,我们通常称作为"三个一"工程:推出一款高度聚焦的产品并确保是这个品类的中的第一,等待这一款产品成为高度成功的品牌,推出下一个新品类。

以2005年苹果旗下的音乐播放器Ipod为例,在这一年里,苹果公司的战略重点是集中所有的电视媒体资源、平面和户外广告、网络推广Ipod品牌,结果令人非常振奋。

苹果在数字音乐市场的市场份额达到了73.9%,高到几乎没有去理会微软的数字音乐品牌Zune。在这一年里,苹果没有在其麦金塔电脑系列上浪费任何广告费用,这正是光环效应的精华所在,苹果几乎将全部的营销费用都集中到了Ipod身上,从而创造出一种光环效应,让整个苹果公司的产品都受益匪浅。

数据显示,苹果电脑的业绩比上一年增加68%,利润则比前一年增加384%,股票市场增长了177%,苹果的净利润从3.3%一举增长到9.6%,取得了惊人的业绩。

来自苹果电脑的好消息不止是Ipod的成功,在2005财年,Ipod和iTunes的收入一起占到了苹果销售收入的39%。另外的61%(苹果电脑、软件和服务)也卖得不错。苹果的电脑产品相关业务同年和前一年相比上升了27%,根据相关的行业报告,苹果个人电脑的市场份额也从3%增加到4%。这就是营销战中典型的光环效应。

光环效应是营销领域非常重要的法则,它很好地解释了为何聚焦于一款产品的品牌所产生的威力远远超过几个产品相加的总和。

然而,由于我们人性中对增长的无限制的欲望和对财务成功的渴望,人们常常很难真正透彻地领悟光环效应的本质,通常情况下,企业的管理人员会选择性屏蔽这些跟自己眼中的增长逻辑完全相悖的真理。

企业通常会质疑：我的产品明明有更多的优点，为何只聚焦一个？我的品牌明明在很多领域中都有部分的市场份额，为何要放弃其中的一些？这显然不符合财务增长理论。从财务的角度来看，这些质疑都是可以理解的，但是营销工作根本不是将多个市场简单相加从而得到一个更大市场的简单的加法问题。

对于很多总是三心二意拥有多个产品和品牌的企业来讲，能够将聚焦战略发挥到最好的方法或许就是在某一个时期将营销资金全都投入到一个产品或者品牌上，这可以大大降低企业品牌延伸和全面开花的产品线所带来的巨大风险。

丸美将其绝大部分的营销资源都投入到了眼霜产品上，凭借这一款产品的高度成功，丸美的其他护肤产品的销售也得到了相对的提高。

康师傅是方便面品类绝对的第一品牌，市场份额一直保持在60%左右，而康师傅一款红烧牛肉面就贡献了近1/3的利润，单是在2011年，康师傅的营业收入为35.92亿美元，而红烧牛肉一款产品就贡献了10多亿美元的收入，这个单一的产品如此之成功以至于没有留下任何空间给第二品牌，而同期统一方便面的红烧牛肉面的收入仅仅为1.2亿元。

统一在康师傅红烧牛肉面巨大成功的光环下度日如年，市场份额不断萎缩，颓势直到2008年才停止。就这一年，统一忍痛砍掉了旗下80%的半死不活的鸡肋产品，将所有的资源聚焦到一款老坛酸菜牛肉面，就在统一内部都在怀疑这种聚焦战略是否会让品牌起死回生的时候，老坛酸菜牛肉面在推出的第二年就创造了5亿元的收入，至此，统一才真正开始走出了康师傅红烧牛肉面的光环。

同样是在2011财年，在整个方便面市场趋于饱和的背景下，统一靠老坛酸菜一款产品成功逆市上扬，在方便面销售市场整体下滑1.9%的背景下，统一的销售量却上升637.3%，销售收入达到了近60亿元，并拉动市场占有率从9.5%上升至13.5%。

同样的故事也发生在昔日的手机第一品牌诺基亚的身上。

诺基亚的全球市场份额曾经一度达到了40%，从1998年到2012年诺基亚最辉煌的14年间，全球卖的最好的20款手机里，诺基亚就包揽了一半。在诺基亚每一个阶段的品牌营销过程里，诺基亚总会将聚焦点放到一款机型上，从而制造出最优秀的光环。

诺基亚3310，一款销量超过1.25亿台的手机，诺基亚当之无愧的神话缔造者，曾经一度被中国人称为“砸核桃机”。紧随其后的是诺基亚1100，更是打破了3310的记录，在全球一共卖出了2.5亿台。

正是凭借这些耀眼的光环，诺基亚的市值最高峰时一度超过2000亿欧元。

同样摩托罗拉也有类似的经验，尽管这个品牌长期以来走的完全是诺基亚相反的方向，就在诺基亚全力在手机市场上聚焦的时候，摩托罗拉却狂奔在多元化的道路上，但即便是如此，光环效应也出现在了这个品牌的某些时间截点上。

2004年，摩托罗拉推出了其著名的机型——刀锋，并在当年将其所有的营销资源都投放在了刀锋手机上。

相关数据显示，在2004年的第三季度，摩托一共售出了3870万台手机，当季销售额增长了26%。单是刀锋就卖掉650万台，很明显，刀锋成为了其他产品的光环。

面对一个由全线产品组成的品牌很难形成有效的光环，那些长期身处宽大豪华的办公室里的CEO们很难接受将所有的宝贵资源投入到一个能够制造光环效应的产品上，想象一下，赶集网和58同城的管理团队在决定到底要将资源向那个产品倾斜的时候，答案往往是平均分配，这让品牌很难走上盈利的正常轨道。

一个总是左右摇摆的品牌很多时候除了制造混乱就是迷惑。

赶集网从一开始的“啥都有”，到二手房租赁，到人才招聘再到二手车买卖等，这么多的光环足以让消费者头晕目眩。从战术上讲，赶集网同样要把营销资源平均分给每一个业务板块，内部的人力物力消耗，外部广告和公关资源的分配浪费严重，从战略上讲，赶集网要同时在多条战线跟不同的敌人开战,兵力和战略方向严重分散,这更是兵家大忌。

在任何一个行业里,分散而面面俱到地打造品牌的办法都让品牌盈利变得十分困难。想象一下,我们如何能让吉利和奇瑞的管理层将所有的营销预算投入到吉利熊猫和奇瑞 QQ 两款车型上? 完全不可能。

尽管现实中吉利熊猫和奇瑞 QQ 都曾经是这两个品牌旗下最受欢迎的车型之一。这两款车型都有机会成为中国最受欢迎的微型家庭车型,两个车型都可以制造出优秀的聚焦光环,例如熊猫凭借其憨厚的外形完全可以占据中国"最安全"的微型轿车,但是很可惜,优秀的商业逻辑往往在现实中总是被抛弃。

光环效应的最佳例证就是江苏卫视和浙江卫视。

在媒体资源铺天盖地的今天,没有任何一个卫视台可以靠面面俱到的战略赢得这场媒体战。要让自己的卫视品牌能在拥挤不堪的资讯世界里成为摇钱树,企业当然要把赌注压在最有希望胜出的现金牛身上,而不是平均分给每个电视节目。

江苏卫视靠《非诚勿扰》一个节目将收视率提高到了历史的最高点,浙江卫视随后推出了的《爱情连连看》但却始终生活在《非诚勿扰》的光环下,直到浙江卫视推出了完全不同于江苏卫视的《中国好声音》,一举登上了中国收视率最高的宝座。在婚恋和唱歌两个板块里都没有取得优势的湖南卫视最终凭借《爸爸去哪儿》一举收回失地。

在营销的历史上,只有极少数的公司十分完美地把单产品策略变成强大的营销武器。全球手动剃须刀领导品牌吉列公司就深谙此道。

吉列公司在过去的几年中将所有的广告预算都给了最新的剃须刀品牌 Fusion。这种 Fusion 六刀片剃须刀第一个月就占据了剃须刀市场 55% 的份额,这也帮助吉列占据了湿型剃须 80% 的市场份额。

很多品牌的创始人往往从手心手背都是肉的思路出发,对于最有机会成为光环制造者的品牌反而投入太少,他们认为这款产品已经很不错了,转而将宝贵的资源和时间投入到了没有多大希望成功的产品上面,这是聚焦战略中最大的一个误区。

在品牌的世界中，只有成功才能创造更大的成功，对失败的产品产生怜悯之情只会毁掉其他优秀的品牌。

中国的很多大型企业都有一堆在同一个名称下推出的品牌，99%都没有任何成功的希望。

品牌的管理者更需要明白，聚焦战略是企业实现高速稳定财务增长的强大推动力，很多时候，品牌所传播的聚焦与企业生产的产品本身可能无关，营销聚焦的产品和赚钱的产品本身也并不相同，理解这一点，可以大大抵消品牌在做减法时 CEO 的不安全感。

二十三、最容易引诱企业抛弃聚焦战略的几大陷阱

一个品牌想要达到成功的巅峰，聚焦是整个过程中最为重要的东西，不管这种聚焦是一种渠道还是一种概念或是人群，一旦找到，企业就不要再东张西望。很可惜的是，很多中国企业在刚刚有点成功迹象的时候就任其随意扩张和发展，而在失败的时候才开始慌慌张张地掉头去寻找曾经成功的基础。

渠道陷阱

为什么只让自己的产品通过线下实体店销售？我们完全可以线上线下一起销售。

对于很多企业来说，渠道本身就是一种优秀的认知，这种认知既是品牌存在的战术基础，又是一种完整的与众不同的战略方向。

2012 年，昔日的“全球第一直销”巨头雅芳报出亏损的消息。2012 年雅芳全球总销售额 107 亿美元，亏损 4250 万美元，营收下降 5%。而其竞争对手安利则以 113 亿美元的全球销售额，首次超越雅芳，成为全球第一大直销公司。

综合雅芳近几年财报，雅芳的核心收入来源主要在拉美市场。2010 年，雅芳超过 42% 的销售收入来自该区域，2011 年这一比例超过 45%，而雅芳中国的销售收入则在逐渐递减，在全世界化妆品品牌在中国突飞猛进的时候，2012 年，雅芳的销售额却跌破 10 亿元。

同年，雅芳中国区总部宣布了以“回归零售”为核心的第四次转型计

划，而这已经不是雅芳第一次转变自己的零售渠道，在此前的24年间，雅芳一直在渠道和身份上模糊不清。

从1998年起，雅芳转型做专卖店，初期业绩喜人；2005年，雅芳“贿赂门”事件爆发，雅芳总部提出“全直销”发展计划；2008年，全直销遭受重创的雅芳中国执行“直销+专卖店”双模式，导致雅芳利润不断下滑，中国市场的销售额不断下跌；2012年，雅芳中国决心再次回归零售。

这个优秀的直销企业在不停地对于渠道身份的左右摇摆之间对品牌造成了严重的伤害。

雅芳成功于直销，而雅芳在美国和中国市场都存在着对于渠道的摇摆不定，这里边有两个最大的障碍在左右着雅芳的思维模式。

首先就是对自己的商业模式没有足够的信心和耐心。

对于一家成功的企业，最大的愚蠢就是因为市场和经营层面的偶发性因素而随时对战略作出调整，从而到达迎合市场的目的。

因为中国的直销从业人员的良莠不齐，很多国外直销模式进入中国时，人们会有种种的误解，但是这并不是问题的根本所在，企业要明白，聚焦渠道并且一旦被消费者心智赋予某种渠道认知的时候，企业才拥有了成功的强大基础。而企业更要进一步地整合所有优秀资源，保护和提醒消费者对于渠道的忠诚和认知。

看看安利进入中国后对于直销渠道不懈的打造，就能明白今天的成就就是最好的回报。

同样是以电话直销进入中国的美国大都会保险，从进入中国起就坚决地把直销模式搬到了中国，并没有因为所谓文化问题而在直销战略上左右摇摆，就在中国几大保险公司都在街头分发传单拉人头的时候，大都会不但因为对于直销人员严格的培训和管理而赢得了高素质的美誉，其中国区的业绩更是保持了高速稳定的增长。

当年迈克尔·戴尔在创建戴尔笔记本的时候，他只是一个大二的学生，而他当时面对的是全球计算机的巨人IBM，那么戴尔日后如何打败IBM成为个人电脑的第一品牌呢？

首先就是从聚焦渠道开始，戴尔清楚地看到在产品和质量以及体量上永远不可能有战胜 IBM 的机会，要取胜，必须是找到一条与 IBM 完全不同的制胜之道，那就是聚焦销售渠道。

当 IBM 生产全系列产品时，戴尔只专注于个人电脑；

当 IBM 开始面向所有人群时，戴尔只专注于商务人群；

当 IBM 的专卖店遍布全球时，戴尔只专注于电话直销。

经过了 10 多年的信心和耐心，戴尔最终占据了个人电脑业务的霸主地位。

对于很多品牌来说，集中于一种渠道会让自己成功起步，而起步之后的品牌往往就忘记了曾经是什么让自己成功的，一旦成功，它们会马上急不可耐地让自己走入所有的渠道，这样看来才让企业觉得自己不是故步自封。

也正是这个问题，让很多企业在聚焦渠道而不得不做出放弃决定时显得极不情愿。

戴尔在成功依靠渠道起步后，也曾经偏离过自己的渠道，试图走入零售渠道。

1990 年，戴尔允许仓储式电脑超市公司 COM USA 以直销渠道的价格销售它的个人电脑。

1991 年，戴尔与全球最大的办公用品连锁品牌史泰博（Staples）达成协议，双方同意让戴尔的个人电脑出现在 Staples 的货架上。

就在戴尔在自己的聚焦认知上左右摇摆不定的时候，戴尔的竞争对手，也是美国第二大直销电脑品牌捷威（Gateway）开始聚焦直销渠道，这一聚焦战略很快显示出了威力，这个品牌的销售额开始直线上升，利润和市场份额已经跟戴尔不相上下。

戴尔终于在惨痛的教训下于 1994 年突然宣布退出所有的零售商渠道，继续聚焦电话直销。

创建一个品牌需要十几甚至几十年的努力，而毁掉一个品牌只需要在对于多渠道模式的尝试中很短的时间内就可以完成，且不说这里面还涉及大量的人员培训、返点计算、顾客服务等细致的战术问题。

捷威后来的品牌之路如何?

不像戴尔这个品牌成功聚焦于直销后就把自己成功的基础抛在了脑后,捷威开始在零售店、超市、商场和互联网渠道全面销售,并且将零售的触角伸向全球,2007 年这个长期亏损的品牌被台湾的宏基电脑公司收购。

雅芳也是在两种营销模式之间的反复犹豫和多种渠道的不停尝试中遭受重创。

像雅芳等这样的公司经常犯下的另外一个错误就是按照基于未来的预测来修改自己的战略。正是基于这样一种对于未来的预测让雅芳在中国之外的市场也摇摆不定,多次偏离自己上门推销的战略。

世界如此之大,很多复杂的因素让营销工作更多的是一种可能性的博弈,而这正很多公司所谓的战略制定过程里一个致命的缺陷。

太多的媒体和专家预言只是抓住了眼球,而从来没有抓住市场和财富。对于任何一种未来的趋势,媒体经常是无限地放大,而公司却又经常在这种媒体的噪音中迷失自己。

如果你相信微软鲍尔默的预言,今天的世界早就应该是好莱坞大片里绚丽的无纸化办公,漫天的城市飞行器将你直接送入摩天大厦的办公室里。

如果你相信健康的预言,今天的人们早就把猪肉请出了餐桌,变为素食,这也是当年麦当劳偏离自己的主战略走向鸡肉的原因。

商业的世界潮起潮涌,公司不可能总是跟随所谓的种种商业潮流的节奏左右摇摆,当市场的大势离你而去的时候,最好的原则就是耐心地在原地等待,等待涨潮重新将机遇带回你的身边。

面对千变万化的商业世界,很多时候保持聚焦保持不变就是很多品牌最好的应对策略。好的战略本身就包含了舍弃,一个强大的专卖店不可能兼顾直销的认知;另外一方面,一个强大的直销品牌也不可能再成为一个强大的专卖店。

雅芳在中国的十几年里在两种战略模式间反复摇摆不定,这是一个巨大的战略隐患,只不过今天的财务数据进一步验证了这种脚踏两只船思维模式的代价。

这个世界上没有任何成功的品牌可以既是专卖也是直销,既是强大的线上品牌也是强大的线下品牌。

只是因为我们把一个互联网品牌放到现实中去,不可能成为一个成功的线下品牌;反之,只是因为我们把一个现实中的品牌放到互联网中去,也不可能成为一个成功的互联网品牌。

互联网和互联网品牌是两个完全不同的概念,专卖和直销更是另外两个不同的概念。

雅芳的另外一个大的问题是,面对众多的化妆品第一品牌,面对曾经的顾客已经开始步入中年这一个事实,雅芳需要重新疏导自己的定位。

如果你是雅芳的营销总裁,你会怎么办?

问题没有多么复杂,就在所有雅芳的消费者嘴里:雅芳是什么?

雅芳首先是美容的产品,雅芳更是一种渠道,这两个都是雅芳卓越的战术,但是我们的观点还是首先要聚焦渠道:

“大门一开,雅芳自然来。”

“电话一响,雅芳来访。”

或许都是雅芳直销战略最卓越的表达。

这个战略表述包含了两个层面的意义:对于雅芳的直销人员来说,雅芳是一个可以不用在办公室里工作就可以实现人生梦想的公司;更重要的是,对于消费者来说意义更为重大,雅芳不是他们非要去超市和专卖店才能买到的美容产品,雅芳是世界上唯一可以送货上门的美容产品。

专业和经过严格培训的美容顾问会将雅芳的美容手册和专业化妆理念带到爱美的女士们的身边。

在过去的几十年间,雅芳一直在多渠道中摇摆不定,其在美国的市场份额已经下降了35%之多,雅芳如果要重塑当年的成功,首先就是要坚决的回到其直销的战略,这也是雅芳唯一与世界上众多的大型专卖店和经销商高度差异化的地方。

聚焦并忠诚于一种渠道是让安利这样的全球品牌成功的基础之一,很多人在安利这个品牌上会产生一种错觉,认为这个品牌是典型的大而全的成功品牌。安利的业务确实面面俱到,包括保健品、家具、美容、厨房用品等等,如果这是一个百货公司的战略,这绝对是一场灾难,而真正让安利成功的不是这些产品,而是安利强有力的聚焦战略:多层次直销渠道。

企业要理解当消费者赋予品牌一种清晰的渠道认知的时候,这本身就是品牌高度区别自己的一种身份,每当企业的直销人员听到顾客相互之间谈论"电话一响,雅芳来访"的与众不同的意义时,就可以明白这个世界上有千万间化妆品公司向同样的顾客兜售着同样的产品,而这个世界上只有一家化妆品品牌可以将美丽送到家。

产品线陷阱

为何将自己的产品只对准男性,只为商务人士服务,所以今天我们看到了百丽的男鞋,爱慕的男士内衣。

1976 年,叶惠德在台湾创建龙凤水饺,1992 年成立上海国福龙凤有限公司,进入上海两年之后的 1994 年营业额就突破了 4000 万。

到 2004 年龙凤一度占据了冷冻市场 13. 8 的份额,然而这个份额面对速冻水饺第一品牌湾仔码头 40% 的份额还相距甚远,龙凤最明智的做法就是缩小产品线和版图,确保自己在上海及南方市场的战局可以掌握在自己手中。

然而龙凤走的完全是一条相反的路,开始向全线产品出击,这一举动让龙凤更加被动,2008 年龙凤被国际调味品巨头亨氏收购,开始了向酱料及调味品等更疯狂的延伸,以期用调味品带动水饺的销售。这个糟糕的战略让龙凤的市场份额从 13. 8% 降到 4% ,2012 年亏损近 3 个亿。

2013 年亨氏被股神巴菲特收购,完全丧失了主动权的龙凤最终以很低的价格出售给了三全,至此世上再无龙凤,餐桌上的水饺之战最终成为三全和湾仔的天下。

作为中国优秀的体育品牌，李宁与耐克、阿迪一样，成功于运动鞋这个焦点，在此之后李宁开始了产品线的全线扩张，从服装到运动器材，依然一副要与耐克和阿迪一决雌雄的样子，不仅仅是产品线，其业务领域也延伸至美国。

这么多产品线换来的是李宁享受了几年短暂的快速增长，但即便是在这短暂的快速增长期里，李宁最好年份的净利润率也只保持在11%左右，而过去十年平均净利润率则只有2%，远远无法跟欧美的一流品牌相提并论。

从2011年开始，这个品牌遭遇了历史上最严重的连续亏损，其美国业务部分也就此折翼。李宁这个在中文里还可以有所代表的名字，在英文中则没有任何意义，美国业务本身就是一个不切实际的想法。面对高处的耐克和阿迪，还有低处的安踏等对手，李宁最应该做的就是集中所有宝贵资源于一个战场，即便是耐克也根本没有能力让品牌在童装和运动器材领域取得同样的成功。

有太多的品牌在需要全力聚焦以便可以取得最终的胜利时，却选择了全线出击。

美国汽车公司是如何倒闭的

美国汽车公司成立于1954年，当时正是二战之后美国汽车工业高速发展的阶段。创始人之查尔斯·纳什先生是美国现代汽车工业的奠基人之一，他从一个牛仔一路成长起来，并在31岁就成为了通用汽车公司的副总裁，正是在他和斯隆以及雪佛兰先生一起打造了通用汽车在上个世纪的辉煌岁月。

1916年纳什从通用汽车公司辞职成立了纳什汽车公司，同一年纳什汽车公司与开尔文家用电器公司(现代侧开门冰箱的发明者)合并，成为纳什－开尔文公司的汽车部，又在1954年与哈德森汽车公司合并，成立了“美国汽车公司”，简称AMC。

美国汽车公司在发展的过程里曾经有过数次可以通过聚焦而取得高度成功的机会，但是很可惜，这家公司一次也没有抓住。

60 年代初期，美国汽车公司是当时市场上第一家真正意义上开始生产微型轿车的公司，名字为 Nash Rambler（漫步者），而此时绝大多数的美国汽车品牌都在生产大而笨重的汽车，这时机会的大门已经打开，如果当时 Nash Rambler 可以坚持住这个优秀的聚焦，今天的美国汽车历史或许就会被改写。

美国汽车公司当时最正确的做法就是砍掉所有其他亏损中的车型，集中于 Nash Rambler 所代表的微型汽车。然而美国汽车公司走的完全是一条相反的路，它在推出了 Nash Rambler 的同时也推出了各种车型，豪华、家用、敞篷，等等。

也就是在这个时候，大众汽车的甲壳虫开始进入美国，这款看起来其貌不扬甚至有些丑陋的微型轿车只有一种车型，一种引擎，没有可以选装的配件，一种价格（1500 美元），这款高度聚焦的汽车进入美国后马上取得了惊人的成功，一度占有了美国小型汽车市场的 70% 的份额。进入美国市场 16 年后，大众一共卖出了 60 万辆汽车，其中 94% 的份额是由甲壳虫这一单一车型贡献的。

纳什既没有耐心也没有兴趣占据“微型”汽车这个字眼，第一次成功的机遇就这样与纳什擦肩而过。

美国汽车公司第二次通过聚焦打造成功品牌的机会出现在 1970 年，这一年美国汽车公司从凯色工业公司购买了吉普（Jeep）汽车的生产权，开始生产吉普车。虽然一开始吉普车的销量并不是太给力，但到了 70 年代末的时候美国汽车售出的吉普车已经超过了其生产轿车的数量（163000:158000），这一数字另外一层意义是吉普车是一种财务前景很好的车型，而美国汽车公司其他产品线则依然处于亏损的状态中。

面对这个显而易见的机会，美国汽车公司应该毫不犹豫地将所有的资源集中到其吉普车的身上，这是美国第一个生产“四轮驱动，只为公路以外的路况”而诞生的汽车，它最应该做的就是把公路让给福特、克莱斯勒和通用，让自己只聚焦公路以外的道路。

而美国汽车公司再次错过了这个机会，他们继续生产所有类型的轿车，当时的美国汽车公司的总裁杰尔拉德·梅因对此辩解说："生产各种类型的小型车可以分摊车辆生产的总成本，而供应商也可以有更多产品来提供给顾客。"

符合财务逻辑的东西往往不符合现实，梅因的逻辑是完全站不住脚的，只有聚焦经营才会让一种产品的利润超过多个产品利润的总和。当你有多种不同的产品时，你首先破坏了品牌所代表的优秀焦点，而从成本角度看，10 款产品所涉及的生产线员工和背后的服务人员远远超过了一款聚集的产品。

更重要的是，按照经销商的需求来配置生产线将会把企业带上一条不归路。生产商是从内向外看待品牌，他们当然希望丰富的产品线能满足每个进门的人；只有消费者是从外向内看，他们只希望看到的品牌可以在他们心中有所代表，这可以大大简化他们购买的过程。

从 70 年代初期到 80 年底末，美国汽车公司一直处于亏损的局面。面对一次次错过的成功机会，这个品牌已经无力回天。1987 年这个已经千疮百孔的品牌被克莱斯勒买走，而克莱斯勒买下美国汽车公司后做的第一件事情就是美国汽车公司本应该为自己的品牌所做的，他们砍掉了除吉普品牌之外的所有车型，吉普品牌成了非常成功的汽车品牌之一。在 1987 年美国汽车公司卖掉这个品牌时，这个品牌的销量是 208000，而在 1987 年克莱斯勒接手后的 1995 年，这款汽车的销量达到了 427000 辆。

你的产品和车型比别人少，绝不意味着你的利润和财富比别人少，恰恰相反，当你只销售一种产品和一种车型的时候，别人才会相信你一定在这方面拥有真正的权威，所以企业才会有这样与众不同的自信。

成为第一是中国任何一家参与商业角逐的公司的目标，尽管它们当中 95% 都与这个目标无关，很多企业对于营销中聚焦战略的选择性屏蔽决定了它们在诞生时就与真正的财富无缘。

今天，在通往第一的道路上，企业很多时候面对的就是舍弃，这让很多 CEO 和管理团队难以接受，特别是当企业在长期的发展中已经形成了一套自己的观念，任何想推翻这套观念的人都面临着天下之大不韪的风险。很多观念明明是错的，但是为了升职和股权，很多人也只能违心选择认同，尽管他们都心知肚明这根本无法通向第一的位子。

源于第一款产品的自负

成功会让人感觉良好，但是成功更会带来自负。某一种产品的成功往往会给企业的创始人一种假象：以为自己可以将这种成功顺势免费地嫁接到另外几种产品上。然而这个世界上没有免费的午餐，免费的代价往往是巨大的。

天下所有的企业都只是领域的企业，这个世界不存在全领域的公司，很多时候一种产品的成功事出偶然，机缘巧合，或者是精心谋划和长期奋斗的结果，尽管成功的原因不尽相同，但是大家都殊途同归，最终成功于一个领域，也可能落寞于一个领域。很少会看到企业，特别是中国的大型企业能在原有产品的基础之上再成功地打造第二甚至第三个焦点，这其中牵涉的因素很多。

有的创始人完全无视营销的基本规律，有的依然行进在计划经济时代的思维中，有的做事复杂而混乱，更多的是患上了大企业综合征，战略的制定往往不是像小企业一样从能做什么处出发，却是以梦想和情怀开始，而这些都不是消费者愿意为之买单的东西。

功能饮料的开创者红牛在全球取得了空前的成功后也一度飘飘然推出了红牛可乐，他们甚至预言 5 年之内自己的红牛可乐会跟红牛一样成功，今天的红牛可乐早已不见踪影。

娃哈哈在 20 世纪 90 年代取得了第一次成功后，开始了绞杀可乐双雄的计划，非常可乐就此诞生，今天的非常可乐同样消失得无影无踪。

联想在电脑领域里取得的成绩让这家公司自信自己有能力挑战另一个巨头苹果，它发起的第一个战役就是“围剿”苹果的智能手机 Iphone。今天，联想的智能手机乐 Phone 早已不见踪影，其他的产品只能弱弱地在低端勉强支撑。联想每次也只是以出货量来描述自己的手机业务。

如果说成功就是带着篮球从自己的半场投送到对方的篮筐里,很多企业完全无视中场的5个对手,而正是这个5个对手让你带球直接上篮得分的想法变得不太可能。

这个世界上没有任何一家公司可以免费地在自己原有成功的基础上顺势推出第二个甚至第三个成功的品牌,这其中牵涉的因素很多,除了创始人本人的性格之外,更多的是对打造一流品牌基本规则的漠视,这就很好地解释了为什么只有苹果可以用三个产品一跃而成为全球最富有的公司,因为乔布斯的每一步看似异于常人但却完全符合品牌的打造规律,从品类的分化和开创截点到为新品类命名,从战术层面的减法法则到战略节奏的驾驭,每一步都是精确到位。

这是刚刚从计划经济转型过来的中国企业需要从头学起的科目,而这通常很难。源于第一款产品的自负很难让我们的企业精英潜心学习欧美一流企业的品牌战略之道,希望也不在这些大型的企业身上,未来属于那些此时此刻在某个角落里潜心研究真正的营销战略的创业者们。

年龄群

为何只为成人生产服装?为何只为孩子生产衣服?为何只面向白领招聘?为何只面向蓝领招聘?

当产品代表的顾客正在慢慢长大,公司往往会追逐着这部分客户群推出更年轻或者更成熟的产品。

当李宁代表的客户慢慢长大,李宁选择向新一代的孩子们继续推销李宁年轻的产品,今天这个品牌已经陷入了巨大的麻烦之中,李宁最应该做的是在合适的节点推出全新的品牌,以便能够应对新的挑战。

同样的事情也发生在李维斯这个品牌上,当李维斯代表的客户一点点长大,他们推出了李维斯经典来面对新一代的消费者,但是却根本无法迎合新的客户,直到他们推出了多克士(Docker)。

过去的10年是各大招聘网站疯狂烧钱抢市场的10年,厮杀之激烈一点不亚于这几年的电商团购。与电商团购一样的是,这些网站都在面向所有的人群。

2006 年中华英才的新任 CEO 提出了面向企业、社会求职者、大学应届毕业生等所有不同的人群研发相应的产品,短时间内中华英才的销售数据开始上升,但是这只是这个品牌倒下前的回光返照,今天这个品牌已经消失了。

理论上面向所有的人群可以在每个人群里收获一部分的客户和销售额,但实际上面向所有的人群会让每个人群的人都感觉到自己被冷落被抛弃。更为重要的是,面向所有的人群会让品牌在每个人群里都看上去像是一棵墙头草。

面向所有的人群,意味着品牌要取悦和讨好所有的人,这让面对品牌的客户感觉不到任何权威和专业感,这更为后起之秀的专业品牌留下了足够的进攻空间。

MSN 应该如何向 QQ 这样的品牌发起进攻?

并不复杂,看看 QQ 使用的年龄群就知道。MSN 应该利用 QQ 是大孩子和小孩子都在使用这一认知,走到这个品牌的高处从而聚焦于专业的商务人士,这样做的另外一个好处就是可以将 QQ 定义为"还不够专业和成熟人生的选择"。

版　图

为何只把品牌局限于北京、上海或广州? 为何只把目标局限于一个小小的县城里?

对于绝大多数没有机会成为全球品牌的中国企业来说,把目标仅仅局限于国内已经足可以让品牌成为大赢家。对于绝大多数没有机会成为中国品牌的企业来说,把目标仅仅局限于企业所在城市同样可以让企业拥有财富。

面对强敌,缩小版图并找到一个牢牢守得住的战场永远是那些中小企业最明智的做法。

同样是面对强敌，缩小版图和焦点可以让你的品牌在小小的水池里做一条大鱼，而不是在一个大大的池塘里做一条随时会被吃掉的小鱼。

全球最大的汽车租赁公司赫兹成立于1918年，曾经以首先进入租车品类而成为全美最大的租车公司，它的第一个店开在哪里？

赫兹开始起步的时候，航空运输还没有成为主流。赫兹的店都选择开在人流量最大的地方，通常是闹市区，芝加哥是他们第一个进入的城市。

在赫兹已经成为美国租车领域老大的时候，第二品牌安飞士的生存空间在哪里？

安飞士没有跟随赫兹的竞争节奏，它选择走到赫兹的对立面上。安飞士创建于1946年，这个品牌起步时正值美国二战后航空运输量大幅上升，所有大租车公司都将运营重点转向机场，这给安飞士创造了跟赫兹对立的条件。企业家华伦·安飞士(Warren Avis)将焦点放在机场候机厅门前，由此迅速成为美国第二大汽车出租公司。

在赫兹和安飞士分别占领了老大和老二的前提下，其他品牌还有生存的空间吗？

答案是毫无疑问的，前提是品牌本身具有完整的对抗价值，而不是亦步亦趋的模仿。

1957年企业家杰克·泰勒(Jack Taylor)成立了一家新的租车公司，这家叫英特普莱斯租车(Enterprise Rent - A - Car)的公司于1960年在城市郊区开始营业，它们没有选择闹市区，也没有选择机场，而是将自己的焦点放在了“汽车保险之外的补偿”。

英特普莱斯专为遭遇汽车偷盗、交通事故或机械维修的消费者提供租车服务。它将营销活动聚焦在保险经纪人和保险理赔顾问这些人身上。

英特普莱斯目前是美国本土租车行业的老大，仅就公司规模来说已经超过赫兹。它的总收入为90亿美元，赫兹是81亿。虽然大约90%的业务都在美国，而赫兹在全世界近150个国家设有分公司，但英特普莱斯仍处于领先地位。

从闹市区到候机厅再到郊区，在租车行业的每一个竞争阶段，常规型思维都可能会拒绝做出改变，因为这不符合管理层的思维——“到有市场的地方去。”然而这却恰恰验证了营销人的思维：“到没有市场的地方去。”

今天，中国的所有的租车品牌依然是“任何人，任何时间，任何地点”的战略思维，像神州和一嗨这些品牌都艰难地行走在盈利之路上。

滴滴和快的，赶集和58同城，这些品牌几乎与神州租车如出一辙，所有的版图，所有的人群，所有的业务，58同城甚至推出了线下的陪练业务。这些品牌即便是拿着投资人大笔的钱也很难看到盈利的希望，它们的未来也都很渺茫，因为比它们更懂得聚焦战略的团队随时会出现，它们最好祈祷自己的对手不要先读到这本书。

价　格

品牌的拥有者经常会想当然地认为，一种价格只能涵盖一种人群，多种价格就可以覆盖所有的人群了。对吗？算术上完全正确，现实中就很荒谬了。

HTC就是这种思维的拥有者。

这个品牌同时拥有高、中、低三种价位，这样就可以同时兼顾高、中、低三种不同的顾客。

这样做的结果就是同时脚踏三只船而最终落空，HTC的净利润率2008年最高峰时为19%，而2013年则亏损6000多万，而这种亏损的局面依然会持续一下。

为什么一个品牌很难支持多个价格战略？

原因还有很多，但是最大的问题还是价格所代表的价值观被破坏。

购买了奔驰S系列的消费者想告诉外界什么？

当然是作为成功人士的名望，没有任何一个购买了奔驰的人希望告诉外界自己很低调。

那购买了像本田飞度一样的奔驰车主向外界透露了什么？

更不是低调，而是自己的财富还远不足以支付一辆真正的奔驰。奔驰当然有能力生产各种价位的汽车，但是奔驰汽车无法让真正富有的人认同那些没有钱却依然想加入“声望”俱乐部的车主们。当他们发现越来越多的小奔驰在满大街飞奔的时候，他们转身就走向了那些可以真正代表声望的品牌。

很多时候，价格并不完全是产品的真实内在价值体现，更是品牌向自己的消费者传递外在价值的承诺。随着品牌将自己的战略持续不断地向前推进，价格已经是顾客在可以感知的范围内为某种安全感买单的理由。

二十四、聚焦战略中的广告

自有人类开始,便有商业,广告也随之出现。

公元前3000多年前,古巴比伦就出现了最早的楔形文字的简单文字广告。

公元前1000前,在古埃及首都特贝出现了最早的广告传单,传单用芦苇纤维制成,内容是寻找逃走的奴隶。

中国历史上最早的广告应该是唐朝诗人杜牧写过的"借问酒家何处有,牧童遥指杏花村"。"杏花村"算是中国最早的品牌名称了。

在中国古典小说《水浒传》里,武松路过"景阳冈"的章节中有一个酒肆,打着一杆酒幌子,叫作"三碗不过冈",这应该算是中国最早的酒店广告语。

早在北宋时期,山东济南"刘家功夫针铺"有一个醒目的"白兔儿"商标,这个商标据说是中国最早的商标,比1473年英国威氏家族印刷的祈祷书广告还要早300年。

今天,这些品牌和图片早已不见了,留下的只是这些古老品牌的故事,这最起码向我们揭示了广告中一个长期被误解的概念,曾经被很多广告专家引用的"一图胜千文"在现实的大脑记忆的过程中正好是相反的,能最终留在大脑中的首先是文字。

这引出了关于广告中最基本的一个常识,广告是视觉的还是听觉的?

要回答这个问题并不需要拥有心理学博士的学位,我们只需要问自己几个简单的常识。

当我们感到口渴想要喝点东西的时候,我们大脑中是会想到品牌的名字还是可口可乐红色的罐装，答案当然是名字。

当我们要去购买的时候，我们通常是会在购物清单上画上这个品牌的图标还是只是这个品牌的名字？

如果不是有特殊嗜好和非凡艺术造诣的话，绝大部分消费者都会写下品牌的名字。

当我们和家人商量购买一辆能够代表品味的轿车时，我们是会讨论品牌的名字还是画出品牌的标志？

答案是奔驰、宝马还是捷豹这些名字本身，当然我们走在街上看到这些品牌时，他们的视觉标志部分会首先映入眼帘。

讲到这里，我们已经可以清楚地看到参与大脑深层思考和理解的首先是文字，是文字在嘴和耳朵的帮助下参与了整个重要的思考和决策过程。

今天的心理学研究已经表明，我们的眼睛需要理解一个书面文字的时间是148毫秒，而我们的耳朵需要理解一个口述的词语所需要的时间为128毫秒，为什么眼睛会比耳朵要多10几毫秒的时间呢？

科学家推测，这是因为眼睛需要把看到信息转化成大脑可以理解的听力信息所需要的时间，这也很好地解释了为什么人们在读书时遇到难以理解的章节时需要停下来思考的原因。

不要误会，我们并不是说视觉部分不重要，视觉部分承担任务也很重要，全世界最优秀的品牌广告无不是文字加视觉部分的，但是不要高估了视觉部分，视觉仅仅是文字一个传承，这就是为什么在电影院里即便是看母语的电影我们的眼睛也总会倾向于看向字幕部分，因为眼睛靠文字思考。

对于今天品牌战略意识刚刚开始觉醒的中国企业来说，大部分企业的高级管理人员所理解的视觉和广告还仅仅停留在好看和艺术形式的层面上。

一个失败的广告图片再好看也是失败的广告，一个符合战略的广告图片再难看也是一个成功的广告。

老干妈没有任何好看的图片和任何所谓的艺术化的LOGO，只有创始人陶碧华女士的头像视觉部分,但是老干妈依然是中国最成功的品牌之一。

老干妈的成功首先是聚焦战略正确,这个品牌开创了中国罐装辣酱品牌,而长期不变的创始人头像的视觉部分反过来又传递了这个品牌背后永远不变的品质保证。

真功夫没有任何好看的图片和艺术化的LOGO,只有李小龙功夫形象的一张矢量图,但是真功夫是中国过去几年中最成功的快餐连锁品牌。

真功夫拥有一个卓越的战略基础,这个品牌成功开创了中国米饭快餐连锁品类,其“蒸功夫”的战略主线正好戳在了肯德基和麦当劳炸的软肋上,最难得的是真功夫在过去的几年中将所有的广告资源投入在了一款排骨米饭产品上,其李小龙的视觉部分准确地传递出了“有功夫当然有实力”的视觉战略表述,更主要的是真功夫的广告视觉部分可以让品牌在百米之外就依稀可见,这是大部分中国品牌所不具备的。

在过去的10年当中,中国最成功的饮料品牌是谁?

答案是王老吉。

王老吉有视觉图片吗?

当然有,就是它的红色罐体,要明白一个优秀的视觉战略不一定是商标本身。

王老吉的广告中有什么漂亮的图片吗?

没有,没有任何所谓的艺术图片和艺术加工。王老吉几乎以执迷不悟的态度在过去的十年中播放了完全一样的广告,一群吃着火锅的人高举王老吉,几个大大的字每次都要高声读出来:怕上火,就喝王老吉。

优秀的战略推导出优秀的视觉部分,优秀的视觉部分反过来有效地提醒品牌的存在,有效的广告便是将两者结合在一起释放出品牌巨大的魅力。

腾讯的QQ对于一个即时聊天的工具来说是一个优秀的品牌,企鹅的视觉部分能让人非常好地传承了QQ亲切便于沟通的战略部分。有没有比企鹅更好的标志?当然会有,但是这个视觉部分在广告中完全与众不同，这才是视觉对于广告最大的意义，与好看与艺术与否并无关系。

百度对于一个搜索品牌来说是一个卓越无比的品牌名，百度有视觉部分吗？如果只看百度的英文和汉语之间的熊掌似乎并不能构成完整意义的广告视觉图案，尽管这个熊掌在传递着“搜索足迹”的战略含义。而百度拥有一个强大的视觉元素，那就是百度极其简洁的页面，这个高度简洁的页面同样在传递着这个搜索品牌在令人困惑的世界中化繁为简的能力。

百度需要每年为自己的品牌投入多少广告？

几乎一分钱不需要。这个品牌在创建之初到现在获得了大量的公关，这些公关足以把这个品牌送上高度盈利的轨道。当然，当百度开始试图延伸进入视频，地图搜索等领域的时候便需要付出大量的广告费，即便这样也不能保证自己的成功。

搜狐是门户网站第一品牌，它同时拥有一只矫捷的狐狸作为自己的视觉战略部分。

当然，并不是所有的广告图案都一定是动物或者是艺术加工的图片本身，产品本身的设计也可以成为优秀的视觉战略部分。

可口可乐的红色罐体；

沃尔沃轿车的坦克型外观；

巴宝莉的经典方格。

这些都是这些品牌经典而永恒的视觉部分，它们都在广告中传递着品牌完全与众不同的气质和故事。

那么在商业活动中，真正有效的广告是如何制定出来的？

在回答这个问题之前，我们必须要搞清楚一个东西，广告永远是不可信的，没有人喜欢广告。在媒体的时代，广告会被动地接受；在互联网的时代，消费者直接选择屏蔽。对于任何一个代表新品类的品牌来说，广告不会起到太多作用，真正起作用的是公关。

星巴克、哈根达斯、苹果、谷歌、百度，这些品牌在刚推出时几乎都是一毛不拔的，是媒体的公关和大众对于新品类的关注很有力地推动了这些品牌的发展。

公关是借助第三方的嘴来传递品牌的价值，相对于“王婆卖瓜，自卖自夸”式的广告而言具有更高的可信度。即便是普通的消费品领域中，公关也会给予品牌强大的推动力量。看看黄飞红这个高端的麻辣花生品牌，从诞生到现在几乎没有投入真正意义上的广告费用。

媒体和消费者喜欢公关什么样子的品牌？

当然是与众不同的有着高度聚焦的品牌，特别是开创了新品类的品牌。没有哪个媒体会去公关一个连描述都成问题的品牌。消费者同样如此，他们喜欢谈论市场新诞生的品类，这就是呷哺这个单人式火锅品牌从诞生到走向全国几乎都不需要做广告的原因，消费者对于新的品类都保持开放的心态，而对广告都拒之门外。

下一次不妨跟你的邻居谈一谈市场上刚出现的一种在线银行，一款新的电动汽车，一种新的远程学习方式，看看他们的反应如何。

我们再次理清一个概念，广告对于一个聚焦清晰、品类创新的品牌来说几乎是不需要的，广告的唯一作用就是在这个品牌用尽了公关资源之后开始对品牌的市场份额和地位进行维护教育和提醒，而对于一个开始走下坡路的品牌，广告更是无能为力。

一个品牌总会有公关资源用尽的那一天，看看苹果现在播出的广告就明白，这个品牌已经用尽了过去10年媒体和公众所赋予的公关资源。

优秀的广告如何诞生的？

任何企业的广告首先都要从聚焦战略所代表的概念开始的，在这么多年的战略咨询的过程中，我们深刻地体会到任何脱离了战略和聚焦而做出的广告都是暂时性的和运气性的。

在大量广告活动中，企业的营销经理经常面临的另外一个问题就是广告到底需不需要创意？

如果你去问一个广告公司，答案毋庸置疑，当然越有创意的广告越成功。

如果你问一个优秀的战略咨询团队，答案也毋庸置疑，广告的成功与创意无关。

一个优秀的广告本身并不排斥创意，而最关键的也是要首先解决的问题是：广告到底是要提供付钱的理由还是只是华丽的创意？

1978年，哈佛大学的教授 Ellen J. Langer 和 Benzion Chanowitz 在纽约大学的研究中心做了一个简单的实验，他们设计了一个场景来检验人们在特定背景下对于语言句式的回应。

教授们接触了一些正在图书馆里使用复印机的人们，询问他们能不能借用一下复印机。在他们的询问句式中有合理的请求，也有毫无意义的请求句式。

他们的三个请求分别如下：

"劳驾，我可以用一下复印机吗？"

"劳驾，我可以用一下复印机吗？因为我想复印文件。"

"劳驾，我可以用一下复印机？因为我现在赶时间。"

实际上，第一个和第二个请求是完全一样的，因为复印机只能复印文件，不会存在其他用处，只要专注倾听便可以知道，因此对于前两个请求作出的回答也应该是一样的，而实际上人们对第二和第三个请求的反应更为一致更为敏感，因为他们都陈述了请求并且表明了原因。

如果对于后两个请求的回答是一致的，这很大程度上说明了人们对于句式的关注大于对内容的关注，事实上这也正是两位教授研究的结果，人们一旦听到理由，就会更趋向于顺从，不管这个理由听起来合理或是可笑。

美国著名的心理学家卡罗尔·穆格(Carol Moog)博士也指出：

"严格意义上的感性行为大体上发生在非常年幼的孩子以及有严重认知障碍的成年人身上，经过客观评估及理性考虑过的属性，或多或少有助于所欲选择，有助于所有的差异化点，而这些与感情牵引、忠诚度或者产品的激励特性是无关的。"

在卡罗尔博士丰富的表述的后面其实始终在讲述营销中一个简单的道理：请为产品提供一个付钱的理由。

这个理由可大可小，可以是主观也可以是客观。

在空调领域，格力长达十几年聚焦于空调品类让这个品牌成为绝对的领导者,“中国最受欢迎的空调”品牌当然也让这个品牌的价格高于那些市场上的多面手。

在食品领域,黄飞红开创了中国高端辣花生品牌,其“粒粒劲辣饱满”的战略让这个品牌几乎三倍于普通辣花生品牌却依然供不应求。

在餐饮领域,2013 年中国最火的餐厅是雕爷牛腩,这个品牌几乎包含了一个品牌所需要的所有成功要素,一个优秀的品牌名称,一段优秀的品牌故事(配方是创始人花费 500 万买断香港食神戴龙的牛腩配方),一个高度聚焦的品类,雕爷牛腩的菜谱上一共只有 12 道菜,高度的聚焦意味着高度的成功,你愿意为这样一道牛腩付多少钱呢?

在电热水器领域,面对 O. A. 史密斯悠久的历史和美的、海尔等巨头的先发优势,本科(BENCO)没有选择正面的碰撞,而是将其战略聚焦在了“长效恒温”的概念上,“一次加热热 7 天”精确表述了本科电热水器与众不同的战略方向,这个广告表述传递的另一个有效的概念就是能够一次保温 7 天的热水器一定也是省钱的热水器。

本科相对于美的等品牌名称,更具有品类的代表性,但问题在于本科并不想将自己局限在电热水器这一领域中,他们将自己标榜为“整体卫浴集成系统服务商”,这一看似激动人心的自我标榜对于消费者来说没有任何的意义,消费者可以非常直观地理解本科电热水器“一次加热热 7 天”的概念,但却没有人会理解什么是集成系统服务商,那不是消费者思考的方式。

本科电器显然没有从当年海尔整体厨房和整体卫浴的失败中学到宝贵的一课。在那场厨房大战中,海尔几乎没有看到任何胜利的希望便被各个品类中的专业对手完胜。在橱柜、抽油烟机等领域海尔分别败给了欧派、老板、方太等专业品牌,而今天的海尔又开始了整体家电私人定制的全套业务模式。

就在 O. A. 史密斯将所有广告资源聚焦在其历史的传承经典上时,试图多线作战的本科电器只能将本来就紧张的广告资源平均分配给自己的电热水器和水龙头及卫浴产品,兵力分散和品牌延伸将“长效恒温”所代表的优秀概念严重稀释,在今天激烈的全球竞争背景下,一个可以制造出有效付钱意愿的广告战略是需要长时间的资源投入的,而不仅仅是消费者知道而已。

从心理学角度讲,消费者就像是企业在追求的美丽女孩,当一个企业用100块钱买了100朵鲜花分别送给100个女孩子的时候,这种心理的感受远不如100块钱买了100朵鲜花分100天送给同样一个女孩子的心理上的震撼。

品牌的管理者要确保品牌的优秀战略基础不会消失在一片创意的自我陶醉中。

当一个企业最终找到了属于自己正确的战略时,最重要的是确保不让战略在创意的歌舞升腾中完全变形,这也是企业最容易浪费金钱的地方。

玛氏公司M&M巧克力的广告是这种创意的典型代表。其"快到碗里来"的广告表述除了制造了迷惑没有更多的意义,M&M需要更多的理由让产品"快点进到嘴里去"。

一条优秀的广告基本的评判标准就是不需要经过复杂思考和深刻论证才能理解的概念,M&M的广告代理商显然走得有点远,消费者实在很难在听到这条广告时会理解广告的反向寓意是:M&M应该只待在嘴里和胃里。一条难以理解的广告制造再大的噱头也没有付钱的意愿,唯一的噱头就是短期内让这句话在百度注解中搜索量上升。

要知道M&M巧克力真正的广告战略是什么首先要解决M&M巧克力是什么。

M&M是玛氏公司为全球喜欢糖果的小朋友推出的有糖衣包裹的彩色巧克力豆,这种彩色的糖衣不像一般的巧克力容易在手中融化,玛氏曾经为这种巧克力创造过一句经典的广告表述:只溶于口,不溶于手。

创造优秀的战略表述容易,不动摇地坚持一种表述却很难。

M&M巧克力的广告战略的另外要考虑的一个要素就是如何面对第一品牌德芙的强大压力,一款为儿童准备的产品更应该让孩子成为战略主旨,而不是一群成人说着令人迷惑的自言自语。

避开成人路线的另外一个优势就是避开另一个强有力的竞争对手——士力架，一款专门为成人打造的糖果品牌，士力架也有创意，但是所有的创意都在传递一个非常简洁的概念：饿了有士力架帮你抵抗。

另外一个令人迷惑的广告是Skittles彩虹糖长颈鹿广告，广告的代理商声称："Skittles彩虹糖广告中常用的表现手法是'让你意想不到'，它用视觉感受诱发味觉感受，把广告的色彩暗示应用得淋漓尽致。"

视觉诱发味觉？创作逻辑都是如此的困惑，消费者更难以理解这些广告背后想要展示的逻辑。

彩虹长颈鹿过于强调画面会让人把大部分注意力转移到画面和人物上而不是品牌所强调的属性。一条广告中最悲催的就是只记住了情节而没有记住广告中要买的东西。

营销经理们总是抱怨大量的广告费用被浪费掉，对于很多没有聚焦的品牌来说，不是大部分而是全部。

广告本来就是一个令人讨厌的东西，脱离了聚焦战略的广告唯一的作用就是给这个世界凭空又增添了几分更加让人讨厌的噪音。

让广告尽量远离打折和折扣这些短视的战术行为

对于那些只谈论打折而不谈价值的广告而言，广告只会让本来有希望成为品牌的产品沦为货品，在营销战争中，如果没有价值上的不断上升，只有价格上的不断放松，很多品牌即便是把价格放松到了最低也依然没有摆脱倒闭的困境。

BBDO广告公司的研究数据表明，在13类消费品中，全世界的消费者都觉得不同品牌之间的差异微乎其微。在调查中，认为香烟品牌大同小异的占52%，以为信用卡品牌大同小异的占76%，其他产品门类的情况介于二者之间。

这意味着大量以促销和价格为主的广告一经推出就瞬间淹没在同质化的产品信息中。

促销有用吗？

对于很多短期内急于让销量上升并且可以顺利晋升的营销经理看来，

这是有用的,但是时间一长都会付出沉重的代价。

当你看到百年“炭火”火锅品牌东来顺已经开始大量参与团购甚至推出了外卖盒饭的业务时,你几乎不需要看他们的财务报表也能知道这个品牌已经陷入了深深的麻烦之中。

大部分的折扣和打折广告会在短期内为品牌带来一定数量上的所谓顾客和粉丝,但是注意这仅仅是一种假象,消费者购买打折物品仅仅是为了省钱,当打折停止,销量也会停止,品牌不得不计划下一次的打折广告,对于真正的品牌来说,打折永远是一种自我毁灭的过程,除非你的品牌也是像沃尔玛一样其战略的核心部分就是“天天低价”。

打折广告对于很多品牌来说就像是吸毒,管理者心里很清楚短期的打折换来的是长期的损害,但是对于很多没有聚焦的品牌来说他们宁愿用这短暂的幻觉来逃避明天清醒的痛苦。

没有消费者仅仅会因为一次打折而成为一个品牌所谓的忠实粉丝,即便是没有打折,很多顾客对一个品牌也根本谈不上所谓的忠诚度。

如果你的品牌本身只代表了一款肥皂、一袋洗衣粉、一袋坚果,你的广告只需要聚焦于付钱的理由从而让产品成为大部分人的选择,没有人真的会成为一块肥皂的忠实粉丝,更没有人会对一袋瓜子产生感情,除非品牌是哈雷的摩托和爱马仕的包包。

避孕套第一品牌杜蕾斯曾经无数次在微博和网络上发起了活动来吸引更多的人成为这个品牌的忠实客户。清醒一点吧,除了朋友酒后大脑失控的时候,没有人会真的去谈论一款避孕套,更不要说成为这个品牌的忠实客户,好在杜蕾斯的广告并没有失去焦点,它一直努力地占据超薄的焦点,其广告中声称:就像你的肌肤。这才是第一品牌应该做的事情。

广告中领导地位的重要性

当企业的品牌已经到达了领导的地位,企业应该毫不犹豫地将这种地位向外传递,这个时候不要有任何低调的想法,因为你的对手绝不会这样想。

为什么所有的消费者都对领导品牌这个词情有独钟呢?

1. 领导品牌往往是品类的开创者,人们往往倾向于追随第一,成为领导品牌就意味着把后面所有的追随者定义成了山寨。

2. 一个能够成为领导品牌的产品一定也是最受欢迎质量最好的产品,消费者都购买大部分人购买的产品。这与很多技术派的管理者眼中的质量最好才是销量最好的逻辑完全相反。

3. 能够成为领导品牌的产品让消费者有足够的消费安全感,这让他们感觉自己属于主流价值观中的一员,而不是少数派。

对于企业来讲领导品牌具有更大的意义。

首先,成为第一永远胜过做得更好,特别是当品牌成为消费者心智中的第一而不是仅仅是市场上的第一。一个品牌在通往第一的山顶时需要努力奋斗,而一旦到达山顶仅需确保自己不犯愚蠢的错误掉下山去就可以捍卫第一的位置。

在移动地图领域中,高德已经占据了明显的领导地位,但是这个品牌在过去的几年中从来没有明显的亮明自己的领导地位,而是把所有的希望觊觎技术所带来的优势,这是一个明显的误区,这样做的代价就是百度地图这样的一个延伸产品在技术并不占优的前提下不断缩小与高德的距离,现在百度已经开始使用“用户使用率第一”这样的字样来抢占第一个的位置了,而高德对此依然无动于衷,消费者会怎样想?

他们绝不会认为高德是低调,消费者会慢慢接受百度是移动地图搜索领域第一的事实,他们没有时间和精力去分辨真相到底如何。

其次,领导品牌有着最大的议价和谈判能力,商场中最好的展位和广告位绝大多数都是为领导品牌预留的。领导品牌可以吸引最优秀的人才,选择大部分人的选择也适用于职场中的大部分人。

最后,领导品牌最有资格成为行业标准的旗杆,更有资本获取品牌价值基础之上的高溢价。像哈根达斯、星巴克、苹果这些绝对的领导品牌的共性就是只谈价值不谈价格。

关于“领导地位”使用中的误区

领导地位是最好的广告战略，但是前提是不要自欺欺人。

一个没有形成领导认知的品牌而强行使用领导或引领字眼的企业很容易形成“反向暗示”的效果。

“全球每卖10台电动车，6辆配超威电池”，这听起来像什么？

对，完全是王老吉的翻版。更为严重的是，这个领导地位的表述内容还存在另一个致命的缺陷，就是企业没有对其优秀的战术进行有效的预热和提炼，这意味着消费者根本没有建立起与之相匹配的认知而一下子到了领导地位的文字游戏上。

超威应该从哪个战术入手梳理？

超长续航能力！

从这个焦点入手最终可以支持“大多数人选择的领导地位”。如果企业直接绕过了这一过程而直接奔着领导力表述去，很容易将消费者引向相反的方向看待问题：他们一定是心虚才这样。

提供合理的理由，并不是企业一般意义上理解的自我包装和策划，更不是企业动不动就标榜的领导品牌或者是领导者。在这一点上，很多企业都走入了误区，以为广告中标榜领导者就慢慢地可以教育消费者认为品牌是领导者，这完全是荒谬的。

一个有效而有意义的领导品牌的广告首先也必须是和消费者心理的认知相符合的，当领导的标签贴出的时候，消费者的心中马上会给予积极的回应和共鸣，没有做作和虚假的感觉。

当你走进地铁看到成千上万的消费者使用的手机品牌时，你一点不会怀疑苹果是触屏智能手机第一品牌，在这一点上即便苹果自己不去标榜认知也足够强大。

在人潮涌动的商场中，当你看到无数女性所挎的手提包品牌，你一点不会怀疑LV是女性手提包绝对的领导品牌。

当新东方告诉你它是北美留学第一品牌的时候，学生们不会有任何怀疑，只要看看过去的20年中赴美留学生中有多少是出自于新东方便可知道，没有人可以在这个数字上仅凭广告的吹嘘可以改变其第一的认知。

当九阳豆浆告诉你它是豆浆机第一品牌的时候，消费者也不会有任何怀疑，九阳豆浆在过去的十几年中占据了豆浆机领域的绝对份额。九阳豆浆不但是实际上豆浆机的缔造者，也是真正的引领者，一个真实有效的认知就是我们去拜访朋友时，他们的厨房中都会放上一台九阳的豆浆机，这是领导者应有的荣耀。

那九阳豆浆如何在广告中彰显这种第一的认知呢？

品牌战略提炼是一个富有常识而又具有理性的过程，广告战略的提炼却可以不落俗套，领导品牌无需天天跟着别人一起喊“我是领导者”或是“绕地球”的游戏。

我们曾经在给九阳的战略咨询方案中给出过这样的描述：“从1994年第一台全自动家用豆浆机诞生在九阳算起，今天经九阳豆浆机打磨出的豆浆已经可以填满半个太平洋。”

但是注意，所谓的艺术加工决不能让广告淹没在一片创意中而失去了对理由的描述。

奔驰汽车曾经一度是全球豪华座驾的第一品牌，这种第一豪华座驾的认知更是在其127年的制造历史中拥有巨大的心理认知优势，一辆拥有127年精湛制造工艺的德国汽车，它的一个螺丝部件都可以比其他汽车具有更长的寿命，面对这样一辆汽车你当然愿意付一笔不菲的价格。奔驰汽车曾经经典的广告语完美地体现了一辆拥有127年历史的豪华汽车所拥有的王者风范：制造工艺全球独一无二！（engineered like there is no other carin the world）

但是，再优秀的广告战略，也很难找到数年内坚持使用同一个广告口号的品牌例子。迟早，品牌的管理者因为想创新而心痒手痒，然后旧的口号消失。今天的奔驰已经不再是豪华的代名词，为了吸引更多的消费者，奔驰早已停用曾经的优秀广告，取而代之的是关于爱情、关于家庭的温馨和时尚的画面。

当然，一个真正的领导品牌是会随时呵护和提醒消费者自己的领导地位，特别是在竞争升级的时候，不会有丝毫的手软和仁慈。

在过去的一年中，广告大战最激烈的要数老板和方太这两个抽油烟机品牌。它们都在提醒自己的消费者自己是真正的领导品牌。实际上这两个品牌对于领导地位的诉求都会让消费者感到有些混乱，因为这两个品牌缺乏广告战略的长期性和一致性，突然站出来标榜自己的领导地位会让人很迷惑。

一个优秀的领导品牌首先在品牌高速发展时要借助广告传递的是对一品牌第一无二的聚焦和价值主张的传递，不管是新品类还是旧品类中的差异化概念，在这一点上王老吉是中国所有品牌的老师，其准确的战略节奏驾驭能力通过广告精准的传递，从刚开始起步于广州的地摊烧烤，到后来的对于品项的准确描述，到最后面对竞争时对于领导地位的呵护，把握好广告中的每个节点非常重要。

聚焦战略中广告的长期连贯性

最成功的广告无不是始终坚持传递品牌所代表的长期一致的战略方向，再优秀的战略和广告也不可能在一年两年中就看到完胜的希望。

柯达从诞生那一刻就在提醒消费者自己的便利性，那句经典的："只需按下快门，其他的交给我们！"的广告词一举奠定了柯达早期的成功。

可口可乐从 1902 年成为亚特拉大奥运会的赞助商之后就再也没有错过任何一场奥运会的赞助权。

北美最受欢迎的洗衣机品牌美泰克(Maytag)从 1967 年制定了自己的"耐用"战略后就再也没有改变过。1961 年，由美国著名的个性演员杰西・怀特担任主演，他扮演了一个"镇上最孤独的家伙"来支持美泰克的耐用战略。剧中他扮演的美泰克修理工因为机器很少会出现问题而成为了镇上最无聊的人。

同样，万宝路牛仔战略诞生于20世纪50年代，在60年代进行了微调后，半个多世纪过去了，其牛仔战略保持了高度的稳定性，这种对于稳定的“粗犷与男子汉”战略的一丝不苟的执行让万宝路成为一个全球的品牌传奇。

不要打着创意的旗号肆意修改自己的广告

在长期一致性的方向上很少有中国品牌可以做到，众多的品牌无不是在朝三暮四的修修补补中走向衰败，李宁就是其中最典型的品牌。

李宁是什么？

这是一个颇费周折才能回答的问题，李宁是上个世纪中国优秀的体育品牌代表，今天这个品牌已经迅速陨落，随时面临出局的危险。

诞生于20世纪80年代左右的年轻人或许还记得李宁的运动鞋曾经带给他们的可靠而又踏实的感觉，伴随着中国内需的巨大拉动，这个优秀的中国品牌开始变得自负，它开始让自己的一言一行跟这个行业的老大老二完全一样，甚至连广告词也都开始完全一样，同时李宁也开始了大量的品类延伸。

这个曾经的中国体育品牌的老大在过去的十几年间，不停地在高端低端之间徘徊，不停地在国内和国外市场试探，看看李宁曾经历年的广告便可以看出：

“中国新一代的希望。”

相比于历史悠久的耐克和阿迪，这句广告语有点百事可乐对阵可口可乐的味道，简洁中可以体现李宁的亲民战略，可惜没坚持多久便被替换。

“把精彩留给自己。”

一句没有任何意义的策划包装，这句话的意义旨在告诉消费者：这是一句有点抄袭耐克“just do it”的嫌疑的广告。而后来的李宁也确实证明了自己确实在亦步亦趋地跟在老大身后模仿，甚至连LOGO和广告语也越来越像。

一个品牌一旦被贴上了跟风的标签随即沦为山寨，企业自以为聪明的搭顺风车行为短期可以受益,长期无不是以失败告终,像乐 Phone 这样的品牌名称的存在唯一的作用也就是提醒消费者 Iphone 的存在了。

化妆品品牌珀莱雅也同样存在这样的问题。尽管依靠在欧莱雅身上获取了第一桶金,但是这个品牌的前景十分黯淡,说得通俗一点,上上不去,下下不来。一线的消费者根本不会接受一个名叫珀莱雅的山寨品牌,二三线的消费者随着市场的成熟也最终会醒悟这归根到底还是一个山寨品牌。

李宁似乎只模仿耐克的广告文字,完全忽视了耐克一系列广告背后的战略思想:耐克是全世界优秀运动员的首选,在这一点上李宁完全没有战略主线可言,就像其拍的广告,好在中国内需的巨大拉动和消费者在开放初期对于品牌还缺乏一定的感知力,今天这种红利已经在逐渐消失。

“我运动我存在。”

“运动之美,世界共享。”

“出色,源自本色。”

“一切皆有可能。”

“李宁——让改变发生。”

也正像李宁自己的广告暗示的一样,在一个没有战略的品牌身上一切皆有可能,李宁光是在 2012 财年的亏损就高达 20 亿元,李宁在美国的业务也满盘皆输,一个全球性的品牌首先一定是在一个国家里高度成功的品牌,这一点李宁要好好地向老大老二学习,不要模仿人家的产品,模仿的是战略思想。

今天的中国运动品牌第一的排名是谁呢?

可能有点让人难以接受,是一个曾经很不起眼的小品牌——安踏。

2012 年,安踏营业收入 76. 2 亿元,而同期的李宁仅为 67. 4 元,安踏第一次坐上了本土运动品牌第一的宝座。2013 年上半年,安踏再次以 33. 7 亿元的成绩将李宁甩在了身后。更为重要的是,安踏在品牌价值上以 280 亿港币的成绩傲视群雄,这比特步、匹克、李宁、361 这四家同在香港上市的运动品牌市值总和还要多 16 亿港币。

安踏为何会有这样优秀的表现?

答案并不复杂,就在李宁亦步亦趋地跟随在耐克的身后时,安踏选择了完全不同的方式,安踏选择了当年李宁并没有看得起的本土可靠平价战略。

就在李宁疯狂地扩张其专卖店的产品品类(SKU)的时候,安将其所有的营销和广告资源放在了其最著名的 KG 系列运动鞋上,这是一款售价为 399 元的亲民球鞋,这一亲民球鞋仅在 2013 年最后两个季度的订货量就达到了 10 万双。

这种务实而完全不同的聚焦点让安踏走出了与李宁完全不一样的体育路,在各个体育品牌都在不停地模仿和效仿耐克和阿迪的时候,安踏始终清醒地知道自己的品牌代表的是什么。

安踏的广告在其平民战略方面也保持了完整的一致性:

“他没有他的天赋,

他没有他的条件。

你无人喝彩,

世界不公平。

但你有梦想的权利,

让心跳成为你的宣言,

让疤痕成为你的勋章,

让世界的不平等,在你面前低头。”

除了广告和战略主线的问题外,在安踏和李宁两个品牌身上还有一个值得思考的问题就是产品品类(SKU)的扩张,在这一点上安踏也同样有着跟李宁一样丰富的产品线。

没有任何一个企业或者是数据调研可以告诉我们一个优秀的品牌战略下可以支持多少种货品,当然我们的答案是越少越好,最少就是最成功。营销的实践告诉我们,一个品牌的产品数目和品牌本身的成功完全成反比。

当然有时候品类市场的特殊性决定了一家李宁和安踏的专卖店内可

以有除了运动鞋之外的衣服、护膝、护腕和器材等。但是不要误会，耐克虽然种类(SKU)要超过李宁，但是真正让消费者走进耐克店内并付钱的并不是那些面面俱到的商品种类，而是耐克的品牌所代表的“全球优秀运动员首选”的战略思想，对于一个战略清晰的品牌来讲，SKU 并不是最大的问题，对于一个从来没有战略的品牌来说，商品品种的过度延伸便是一场灾难。我们可以清楚地看到，即便是在有着清晰战略主线的耐克身上，其耐克童装和耐克高尔夫系列也根本没有胜出的希望。无论是在哪个行业中，当消费者赋予了一个品牌一个强大的认知，便不再会赋予这个品牌第二种认知，即便是耐克也根本没有能力打赢所有的战争。

品类混乱，战略可以补；战略混乱，品类无法修补。

面对广告这种让企业又爱又恨的东西，营销界还有一种普遍的观点，认为新产品的广告比既有产品的广告更能令人产生兴趣，而真实的现象是，相比“新生”事物而言，我们对已经了解(或购买过)的东西印象更为深刻。

在日常消费品领域中，对于品类的开创者，最好的广告战略就是将品牌和品类紧紧地关联在一起。

喜之郎是中国果冻品类的开创者，对于这样一个并没有多少科技含量的品类来说，喜之郎用同样非常简洁易懂的广告将品类与品牌紧紧地关联在了一起：果冻，我就要喜之郎。

喜之郎这个无意中得到的品牌名称却指明了这个品牌的冠军之路，相比于它的竞争对手金娃，这个品牌更有穿透力，更能让人想起这是一个来自于果冻发源地台湾的品牌。优秀的品牌名称加上好的广告才能真正打造出一流的品牌。

此外，“果冻，我就要喜之郎”这一简单的表述的另一个巨大的优势就是将喜之郎塑造成了果冻品类的开创者，这给了喜之郎品牌巨大的心理认知优势。

尽管在喜之郎之前已经有成百上千个果冻品牌，但这一点也不妨碍打造一个品类开拓者的品牌，因为品牌指的不是市场已有的货品，品牌一定是大脑中占据了一个特殊字眼的名称,市场上有什么并不重要,重要的是谁在心智中开创第一。凭借这一简单而精准的聚焦,喜之郎最高峰时占据了市场70%的市场份额,已经强大到没有人在乎谁是第二的地步。

这种简单有效的打法不仅体现在喜之郎品牌上,喜之郎集团也把同样的方法用在了海苔品类的打造上,并且为新品类市场启用了崭新的品牌:美好时光。

同样是10年如一日的“海苔,我就要美好时光”,在略显乏味的广告语中,喜之郎在海苔这样一个非常不起眼的品类中打造出了一个10亿元体量的帝国,市场份额更是无人可敌。

不管是有意为之还是巧合,喜之郎旗下的多品牌运作不管是在战略层面还是广告层面都堪称中国品牌的典范。

首先,喜之郎理解打造品牌的前提是理解品类的重要,没有成熟品类烘托的品牌不会有成功的基础。这一点在果冻和海苔品类市场的介入时机上体现得相当完美,不早也不晚。太早,心智还不能接受新品类的存在;太晚,心智资源已被抢占。

其次,喜之郎集团理解所谓的兄弟品牌或者多级子品牌的打造首先是赋予每个兄弟品牌完整而不同的身份,一棵大树下无法栽培出另一棵参天大树,在这一点上喜之郎也是有着惨痛的教训。

在香飘飘成功开创杯装奶茶品类时,喜之郎马上推出了喜之郎杯装奶茶,但是结果却不尽如人意,一个强大的品牌聚焦一旦形成很难改变,喜之郎虽然在奶茶品类上花费了巨额广告费,但却收效甚微,直到2007年喜之郎奶茶改名为优乐美,喜之郎的奶茶品类市场才真正有了质的飞跃,但是为此付出的代价就是直到今天品牌也存活于第一品牌香飘飘的身影之下。

最后,喜之郎有着足够的耐心等待品类从起步到走向成熟。从喜之郎到美好时光,喜之郎用了近10年的时间;从美好时光到奶茶品类,喜之郎用了近7年的时间。战略和广告再正确也必须有强大的耐心等待品类从量变走向质变,成功的品牌无不是要经历这一过程,太过快速的营销会过早耗尽品牌的营销潜力,太过慢速的营销会落后品类整体的成熟度。在一基础之上，代表品牌战略的广告要拿捏好战略的推进和驾驭能力。

广告是简单做事的艺术

记忆是需要理由的，如果想提高记忆力，就必须给自己找些不得不记住的理由。

——埃伦·兰格

为什么品牌的广告很难保持长期的一致性和稳定性呢？

首先是品牌管理者的心理因素。

品牌的创始人和管理团队充满激情、富有才干和创造力，他们的公司文化鼓励并赞扬创新，要求准确把握市场趋势并对之做出反应。无论广告能多大程度上完美地体现战略的精华，如果一条广告长期保持一致，也会让那些满脑子创新思想的品牌管理者感觉十分沮丧，无法在 CEO 面前展示自己的创新思想，这似乎也让他们的升迁受到了严重影响。

任何一个品牌根本无法做到跟随所谓的潮流来随时改变自己的品牌战略去迎合潮流，创建一个优秀的品牌需要长时间的付出，而毁掉一个品牌只需在追逐潮流的短时间内完成。

其次，一位富有创造力而又自我感觉良好的品牌管理人员总是觉得自己该做出一些事情来证明自己对于品牌的打造能力，他们开始赋予品牌更多的角色，并开始不停地对品牌进行修改，直到品牌变得面目全非。

看看《中国合伙人》和《中国好声音》的节目风靡时，一时间众多企业开始推出自己的中国合伙人和中国好声音广告。

联想手机可以成为中国好声音吗？联想笔记本呢？

联想手机曾经严重拖累了联想的主业，今天的联想智能手机系列更是一诞生就生活在苹果、三星、HTC 这些巨头的阴影之下，始终难以真正盈利。

联想笔记本跟好声音更是没有任何关联，对于联想电脑最根本的问题是在推出广告之前要思考清楚，联想和 ThinkPad 到底各自代表了什么？一个名叫联想 ThinkPad 的笔记本始终让人感觉有些混乱。

在广告战略上，绝大多数的品牌容易走进的误区就是跟着时下流行的潮流任意改变品牌的诉求，而不是按照一个长期有效的方向毫不动摇地推进广告和其代表的战略精华。

当《中国合伙人》风靡一时，太多的企业开始在广告中将自己包装成为“中国合伙人”，这种生硬的广告顺风车除了自我陶醉外对品牌没有带来任何实质性的推动。黄晓明代言的天籁公爵首先并不是与合伙人的关联问题，而是天籁公爵是一个过于拗口的名字，很少会有人理解日产天籁公爵这三个名称之间的真正联系，这跟日产曾经的模糊的广告战略一脉相传，日产一直强调的“人、车、生活”，听起来更像是周末派对的主题。

日产是什么？很少会有人说得清。或许在日产这个品牌发展的历史上做得最正确的一件事情就是将曾经拗口的品牌名称“达特桑”改成了今天的“尼桑”，但是这也只做对了一半，日产品牌长期生活在丰田这些更代表“经济可靠”的全球品牌的身影之下，今天的日产在全球范围内仍然是亏损。

品牌的管理者和消费者之间的视角差异造成企业的高级经理们经常会出现丧失常识的广告战略。

奔驰的 Smart 在上市之时请来了 NBA 巨星科比，坐在精灵狭小的空间中，巨大的身体几乎占满了整个空间，意在告诉消费者虽小却空间有余。但是这是一个非常荒谬的创意。消费者的第一本能反应并不是科比跟精灵汽车的关联，而是一个大大的问号：对于科比这样的巨星怎么会开一辆 Smart？这本身就令人非常困惑，如果是一辆宾利或者是一辆悍马会更加符合他的身份。

对于科比，如果是云南白药创可贴找他代言，我们倒觉得更合适，作为一种对抗性很大的体育活动，受伤在所难免，创可贴类商品显得更加合理。

广告不能始终如一的另外一个重要原因就是品牌的继任者去前任化的种种努力。

几乎所有新上任的品牌经理都想在第一时间证明自己比前人更加优秀,也就意味着继续保持品牌之前的诉求和聚焦会让现任管理者感到非常不安。一个已经执行了很久的战略方案让现任管理者没有任何自豪感,更不愿就这样承认“其实保持不变就是最好的战略”。他们会找出种种理由来论证品牌是时候要改变和变革了,以便可以与市场遥相呼应,这让他们自己看起来更像是一个积极变革的改良派而不是一个不思进取的保守派。

最后就是对于增长无限制的欲望。

没有公司会容忍自己的品牌与去年保持同期的增长趋势,目标只会约定越高,尤其在规模和利润方面,当打造品牌完全沦为增长的欲望时,这已经暗示了改变品牌形象以便吸引更多的顾客就成为了首选。

董事会将预算交给首席执行官,首席执行官将数字稍微调高交给相关副总裁,副总裁们连想都没想就交给了部门主管,主管们开始在菜单上添加更多的产品,没有人在乎这一切将会给品牌带来致命的打击,他们只在乎在问题没有出现前拿到更多的股权和期权。

保持长期一致的战略,让所有的营销和广告工作完美地体现这种一致性,这一点即便是在以创新著称的互联网世界中也是如此。

是什么让百度这样一个非实现中存在的品牌成为中国最有价值的品牌?确切地讲不是百度的搜索技术,而是百度在国人心中中文搜索第一品牌的认知。那百度如何做到这一点呢?很简单,保持聚焦,保持简洁,保持不变。而当百度试图以中文搜索第一品牌顺势延伸至地图导航和视频领域时,马上遭遇了高德和优酷,在这两个领域高德和优酷都以绝对优势胜出。无论对于增长多么渴望,一个优秀强大的品牌也只能在有限的领域中展示自己的优秀,这无关乎钱与人,归根结底这是强大的认知问题。

如果因为缺乏新意是更换品牌的战略和广告是一个不错的借口,品牌的拥有者真正应该做的是到消费者当中去感受一下真正厌倦的并不是消费者本人,而是那些热衷于整天创造新奇口号的品牌经理们,全球大部分的成功品牌无不是在长久地坚持一种战略和广告中建立起来的。

全球巧克力领导品牌德芙从进入中国市场时其广告就从来没有偏离

“丝滑”战略。

王老吉从诞生那一刻就没有改变过怕上火战略的表述，没有任何花拳绣腿，没有请过任何名人代言，在王老吉团队耐心的呵护下品牌价值一举超过了五粮液这样的品牌。

象牙肥皂在1881年诞生起就一直坚持将战略聚焦于“纯度”的概念，并辅佐以两个长期不变的宣传口号，“纯度为99.44%”和“不含杂质，所以可以漂浮”。

在这个以“变”为骄傲的时代里，很多品牌坚持保持不变同样取得了高度的成功，像Zippo防风打火机，绝对伏特加的“纯净酒瓶”所传递的绝对没有杂质的伏特加。

金嗓子、劲酒、脑白金等这些品牌都是在过去几年广告与战略保持了高度一致的品牌，它们在各自的领域都获得了绝对的市场份额也是真正财富的拥有者。

很多品牌都曾经经历过在创意的口号下将品牌修改得面目全非的经历，最终这些所谓的创意非但没有提升品牌的盈利能力而又改回了品牌之前的战略。

肯德基的“我们是炸鸡专家”和七喜的“非可乐”都是在被抛弃了很久后又重新被采用的广告战略。

历史悠久对于很多品牌来讲是一个巨大的优势，但是在很多高科技人士的眼中，保守却是他们眼中最大的敌人。

当一个品牌长期保持一种战略姿态和诉求面向消费者的时候，在企业的管理人员看来这会让品牌顽固守旧，不合时宜，令人厌烦，他们更喜欢的是品牌要富有生机，充满活力，同时具有时代气息。

而实际上从心理学的角度讲，消费者真正喜欢的正是这些具有悠久历史的品牌认知，这种强大的认知几乎在很多品牌身上大放光芒。

杰克·丹尼是全球最受欢迎的威士忌酒，其永恒经典的黑色标志就是其广告视觉元素的最好表现，杰克·丹尼诞生于美国南北战争之后的1866年，是全世界最畅销的威士忌品牌之一，这个品牌是如何做到一直保持第一的历史的地位呢？也并没有多复杂，杰克·丹尼用它经典不变的黑色标志通过各种渠道向消费者传递着一种信息：“以父辈七代传承的手艺酿造的威士忌。”

这种信息始终在提醒消费者杰克·丹尼“从未改变，现在不变，永远不变”。

实际上不光是在传统消费领域，即便是一贯以创新而著称的电子科技领域，对于一贯不变的传统也会散发出巨大的光芒。

O. A. 史密斯在广告中一直宣称自己是“祖辈便开始使用的品牌”，意在突出这个品牌的品质一贯的可靠性。今天这个品牌依然是全球电热水器领域的领导者。

如果你是沃尔沃的品牌经理，你该如何为这个有着辉煌历史但却在今天麻烦缠身的品牌制定战略和广告？

沃尔沃是一个众所周知的品牌，也是大部分品牌经理们乐意谈论的品牌。从这个角度上讲，沃尔沃是当之无愧的全球品牌。而今天这个品牌面临的最大的一个问题已经根本不是知名度的问题，而是还有多少人愿意为这个品牌掏腰包。

沃尔沃是什么？

沃尔沃曾经是全球最安全的豪华汽车，注意只是曾经。

今天新生代的中国消费者中已经没有多少人知道安全这两个字所代表的全部意义，因为沃尔沃的管理层已经根本不屑于谈论这两个字了，理由也不过是太过于老生常谈的话题，沃尔沃的管理层需要更能刺激他们神经的花哨的字眼。

问一问我们自己上一次看到沃尔沃汽车的广告和宣传手册是什么时候？里面又是如何定义沃尔沃安全概念的？

很遗憾，我们几乎在沃尔沃的广告中看不到任何对于其所代表的安全概念的自豪感，甚至连“安全”这两个字都只能在角落里才能看到。

在沃尔沃的历史上曾经诞生了无数第一的安全概念，全球第一款三点式安全带、安全气囊，全球第一款整体钢板焊接而成的安全车身，沃尔沃至今还保留着在北美没有一起死亡记录的骄人成绩。遗憾的是,在今天沃尔沃的广告里消费者全然看不到这一切,看到的只是更时尚、更宏大而面面俱到的品质阐述。

企业看待自己的品牌和消费者是完全不一样的,很多时候品牌经理们出于个人成就和种种理由所赋予一个品牌的一切在消费者看来完全没有意义。通用汽车旗下的林肯品牌一直以全球豪华轿车的身份自居,直到管理层有一天突然发现这个品牌连美国本土的豪华品牌都算不上,其市场份额始终没有超过可怜的1%,一个连真实的现状都不敢直面的品牌又怎么制定出优秀而有效的广告和传播计划?

今天的沃尔沃要重新让这个品牌焕发出迷人的魅力首先也是必须要做的就是直面现实,战略富有常识。

安全这个字眼对于这个品牌其实有着巨大的魅力。安全而不受伤害是人生一切成功之基础,一切价值之基础,不管是人还是一个组织还是一个品牌,能够带给我们这种足够安全感的感觉让生命得到了最大程度的尊敬,这种自豪感首先应该从沃尔沃的销售人员的话语中就应该表述出来,还有什么所谓的推销比"欢迎来到全世界最安全的汽车展厅"更有力量呢?

从家庭的角度讲,任何一个事业有成的男人对于爱妻和孩子的安全保护无不是他们首要的责任和义务,"让心爱的家人不受任何伤害"应该成为沃尔沃的销售经理们日常广告和活动策划的永恒不变的主题。吉利的李书福应该是这个行动纲领的最大的倡导者,让沃尔沃真实的安全诉求深深地扎根在所有消费者心智中,而不仅仅是让他们知道沃尔沃这个品牌。

遗憾的是,越是显而易见的常识在管理者的眼中越是视而不见,今天沃尔沃品牌依然挣扎在如何盈利的困局中。

当一个品牌经理失去常识的时候,品牌的胜利也只能寄希望于所谓的品牌知名度、品牌印象和品牌形象(你能分的清吗?)以及忠诚度这些冠冕堂皇没有人会去反驳的口号。

品牌知名度和品牌购买行为之间没有必然的联系,全世界所有的人都知道中国制造,可是全世界所有的人都买了法国、德国、美国的品牌,他们的品牌除了贵还是贵,中国的货品再便宜也只是产品,品牌和货品之间本质的区别就在于前者可以在任何地方制造溢价的能力,而后者只能寄希望于足够低的价格。

大部分品牌经理长期存在一个误区,误以为品牌的广告传播和购买行为之间一定存在着某种程度的联系,他们当中的很多人甚至认为只要做广告就要比不做强。在一个真空的商业环境中,你连广告都是不需要的。

在今天有几大要素在严重制约着广告的效果。

首先是信息爆炸性增长,一个连自己手机号都会时常说不清的普通消费者根本没有能力应付每天上千条广告信息的轰炸,更不要说去记住这些广告中的任何一条。

问一问自己今天早晨上班的路上听到的广告里有哪一条留在了你的大脑中,你又何时因为这条信息而付款的?没有,几乎没有任何一条信息做到了这一点,且不说中国目前的广告战略大部分还处于打折信息的广而告之,大部分企业的广告根本谈不上战略的传播。

其次,广告从本质上讲是企业一厢情愿式的推销,没有可信度,几乎所有的人都讨厌广告。

对于任何新创的品牌和新品类来讲,广告几乎起不到任何为品牌建立信任背书的作用,消费者的大脑始终处于防御的状态,这种防御的具体表现就是在看电视的时候广告会被跳过。在今天互联网的时代里广告更是一种多余的东西,几乎所有上网的消费者在屏幕上的广告栏跳出的那一刻都会做出同样的动作:点击封杀。这就是为什么数据显示在互联网高度发达的美国广告的投放量和点击量在逐年变少,互联网会继续繁荣但却不包括广告。

商业环境的竞争白热化让无数的品牌的广告在推出那一刻就马上淹没在了成千上万同样质优价廉的诉求声中。

所有的教育机构的广告都在告诉我们他们的教育质量多么优秀;

所有的饭店的广告都在告诉我们今天可以吃一百返一百;

所有建材城的广告都在告诉我们今天可以特价；

所有商场的广告都在告诉我们今天可以打折打到你心跳；

所有的汽车品牌的广告都在试图告诉我们他们的汽车具有10大优点。

把绝大多数的广告留给继承了战略主线的产品，而不是面面俱到地分给每个产品。很多的营销经理在这一点上都犯了一个致命性的错误，他们认为广告预算要留给虚弱的和失败的产品身上，这样可以挽救一下这个可能倒下的产品和品牌。

我们的观点的正好相反，把赌注压在最有希望胜出的那匹马身上，同情弱者是人性，跟随强者才是同性。失败的产品只会拖累企业的战略，成功的产品只会让品牌越来越成功。

比亚迪在过去的一年中陆续推出了能自动遥控起步和无钥匙手表进入式的S6，这两个都是看起来非常不错的创新，但却不是成功的广告营销，比亚迪大量宝贵的广告资源应该全都用在其最成功的F3系列车型上，用这单一成功的车型带动其他延伸车型的销售有可能，而用其他泛泛的蜻蜓点水式的广告却不可能带动比亚迪品牌的财务成功。

此外，比亚迪的这两种创新还有一个致命的问题，就是他们都解决了一个根本不需要解决的问题。

很少会有人开车的时候需要汽车自动泊出车位，这放科幻电影中更有意义一些。比亚迪的无钥匙手表式进入更是一个超越了常识的概念，对于消费者来说，开车的意义就在于手中的车钥匙带给自己的掌控感，车子可以是无钥匙启动，但是不能没有钥匙在手，更重要的是，你如何说服消费者带上一款比亚迪牌的手表像酒店门卡一样在自己的爱车面前晃动。

任何的广告和创新都不能以超越人性习惯中的常识为前提，什么常识？那就是，汽车只能在地上跑，不能在水里游，半个世纪前就诞生的水路两用汽车直到今天也没有任何成功的迹象，毕竟一辆汽车要足够的重才能在地上跑，而一艘轮船要足够的轻才能漂浮在水面上。

品牌的营销经理们不能打着创新的旗号去在广告里传播一些不伦不

类的概念和产品。

品牌的广告战略中经常遇到的另一个误区就是企业没有搞清楚哪个是作为战略主线而应该长期投入广告的产品和应该销售的产品。

战略主导广告,而绝不是广告主导战略。

脱离了战略主线的广告,也就是对真正应该坚持做广告之外的某一款产品做广告会严重浪费企业的精力和资源。

肯德基应该对其排骨米饭的工作餐做广告吗?或者是对于冰激凌打折的消息做广告怎么样?

都不应该,尽管顾客走进肯德基的门后可以点一份排骨米饭的工作餐或者是买一赠一的甜筒,除此以外,这两个领域中有专业的真功夫和DQ冰激凌。

企业永远要明白,顾客因为品牌优秀的广告战略而走进店内消费的产品和广告战略主推的产品可以不是同一个东西,但是这不是企业把大量宝贵的广告资源浪费在战略主线之外的产品上的理由。

广告是要宣传产品的种种好处,还是要宣传其可以高度代表其战略精华的聚焦部分?

从企业的观点出发,当然是面面俱到地都讲一遍,这样可以让消费者全面了解和认可。从消费者的观点出发,他们根本没有精力和智力去了解一个本来就很抵触的广告。在今天信息极度拥挤的社会中,如果想让广告代表的战略真正进入消费者严密防守的大脑中,就必须简化所有战略信息从而让广告可以顺利地穿透消费者的大脑。

红牛可以有多少功能出现在广告中?

如果你了解红牛有多少种成分就可以知道红牛可以让多少功能出现在广告中。

光是红牛中的赖氨酸成分便可以起到提高智力、促进生长、增强体质、增进食欲、改善营养不良状况等的功效。这听起来像什么?不是红牛,而是更像是电视直销中某种的保健品的宣传。

二十五、聚焦：卓越的品牌名称就是成功的一半

优秀的品牌名称是企业成功的一半，它往往指明了企业未来的方向。从短期来看，企业靠人才和组织管理打造了品牌初期的成功；从企业长远的成功来看，能最终留在消费者心中的只是代表了品牌的那个名字，这是很多不成功的企业和品牌根本无法理解的一点。

——冠　华

在广告和公关的章节中，我们曾经反复强调人类的大脑靠声音思考，是声音参与了整个大脑运行和记忆的过程。

大脑靠声音思考在生活中完全是一种常识性的概念。看电影时我们总是情不自禁地看向字幕就是大脑看声音运行的最好的证据。不光是在电影中，在日常阅读中，每当眼睛所及文字无法理解时，我们通常会选择停下来，让文字在大脑深处思考一段时间。

大脑靠声音思考，声音靠文字引导。消费者在面对一个品牌时在几乎一无感知的情况下首先就是他们口中的名字，其他的一切皆不存在。在面对千千万万的选择之时，一个品牌名称优秀与否决定了第一时间消费者心智对于品牌感知的强与弱。

优秀的品牌名称与支撑品牌的品类名称完全不同，品类名称需要极其简洁明了，而品牌名称需要绝对的与众不同。

优秀的品牌名称是企业成功的一半，它往往指明了企业未来的方向，从短期来看，企业靠人才和组织管理打造了品牌初期的成功；从企业长远

的成功来看，能最终留在消费者心中的只是代表了品牌的那个名字，这是很多不成功的企业和品牌根本无法理解的一点。

仔细翻看世界品牌500强的历史，最成功的品牌都拥有一个能高度代表品类的品牌名称，这绝不是意外。

思科，可口可乐，英特尔，谷歌，Iphone，哈雷·戴维森，柯达……

思科一听就是网络世界中的高科技专家。

英特尔的发音不仅符合英文的阅读规律，更有芯片的强烈暗示概念。

谷歌的双音节发音极其简洁，这为日后能够成为消费者口中的动词使用提供了完美的基础。这个世界上有很多糟糕的品牌名称，连成为专属名词都站不住脚。

哈雷·戴维森一听起来就是一个庞大而强壮的钢铁巨人。

柯达虽然已经倒下，但是这个品牌名称依然经典，这个以元音结尾的双音节品牌名总是可以暗示一个可以给你带来美丽回忆的科技小玩意。

不要极端地认为，给品牌命名一个卓越的名称就可以坐等成功上门，好的品牌名是打开心智的第一步。在营销的世界中，优秀的品牌和品牌战略是要有足够的耐心来迎接成功的到来。再优秀的品牌名称在第一次从消费者嘴中读出的时候也很可能是平淡无味的，但是当一个优秀的品牌名称找到了一个优秀的聚焦点，配以正确的品牌打造法则，时间会让这个品牌名称每一次被读出的时候都在心智中留下了强大的品类代表功能。随着时间的推移，优秀的品牌最终会主导一个品类，而品类更会为让品牌记忆深刻。

今天，中国的品牌创始人们的品牌意识已经开始逐渐觉醒，虽然世界500强还没有出现真正意义上的全球品牌，但是我们依然可以看到很多优秀品牌的雏形。

百度，联想，劲酒，当当，海尔，格力，美的，搜狐……这些都是优秀的中国品牌，它们的名字也都是各自品类中的优秀代表。

当当是一个优秀且押韵的品牌名称，这种简洁的押韵在漫无边际的互联网世界中极为重要。

劲酒更是一个简洁而具有品类代表的力量。

格力、美的都是家电品牌中优秀的名称，它们总会让人感到科技对于家庭的呵护。

从中文的角度看，它们都是优秀的品牌名；从全球品牌的角度看，它们当中的有些名称则有些遗憾。

联想在中文里是一个不错的名称，但是英文 Lenovo 则不是一个很好的选择，听起来更像是一种意大利或者是法国的一种面条。

优秀的品牌首先具有心智的穿透力量，它的最大和首要功能就是在消费者第一次接触的时候便激起了关于产品的美好想象。要知道一个企业全部的努力和付出在消费者的眼中都不存在，特别是随着竞争的加剧和市面上每年成千上万新推出的产品面前，品牌的名字就是消费者眼中关于产品的一切印象。这不太公平，但是这真是这个世界上所有消费者大脑运行的方式，他们的思维简单而直接。

面对一个品牌，消费者既是理性的又是感性的，当一个品牌因为聚焦而在心智中有所代表从而提供了购买的理由，消费者都是可以理性地感知的；当一个卓越的名字在消费者心里唤起无限美好感受的时候，消费者又是无限感性地接受。

像比亚迪、奇瑞、和吉利这些汽车品牌在中文中就不是非常理想的品牌名称，这些汽车品牌本身的市场份额都是十分微弱，在巨大的内需拉动和消费者还没有完全成熟的时候，一个平庸的品牌名称可以满足企业初期的成长，而从长远来看，一个不是十分理想的品牌名称则会在战略驱动的时代和成熟的消费者面前显得十分被动。

而像比亚迪、奇瑞和吉利这些品牌的另一个缺陷就是无法支持它们成为全球品牌，更不要说这些品牌本身就是车型混乱，战略严重失去焦点。

一个全球品牌的重要基础就是拥有一个完整的可以用英文发出的单词，比亚迪的中文名称就是略显平庸，而比亚迪的英文缩写更是一个糟糕的品牌名称。

看看全球成功的汽车品牌里，除了宝马（BMW）、GMC（卡车品牌）之外，没有任何一个成功的品牌是首字母缩写的。

而宝马的首字母缩写之所以成功并不是首字母缩写本身,而是其非常优秀的战略驱动:终极驾驭机器。这是任何一个中国品牌所不具有的,而宝马这个中文名字本身就已经可以指明这个品牌的方向。

而GMC是美国三个卡车品牌中唯一一个首字母缩写的,也是三个品牌中销量最低的一个。

首字母缩写是在打造品牌中最容易走入的误区,很多品牌以为首字母缩写很有国际范,但是这只是企业的一种孤芳自赏,很多品牌名称本身就非常虚弱,首字母缩写则完全没有意义。

听说过JNBY这个品牌吗?

单看首字母很多人都不会明白这几个字母代表什么意思,但是如果说起“江南布衣”就是一个耳熟能详的名字,这是一个优秀的棉麻品牌。

在世界500强里为数的不多的像3M和IBM这样的首字母缩写品牌给很多中国企业带来许多误解,它们并不是因为首字母缩写而成为成功的品牌名称,这些品牌在诞生的时候就因为冗长的全名而不得不进行缩写,例如3M的全称为Minnesota Mining and Manufacturing(明尼苏达矿务及制造业公司),IBM的全称为International Business Machine(国际商业机器公司),这么繁琐的名称除了首字母缩写否则没有办法被消费者接受。

吉利作为一个中文品牌本身就是一个平庸的名称,其英文的读音更是让人无法将其与汽车品类相关联。

奇瑞也同样存在这个问题,奇瑞的英文Chery更是一个软弱的没有品类关联的英文发音,它更多的会让人想起像樱桃之类的水果。

品牌打造过程中另一个巨大的误区就是通用名陷阱。

判断一个名字是通用还是专属从学术的角度去看没有任何的意义,只有从普通大众的认知去解读才有机会创造出色的品牌。

解百纳曾经是张裕公司在上个世纪培育的一个葡萄酒品牌,从法律的意义上看这个品牌名称就是张裕专属的品牌名称,但是随着时间的推移,解百纳已经被国内众多的厂商作为品类名称加以使用,这本身要归咎于张裕长期用张裕解百纳这样的表述而不是解百纳品牌的打造。现在从法律的意义上判断解百纳是张裕的专属商标还是通用名称已经没有意义,张裕应该做的是顺应认知,开放解百纳品类。企业要对品牌进行最高的保护而对品类进行最大程度的开放。

通用名称是某一品类的综合描述,它是消费者在进行消费前首先思考的东西,如果品牌名称包含了太多通用属性,企业根本无从谈起打造成功品牌。如果一个品牌名称成为了一类产品的通用标签,不管是从财务的角度还是法律的角度都是一场悲剧。

历史上像风帆冲浪船(windsurfer)、阿司匹林(aspirin)和赛珞凡(cellphone)这些通用名称曾经都是由品牌名称转变而来。

通用名属性无法有效打造品牌,而企业更需要投入大量精力和物力保护其通用属性,像微软对自己的视窗(Windows)的品牌描述进行了特别的保护。克莱斯勒曾经严格指出 Jeep 是克莱斯勒的专属商标,并在广告中明确宣称“并不是所有的 Jeep 都是 Jeep”。实际上这本来就已经暗示了 Jeep 具有很大的通用名属性,克莱斯勒当初买下这个品牌的时候就应该将 Jeep 定义为品类而不是品牌。

一茶一坐可以被视为是一个不错的茶餐厅的名字,而易杯茶就是就是一个通用属性的名称。

试想一个这样的对话:

A:口渴了吗?

B:是的。

A:我们去喝点东西?

B:好的,我们去哪里呢?

A:我们去喝“易杯茶”。

B:是的,我知道,我是说我们去哪里喝一杯茶?

今天众多的中国创业团队都走入了通用名称的误区,无论他们多么有才华、多么有能力,都将会被营销方面的无力而稀释掉。

像“跟谁学”“饿了吗”“好爸爸”“一起做作业”“好孩子”这样的品牌不是朗朗上口吗?

对,但是这正是问题之所在,这些品牌很容易因为自己的通用属性而被对手专业的营销手段封杀。

“饿了吗？上美团。”

在一个静止的商业环境里,企业无论怎样命名品牌都无所谓,时间回到20世纪90年代你甚至都不需要品牌名字,但是今天,是强大而又懂得营销的竞争对手的发力让一个糟糕的通用名字没有生存之地。

在我们众多的咨询案例中,很多的中国企业都陷入了通用名陷阱而浪费了大笔的金钱。听说过丽江客栈吗？这是一家诞生于丽江的非常有特色的客栈,而问题在于创始人投入了大量金钱今天也依然很难见到盈利。

当你打开笔记本在百度里输入丽江客栈四个字的时候,就知道问题的严重性了,网页上面有成千上万个丽江客栈,企业所有的营销费用都白白浪费了,令人好奇的是,这家客栈之前的名字是“丽缘”,一个非常有代表性的名称。

是什么让创始人明明拥有一个优秀的名字却选择改用一个通用名称呢？

这正是很多人喜欢通用名的心理基础,他们认为拥有一个涵盖面更广的通用名就代表并拥有了大部分的财富,这很荒谬,这个世界上有成千上万个丽江的客栈,可这个世界上只有一个独一无二的丽缘。

在高端职场英语市场中,华尔街是一个无比优秀的名称,它暗示了强大的职场精神和所代表的财富概念,而精英英语却是一个更加具有通用属性的名称。这在一个精英无处不在的世界里显然不是一个好的决定。

相对于马兰拉面,兰州拉面是一个太宽泛的通用名称,而味千拉面(Ajisen Noodle)却是一个让我们浮想联翩的美丽名字。

名字通向大脑的第一扇门,当一个名字所代表的概念能够第一时间被接受的时候,名字所代表的产品也就具备了成功的基础。

听说过一个名叫 Stefani Germanotta 的模特吗？

没有任何人知道,直到她将自己的名字改成 Ladygaga。从品牌的角度看,这是一个有代表力量并且完全符合英文发音规律的名字。

听说过喜之郎这个名字吗?

很多人都知道,孩子们都喜欢喜之郎的果冻,这也很好地解释了喜之郎的奶茶为何在最初的几年销量非常不理想,直到他们把名字改成了优乐美。

听说过中国黄页吗?

没有人知道,这就是阿里巴巴的前身,马云在做淘宝之前的最重要的一个决定就是将中国黄页这样一个糟糕的名字改成了阿里巴巴,好的名字本身就暗示了方向。

听说过ICQ吗?

除非你是专业的技术人员,否则没有知道这就是腾讯QQ最早期的名字,感谢上帝,今天主导即时通讯领域的品牌名字是QQ而不是ICQ。

在马尔代夫的公猪岛没有更名成天堂岛(Paradise Island)之前,那里几乎没有人知道,今天天堂岛已经成为全球最著名的旅游胜地。

在猕猴桃没有更名成奇异果(Kiwifruit)之前,这种水果在欧美几乎无人知晓。

在小的西红柿没有被称作"圣女果"之前,这种小水果一直被认为是没有长大的西红柿。

听说过一个叫刘福荣的艺人吗?几乎没有人知道。陈港生这个名字怎么样?听起来是香港生人但也仅此而已。林立慧这个名字怎样?听起来只是一个普通的邻家小妹妹。而刚才我们所提到的三个人今天都是中国最有名的艺人,只是他们现在的名字分别是:刘德华,成龙,舒淇。

我们并不需要去研究周易才能知道一个漂亮而与众不同的名字的重要性,当一个名字显得平庸而缺乏想象时,它既无法走进导演的视线,更无法唤起粉丝的忠诚感。今天,几乎我们所耳熟能详的电视和歌唱明星都曾经修改过他们的"品牌"名称。

刘福荣	刘德华
李美林	李　玟
许宏琇	许如芸

王靖雯	王 菲
陈港生	成 龙
何加南	梅艳芳
李振藩	李小龙
林立慧	舒 淇
徐素娟	徐若瑄
张发宗	张国荣
许美凤	许美静

想成为巨星,你必须拥有一个跟巨星相匹配的名字;同样道理,想成为最赚钱的品牌,你就必须拥有一个跟品牌匹配的名字。

在一部武侠小说里,名字是否震撼直觉决定了人物的成功,很多时候武侠小说之所以如此动人,人物的名称取得潇洒帅气、灵逸动人占了很大因素。

像黄药师、王重阳这样的名字,一听就是一代宗师,如果是换成王富贵、黄老根,气势顿时消失。同样道理,不需要看内容,只是看到西门吹雪大战叶孤城这样的字眼就足以令读者心动,如果要是改成西门大脚与叶大脑袋的故事,你顿时就没有了读下去的欲望。

一个糟糕的名字无论如何都不会成为成功的品牌,当企业拥有一个糟糕的品牌名称时,换名字就是最好的选择,但是这往往不能被企业接受。

李阳疯狂英语在上个世纪曾经风靡一时,今天这个一直由一个人在支撑的品牌已经走向衰败,特别是品牌创始人一度受家庭事件的影响,这个以疯狂闻名的品牌该怎么办?

最好的办法就是换名字。

要理解出问题的并不是李阳的英语和技术,出问题的是这个名字,李阳应该思考将名字完全换掉,同时要思考营销中品类的力量,至少中国还没有任何一个专业的英文学习发音训练的连锁机构。重新定义品牌,开创一个新的品类。但是李阳会这样思考吗?不可能,这对于很多品牌创始人来说都是不能接受的。

在品牌的打造史上通过换名字而打造成功品牌的案例比比皆是。

索尼在进军美国市场之前的名字叫“东京通信工业株式会社”,创始人盛田昭夫敏锐地感觉到这是一个很平庸的品牌名称,无法代表品类概念,最终“东京通信工业株式会社”改名为索尼。

全球复印机品牌施乐曾经的名字为赫洛伊德(Haloid),这个曾经只是纽约市的一家小复印纸生产商,后来购买了卡尔森的电子照相技术后在1961年正式改名为施乐,之后的施乐被载入史册。

劲牌保健酒在1994年前的名字叫皇宫,这个名字用在饭店上更合适,用在保健酒上会毁掉这个品牌。

1971年10月,在旧金山的Mark Hopkins饭店,一个名叫Warner Aihad的美国人举行了一场名为EST的研讨会,在那之后EST成为感受能力训练领域里最受欢迎的课程,每年都有8万多人参加训练课程。

但是EST的课程魅力并没有持续多久,1991年5月3日,CBS电视台爆出Aihad骚扰自己的女儿并有严重的家庭暴力,丑闻一经播出,所有的人都认为Aihad的EST课程已经走到尽头了。但是所有的人都错了,被毁掉的是名字,并不是公司本身。CBS的节目还没有播出,Aihad就已经提前知道了节目的内容,就在节目播出前的几个小时,他抢先将公司资产卖给了公司的员工,自己远走他乡,这个公司的名字后来被改为LandMark(兰德马克)。

后来的兰德马克公司蒸蒸日上,在全世界拥有40个办事处,每年的利润达到了4000多万美,兰德马克教育公司比之前的Aihad公司还要成功。

企业的管理层很难接受给自己的企业特别是品牌改名字,实际上,将一个平庸的品牌名称更改为一个优秀的名称,只要操作得当,会让企业更加成功,特别是当企业面对新技术和新品类的时候。

柯达面对胶片品类的逝去,最应该做的就是推出全新数码品牌,而不是继续寄希望于让柯达这个昨天的名字去代表新的未来。当品牌所代表的品类正在消失的时候,企业就应该让品牌留在昨日,而给未来创建一个新的身份。

同样的事情也发生在诺基亚，面对传统手机品类的消退，诺基亚本应该推出一个能够代表全新智能身份的品牌，不要将赌注压在昨天，要押在真正有机会的地方。企业的管理者要明白对自己的品牌有感情是一回事，而让一个已经不能代表未来的名字重新焕发生命则是困难重重。

格力在空调领域深耕细作十几年后，它并没有让自己的冰箱品类也叫格力，而是起了一个全新的名字——晶弘。

在各个领域里我们都会看到品牌命名的成功典范。

Ipod 是什么？不是只能存几首歌的优盘，而是第一个由硬盘驱动的 MP3 播放器。那么世界上第一台由硬盘驱动的 MP3 播放器是由谁推出的？

是苹果？错！早在苹果 2001 年推出 Ipod 前，新加坡的 Creative Technology 公司就推出比苹果 Ipod 存储量还要大的播放器——Nomad Jukebox。没有听说过是吗？因为今天的 Nomad Jukebox 已经销声匿迹，这是一个拥有繁琐音节的品牌。

在邮政快递领域，从中国国家邮政局拿到从事快递业许可证的有 8000 多家，但规模上百亿的企业目前只有邮政 EMS 和顺丰两家，位于第二阵营的“三通一达”规模普遍在 10 亿元，众多第三、第四阵营小企业则在亿元以下。

在快递品牌第二梯队的有四家企业，中通、申通、圆通、韵达，营业收入在 10 亿左右，这符合品牌营销的规律，老大与老二之间往往相差悬殊。

“三通一达”成立的时间与顺丰几乎相同，但是他们却完全与顺丰不在一个重量级上。

答案就在所有消费者的嘴里，随便问问路过的行人，这五个名字哪个名字最能代表速递，大部分人不假思索地告诉你是顺丰——一个简洁而有穿透力的名字，它听起来就是一家快递企业。

一个如此具有代表性的名字离财富也总是最近的。

听说过一家名叫 Giornale（每日）的咖啡厅吗？

没有任何人知道这家咖啡厅，这家咖啡厅就是星巴克的前身。

全球咖啡连锁的巨人星巴克诞生在美国最浪漫的城市西雅图,很多人知道这个城市是因为那部著名的电影《西雅图不眠夜》,而很多人并不了解的是星巴克创始人霍华德·舒尔茨在构思这个品牌的时候差一点就与机遇失之交臂。

星巴克本身并不是舒尔茨亲自创立的,而是1971年三个热爱咖啡的年轻人合伙成立的公司,舒尔茨当时是纽约一家知名厨房设备及家居用品公司的副总裁。

在一次意大利米兰之行后,舒尔茨开始对意大利的浓缩咖啡文化倾倒不已。他开始就星巴克只卖咖啡豆而不卖咖啡的经营方向与公司的同事、股东们发生了极大的争执。经过了两年的不停争论,一直想卖咖啡的舒尔茨与只愿卖咖啡豆的星巴克分道扬镳,冒险地借了一笔钱去开意式连锁咖啡店。这家由舒尔茨创业的咖啡厅叫作每日咖啡厅(Il Giornale),除非你是意大利人,否则没有人会正确地喊出这个名字,舒尔茨当时的广告是如果有人可以正确地读出这个名字,他就会放一大串鞭炮以示庆祝。舒尔茨还突发奇想,咖啡店店内不设座位,顾客只能站着品尝。

可惜的是这个极具创意的咖啡店始终都在亏损之中,一个连名字都难以叫出的咖啡店就算可以盈利未来又能怎样呢?

就在此时,曾经让他难以忘怀的星巴克咖啡居然传出了要拍卖的消息,虽然价格远远超过了他所能承受的范围,舒尔茨仍然冒着破产的危险借了一大笔钱买下了星巴克,并最终将自己拗口的每日咖啡厅改名为“星巴克”,一个全球咖啡品牌至此诞生。

名字的优秀与否不但影响到企业品牌,更影响了一个国家的影响力。

俄罗斯拥有全球最大储量的矿产和能源资源,是最大的石油和天然气输出国,这个国家同时拥有全世界最大的森林储备。而除了20世纪的美苏争霸和俄罗斯的伏特加酒之外,很少有人对这个国家有更多的印象。

俄罗斯在全球鲜有具有影响力的品牌,这主要是俄罗斯语言本身复杂的程度造成的。俄罗斯最正宗的伏特加品牌是Stolichnaya(红牌),当然要完整地发出这个单词并不容易。而全球销量最大的伏特加却是来自一个人口只有1万多人的瑞典小镇Ahus,他们并没有酿造出更好的伏特加,而是给自己的伏特加品牌起了一个更震撼的名称——绝对(Absolute)伏特加。

如果你看过绝对伏特加的广告,一定会对这个品牌印象深刻,像药瓶一样的大瓶包装与平时看到的伏特加完全不一样,绝对伏特加用绝对干净的画面向消费者透露这一个简单的信息:绝对伏特加,绝对纯净。你是否愿意为这样的伏特加多付一点钱?

其实,俄罗斯在全球最有影响力的品牌并不是他们的伏特加,而是总统普京,这是俄罗斯最具标志性的男人,这一切要感谢他拥有一个极其简洁而有震撼力的名字,历史上除了列宁和斯大林,很少有任何一个俄罗斯名称能被如此牢记。除此之外,你是否还能说出俄罗斯任何具有全球影响力的人物?

很少,大部分的俄罗斯艺术家和歌唱家很少能被普通大众记住,除非他们也拥有维塔斯这样简单的名字。

品牌名称如此重要,全球优秀的品牌具有哪些共同的特征呢?

首先就是品类的强大代表意义。品牌名称在于表达品类,可以完整读出并符合发音规则。

舒肤佳(Safeguard)作为除菌香皂的名字可以完整地表达守护的概念。

护舒宝是女用卫生巾第一品牌,这个品牌的英文Whisper本身就暗指了女孩喃喃私语。

飘柔是柔顺类洗发水第一品牌,这个品牌的英文Rejoice代表的就是“令人高兴”的意思。

国际品牌在进行中文注解的时候,是否符合翻译规律并不是考虑的第一要素,表达品类才是首要任务,这一点跟中国企业总是试图将英文和中文完全对译的做法并不一样。

像Butter为“巴特”,Study为“斯达地”,“Angel”为安吉尔,等等,品牌命名与英文学习完全不同,是否符合字面的翻译不是品牌承载的义务,表达品类和唤起大脑的美感才是第一考虑方向。很多中国企业总是简单地将一个英文完整对译成中文,例如 Beautiful 译为比有特福,这样做的后果就是一个完全没有意义的中文和一个完全没有意义的英文。

中国企业在为品牌命名时是应该首先考虑中文意义还是中文英文同时考虑呢?

对于大部分没有机会成为全球品牌的中国企业来说,一个优秀的中文名字足矣。

王老吉是一个可以传承经典的中文名称,这个品牌不需要走出国门也可以变得非常成功,当然王老吉不需要走出国门成为全球品牌的另一个原因是欧美人的观念中很少能够理解"上火"的含义。

对于极少数有希望冲击全球品牌的企业来说,一个优秀的中文名称和一个优秀的英文名称都是必需的。

格力和海尔都是其中优秀的代表,这两个品牌都是具有强大代表力量的中文品牌,Gree 和 Haier 的英文部分也都可以很好地传递品类的价值。只是海尔的英文应该再向前一步,去掉英文中的"e",变成一个完全符合英文发音规则的名称。这样做的第二个好处就是让海尔在美国的微型冰箱业务更加具有心智代表力量,聚焦的品类加上一个如发丝般狭窄的名称,会让海尔的微型冰箱业务更加成功。

很多中国品牌的营销焦点只是在国内,这些企业从哪几个方面去构思一个卓越的品牌名称?

答案就是博大精深的中国文化。古老而悠久的中国历史中不乏诗词歌赋,可以为我们提供了无数简洁而富有冲击力的名字。

百度是这种构思最精彩的代表,"众里寻他千百度"这句被无数后人引用的佳句,既是搜索引擎最好的注解,又将自己作为第一个搜索品牌高度地区分出来,这并不是冥思苦想的结果,很多时候需要一点灵感和创作。

需要注意的是使用中国文化中诗词歌赋的前提是注意绝大多数消费者的感知和接受能力,名称永远不要以看不懂和太高深为代价,我们的目的并不是炫耀自己的中文功底,我们只要打造一个杰出的中国品牌。

"张一元"

"东来顺"

"六必居"

"全聚德"

这些经典的中国品牌之所以在当代还散发着巨大的魅力，首先也是最主要的一个原因就是他们独一而无的品牌特征和朗朗上口的读音。像全聚德这样的名字只要是按照品牌打造的规律完全有机会成为全球品牌，"北京烤鸭"这个强大的原产地心智认知可以源源不断地为这个品牌在全球范围内提供长久的战略资源。当然，要成为全球品牌，全聚德还需要规划一个独一无二且符合阅读的英文名称。

不要小看茶叶、烤鸭等这些不起眼的品类，任何一个领域中都隐藏创造巨额财富的机会，并不是只有电脑、软件和飞机才是创造巨大利润的产品。

看看立顿(Lipton)的红茶在全球取得的成绩，这个品牌一年的全球收入就相当于中国几千家茶叶企业收入的总和，很多专业的茶客谈起这个品牌都很不屑一顾，认为立顿的红茶跟中国的茶文化完全不在一个档次上，这就是打造品牌中最大的误区。

全球没有多少消费者会理解中国茶文化的博大精深，这也不是消费者应该承担的义务，要打造成功品牌，首先也必须像一个消费者一样思考。像张一元这样的中国品牌很难成为高度盈利的世界品牌，"名字"就是其必须面对的第一个问题。立顿的英文 Lipton 在英语的发音中本身就在传递"浓香红茶，唇齿留香"的感觉，这是张一元这个名字完全不具备的。同时张一元还缺乏一个高度聚焦的品类，要成为全球品牌，首先要聚焦于一个像茉莉花这样的品类，或者是经过调制后几种茶叶的混合体从而开创一个新的品类。

企业在构思品牌名称时也要保持高度的简洁，一个意群要比两个意群更加容易接受，如果一个品牌名称非要是多个字组成的名称，最好确保前两个或者后两个能构成完整的意思，像华谊兄弟这样优秀的品牌，当消费者简称为华谊时也能完整地表达这个品牌。

消费者的大脑喜欢简单排斥复杂，这是营销战略工作中永恒的前提。

一个字的品牌不容易形成联想和完整的意群，企业需要非常谨慎，除非在某些特别的领域中。

两个字的品牌最符合阅读和记忆习惯，这也是为什么中国品牌100强中大部分的品牌名称都是两个字。

三个字和四个字的品牌需要注意最好能够让前后的两个词组构成一个单独的意思，这便于日后消费者为了记忆而简化品牌读音。

例如华谊兄弟可以被简化为华谊；阿里巴巴作为企业的名字很优秀，但是作为品牌名称淘宝显然更胜一筹。

对于很多优秀的品牌，消费者会非常倾向于用昵称的形式来表达自己的喜爱，这对于企业是一种非常大的优势。宝马在美国被称为“Beemer”，可口可乐被称为“Coke”，百威（Budweiser）啤酒被称为Bud，百度在中国被称为“度娘”。昵称是一个优秀的品牌在长期发展过程中被消费者自然赋予的一种爱称，企业本身无需故意为之，而这并不是所有的品牌都可以拥有的特权，它的前提是品牌本身聚焦而有代表意义。一个经营分散的品牌无法形成昵称所需要的那个字眼。

四个字或者更多的字节组成的品牌名称一定要构成完整的意思表达，同时有着很高的品类关联度。

摩根士丹利一听就是一个有着深厚金融背景的银行大腕。

华谊兄弟一听就是一个有着奋斗精神的娱乐团队。

哈根达斯一听就是一种来自欧洲的很有品味的甜食。

人造水晶第一品牌施华洛世奇一听就是一种非常适合女性佩戴的饰品。

雷克萨斯一听就是一种科技含量很高的高档汽车。

很多时候，产品的创始人和产地元素也是构思优秀品牌名称时可以考虑的要素。

中国的茅台，云南白药，李宁，张裕，东阿阿胶等品牌都是这方面的优秀代表。

在全球500强品牌中，创始人和原产地元素也都诞生了很多杰出的品牌名称。

纪梵希，路易·威登，诺基亚，飞利浦，摩根，这些家族名称和原产地名称都塑造了众多的杰出品牌。

为什么家族和原产地元素在打造品牌之时会如此有效？

因为人们喜欢经典，而一个家族和原产地都可以很好地来传递经典的概念。人们了解一个品牌的过去便会对品牌的未来更有信心，这总是让消费者感觉品牌有一条完整的历史轨迹可以追寻，这一点在任何一个领域都发挥了巨大的作用。

需要注意的是并不是所有的原产地和创始人的名词都适用于打造品牌，从法律和通用属性的角度看，中国大部分城市的名字都不具备可塑性，原产地和创始人元素要满足两个最基本的条件：

1. 名称独一无二，而不是泛泛指代一个城市。从这个层面上思考，山川、河流的名字更为优秀。

2. 符合大脑中对于品类的关联，不需要企业勉强为之。

亚马逊是全世界最长的河流，也很容易让人联想起全世界最大的互联网书店。

阿尔卑斯并不是全世界最著名的山峰，也不是最高的，但是在所有山峰的名称中这个名字最能代表丝丝入口的甜蜜。此外，阿尔卑斯山脉的背景图片也能很好地将这个品牌与其他奶糖类品牌高度区别开。

依云是全球天然矿泉水的领导品牌，这个名字本身就取自于依云天然矿泉水的水源地法国依云小镇，这个名字非常具有心智的穿透力量，总是在提醒着消费者这种矿泉水来自于蓝天碧水的山脉。

原产国命名在任何一个品类中都非常重要，法国的香槟、韩国的烧酒、中国的白酒、德国的啤酒等都是这些产品最好的原产地信任背书。

一个产品真正在哪里生产并不重要，重要的是在消费者的心里产品来自哪里，而一个好的名字很多时候可以唤起消费者对于原产国的想象。

味千是一家来自中国香港的企业,但是却拥有一个日本味十足的名字,这让这家企业在过去的几十年里牢牢占据了高端的拉面市场。

曾几何时,百威啤酒一直是美国人民的最爱,直到来自荷兰的喜力(Heineken)啤酒长驱直入,如入无人之境,这完全得益于喜力(Heineken)是一个听起来德国味十足的名字。正是凭借这个名字,喜力成为进口啤酒中第一大品牌,占有进口啤酒市场近40%的份额。而正宗的德国啤酒品牌贝克(Beck)就没有那么幸运,这是一个地道的德国啤酒品牌,却很不幸拥有一个英国味十足的名称,直到今天这个品牌的表现也差强人意。

品牌的发音在涉及原产国认知的时候需要仔细地构思。例如德国的啤酒品牌和人名很少有以元音字母结尾的,像汉斯(Hans)、库尔斯(Coors)、恩格斯、马克思都是典型的德国名字,这就是为什么青岛啤酒的高端品牌奥古特听起来没有多少德国风味,当年正是这位德国人最早将酿酒技术带入青岛。但是很不巧的是,奥古特先生的名字是以元音字母结尾的,"奥古特"啤酒一直都是一个不成功的营销战略,特别是面对像喜力、库尔斯、布希这些听起来或真或假的"德国"啤酒巨头。

打造中文品牌中另外一个经常陷入的误区就是用数字作为品牌。

品牌名称中尽量不要用数字做品牌,因为数字很难在消费者大脑中作为单独的符号而长久地存在。

在面包品类中,巴黎贝甜是一个非常有关联的优秀的品牌名字,而85C则是一个非常勉强的名字,不管创始人赋予了这个数字多少含义,在消费者第一次读到这个名字的时候是激发不出太多关于甜食的美好想象的。不要因为全球500强中出现了一个3M就误以为数字作为品牌名称有多酷。

中国企业在打造优秀品牌的过程中另外一个误区就是搭著名品牌的顺风车。

有的企业喜欢借鉴成功品牌的名字,更有人鼓吹这种顺风车的山寨模式,认为只要是跟随和模仿成功品牌的名称就可以让自己以最少的代价获取成功。

这是一种根本站不住脚的思维，全球品牌100强和中国品牌100强中没有一个品牌是靠名称山寨战略打造的。我们当然可以看到在巨大内需拉动下出现的个别的山寨品牌，比如化妆品品牌珀莱雅。这个品牌在过去几年中取得了不错的成绩，但是仅仅是在中国的二三线城市。今天，这个品牌搭在欧莱雅顺风车上所取得的优势已经用完，品牌面临很大的尴尬，二三线城市逐渐成熟的消费者开始意识到自己用的不是欧莱雅而是珀莱雅，一线城市的消费者则根本不会接受一个类似欧莱雅的“珀莱雅”。也正是基于这一点的认识，珀莱雅已经启动了数个独立于这个名字的子品牌。

品牌是心智上的代表，一个优秀的名称可以衬托消费者选择的智慧，没有消费者喜欢被认为自己选择的只是一个模仿别人的品牌，一个被认定是山寨的名字是没有多少成功的机会的。

想一想联想的乐 Phone 在推出时所遭受到的质疑和耻笑，这对于一个新品牌是致命的打击，今天联想已经放弃使用这个品牌名称。

像珀莱雅这样的品牌名称还有一个大的误区就是每一次的广告投入都是在为欧莱雅做陪衬，除了自己靠模仿收获的市场份额，更多的是在提醒消费者谁是“正宗”。珀莱雅可以去问一问当年在湖南卫视见过这个品牌的观众，有多少一直认为自己看到的是欧莱雅。

美国第二大轮胎品牌古特里奇(Goorich)就是因为名字与第一品牌固特异(Goodyear)的读音太相似了，品牌持续处于亏损之中，今天这个品牌已经难觅踪影了。在消费者品牌意识还不是太成熟的时代里，山寨品牌是可以有所收获的，但是商业社会的发展不可能倒退，中国社会已经快速步入以品牌为代表的买方市场，中国企业完全可以有足够的智慧按照品牌打造的规律在每个领域中创建高度成功的品牌，大玩家从来不玩幼稚的小把戏。

今天中国市场有无数的企业依然在进行着毫无意义的名字模仿秀，特别是电子领域，很多企业动不动就把自己的产品命名为 iHome、iGlass、乐 Pad 等，这些名字中不但没有诞生品牌，更没有诞生财富。

过去几年在 Pad 媒体阅读器品类中,最成功的中国品牌是谁?

不是任何一个以 Pad 命名的中国山寨品牌,而是完全与众不同的“E 人 E 本”,这个产品不仅名字完全没有模仿的痕迹,连品类和品项表述也完全不同,它把聚焦放在了真正成熟的企业一族,一群对学习和办公有着迫切需求的人,而不是拿着 Pad 只会游戏的年轻人,这个产品有一个高度区别于对手的品项表述:原笔迹手写。

在制定品牌战略时,真正值得模仿的是战略思想,而不是产品本身,更不要去模仿名称。

大部分国际品牌进入中国时都会放弃他们之前的战略,转而使用一个更富创意的策划,这些被放弃的战略就是中国品牌真正需要去模仿和思考的地方,而不是名称。看看淘宝、百度、QQ、搜狐这些优秀的中国品牌,在面对 Ebay、Google、MSN 这些国际对手时,它们无不是用敌人已经用过的战略在本土击败了这些国际品牌,而这些品牌的名字都是独一无二。

要时刻牢记,一个成功的品牌名称就是成功的一半,这一点在竞争加剧的时候尤为重要。

二十六、中国创业者真正的榜样

快速发展的中国企业正在从生产中国货品转向中国品牌，这些中国企业如何从这场角逐中脱颖而出，最重要的工作就是找到一个可以高度聚焦的领域，无论是一个小小的牙签还是一双不起眼的筷子，几乎在每一个看似微小的领域中都存在着通过聚焦战略打造优秀品牌的机会，在中国，每一个看似不起眼的领域中都隐藏着未来中国乃至世界的隐形之王。

——冠 华

你可以什么营销思想都没有，也可以什么总裁班都不去，对于今天绝大多数的中国创业者和中国的中小企业来说，接下来我们要谈的就是他们今后很长时间里要经历的。

当中国的创业团队和品牌创始人动不动就把乔布斯和 Facebook 这些名字挂在嘴边的时候，它们可能完全没有意识到世界上还有这样一些企业，它们从不显山露水，它们的名字很少出现在媒体上，它们也很少为人所知，它们在今天一片互联网创新的浪潮中显得毫无新意，但是它们有一个共同的特点，就是它们无不是在一个高度聚焦的领域里深深地扎根，它们的盈利和市场份额甚至超过了今天中国市场上任何一个互联网品牌，它们是各自领域中绝对的领导者，它们的一举一动甚至影响着全球经济，它们就是在全世界各地的那些高度聚焦的“隐形之王”。

相对于中国的创业者和商学院里的学生们，大量的案例无不是围绕在腾讯、淘宝、联想、百度这样的品牌身上，从执行力、文化、管理甚至是它们的多元化并购，人们似乎在学习着这些所谓榜样的一举一动，学习它们总会让人自我感觉良好。

从战术的角度讲,或许这些品牌的某一个行为举止会对成长中的中国企业有些许的表率作用,而从战略的角度讲,这些品牌所经历的时代已经完全过去,它们完全不具备任何的模范作用,模仿它们只会让无数优秀的中小企业死得更快。

在全球化背景下的中国市场中,中国已经完全不是那个做什么都可以赚钱的年代,更不是那个不管不顾甩开膀子就可以捞金的市场,任何形式的创业没有一点营销和品类聚焦的常识赚钱也只能靠运气。

对于今天中国市场上绝大多数根本不可能成为第二个马云的创业者来说,真正的榜样是那些在世界各地依靠聚焦战略让普通产品借助高效营销而大放光芒的隐形之王,这些全球各个领域里有着绝对话语权的"隐形之王"对于中国企业才具有真正强大的示范作用。

1986 年,德国著名的管理学教授赫尔曼·西蒙先生访问哈佛商学院时曾被问到这样一个问题:"为什么联邦德国的经济总量不过美国的 1/4,德国的企业在世界 500 强中的表现也并不出众,但却能够成为世界顶级出口大国、世界经济强国?"

当时并没有给出答案的西蒙教授回到德国后开始潜心研究德国的企业,在对德国大型企业的研究没有取得任何实质性进展的情况下,西蒙教授将目光转向德国的中小企业,结果 10 年的研究结果让他大为震惊。原来整个德国这个国家经济的中流砥柱并不是宝马、奔驰、拜耳等那些人们耳熟能详的名字,而是一些叫作伍尔特、布里塔、哈尼、希拉布·兰德之类的默默无闻的中小企业。西蒙教授将这些企业命名为"隐形冠军"(The Hidden Champion)。

我们仔细研究和梳理了这些企业,这些各个领域中的"隐形之王"有着很多共同的特点:

1. 高度地专注于一个不起眼的领域。

2. 专注于成为这个领域的绝对领导者。

3. 专注于从本土稳步向全球扩张。

4. 专注于产品品质不断的提升。

5. 拥有将一个品类打造成真正成功品牌所需要的绝对时间和耐心。

听说过伍尔特这个名字吗?

大部分人都没有,特别是如果你不是一个建筑行业内专业人士的话。

伍尔特(Wurth)是全球建筑螺丝用品的绝对领导者,这个典型的家族企业从成立之初便高度聚焦于建筑用螺丝和螺母的紧固类产品,它将产品的80%的生产外包给其他企业,但却对品牌有着高度的控制。伍尔特从不参与任何形式的建材市场的价格竞争,它坚信专家品质当然要配得上专家的价格。

在伍尔特总部的所在地德国金策尔斯市有全球唯一一个螺丝和螺纹的博物馆,每年成千上万的游客来到这里亲眼见证一个小小的螺丝所带来的震撼。今天的伍尔特的销售额已经达到了90多亿欧元,亲手缔造了这个传奇的伍尔特先生也是德国最富有的人之一。

布里塔(Brita),全球滤水器的绝对领导者,该公司拥有全球滤水器份额的85%。

来自德国的哈尼(Hauni),是全球生产卷烟机的绝对领导者,公司拥有全球90%的卷烟机市场份额,几乎已经垄断了这个行业。

在中国的运输行业每况愈下的今天,运送葡萄酒的希拉布兰德公司拥有全球葡萄酒运输60%的市场份额。在这样一个毫不起眼的领域里,布兰德让世人刮目相看。

TETRA拥有全球热带鱼饲料60%的市场份额,同样在这样一个非常不起眼的领域中,每年的销售额达到60多亿美元。

同样来自德国的双立人刀具几乎占领了全球五星级酒店的厨房,任何一个大师级的厨师都以能使用它的刀具而作为专业和职业的象征。

这些企业大部分都是家族企业,它们所从事的行业也并非什么高科技行业,但是所有这些企业都有一个共同的特点,就是它们都是心无旁骛地高度聚焦于一个行业,它们都成为各个领域里可以高度代表品类的品牌。

当一个企业可以聚精会神地专注于一种产品一种服务,企业可以集中全部的优势资源在技术和服务上，品牌完全可以转化为一种信念，毫无疑问，在专家品牌工作的员工当然在归属感和认同感要远远超过一个多元化的品牌。

对于很多有着明确聚焦的企业来说，即便是起步之初质量难以出众，聚焦也可以让质量变为一个可以随着战略的推进随时升级的战术元素，企业要明白正是这种高度的专注精神让品牌有了从观念上的质量第一向真正意义上的质量第一转变的空间和时间。

当企业的品牌可以专注于成为某一品类的专家时，权威感会很快将媒体和消费者的注意吸引过来，毕竟没有消费者喜欢和一个万金油似的品牌打交道，更没有媒体会去公关一个连描述都无法描述的企业和品牌。

正如我们经常所描述的一样，品牌是一种承诺，它代表了企业向消费者所传递的一贯真实有效的价值，特别是专家品牌让消费者在面对种种选择时大大抵消了由于未知的产品所带来的不安全感。当一位美食专家使用双立人的刀具时，他完全可以相信双立人所承诺的“刀刃持久锋利”。

高度聚焦的品牌的另外一个巨大的优势就是总是能够创造额外的价值，专家的收费永远要比杂家的收费高得多，这是所有购买高价专家品牌时消费者的认知，大量商学院教科书里所教授的商品定价策略在专家品牌面前都没有任何意义，专家品牌的价格优势就是在消费者可以感知的范围内付出额外更高的价值。

这个世界上能够买得起五百万一辆宾利轿车的人并不多，但是愿意掏上千元钱去买一把双立人刀具的消费者比比皆是，他们总是认为一把双立人刀具的寿命和效率远远高于其他品牌，这正是在各个领域中打造专家品牌的高价位策略总是会获得成功的根本原因。

一辆超市里的手推车能有多少价值？

只要足够聚焦，专业化的精神同样可以让手推车的利润远远超过互联网，这就是全球手推车领导品牌旺众向我们所展示出的专业力量。

1918 年，在捷克斯洛伐克的苏台德（Sudetenland）区的一个小镇里，鲁道夫·旺众（Rudolf Wanzl）成立了一家铁匠铺，开始生产基本的农业工具。

但是好景不长，鲁道夫的家庭因为战争被流放，工厂被迫停止。

二次世界大战之后，鲁道夫·旺众和小儿子在德国的莱普海姆（Leipheim）再次成立了自己的金属加工工厂。此时二战后的德国商品短缺，还没有形成真正意义上的超级市场的概念，但是自助购物的趋势已经形成。

1948年，鲁道夫为德国奥格斯堡市的第一个自助购物商店生产了第一批旺众购物篮，这便是旺众公司日后手推车的雏形。一年之后，自助购物开始在德国流行起来，旺众位于莱普海姆的工厂正式开始批量生产购物推车。

1950年，德国的第一家超市在汉堡出现，与当时拥挤的人群一起出现的还有旺众专门为超市购物制作的购物推车，至此旺众开始了打造购物推车王国的传奇。

从法国的戴高乐国际机场到中国的大润发超市，旺众就是高品质购物推车的代名词。拥有半个世纪制造经验的旺众已经在购物车这个不起眼的品类中积累了100多项技术和工艺专利，这让旺众的购物车有了非常高的溢价能力，即便是网上众多的中国低价的模仿产品也根本无法撼动旺众的地位。

今天这家专业聚焦于购物手推车的公司占到了全球手推车市场的50%的市场份额，几乎没有第二品牌可以与之抗衡，在中国剩余的50%的份额都是模仿旺众靠低价支撑的小作坊。

2012年，旺众全球销售额约为5.27亿欧元，从成立之初到现在，旺众已经出售了1亿多辆的手推车，世界上每10辆购物车里就有5辆出自旺众的高品质手推车。

德国是世界上拥有“隐形之王”企业最多的国家，但是隐形之王没有国界和地域之分，全球各国但凡是在一个领域里高度专注的企业都已经或者正在成为“隐形之王”。

听说过YKK吗？

很可能没有，但它跟我们生活却息息相关。YKK是全世界销售量最大的拉链品牌。

这品牌诞生于日本的吉田工业株式会社(英文简称 YKK),这家企业从 100 美元 3 个人的小作坊起步,专注于生产拉链,就是在这样一个根本不起眼的领域中创造了惊人的成绩。

YKK 在全球拥有 68 个生产基地,每年生产拉链 84 亿条,如果将这些拉链连接起来总长度有 190 万公里,足够绕地球 47 圈,高度专注于拉链的 YKK 其财务表现如何呢?

在过去的几年中,YKK 的年均营业额高达 25 亿美元,其生产的拉链已经占据了日本本土市场的 90%,美国市场的 45%,全球市场的 35%,其一家的销售收入就可以抵得上中国所有拉链生产商的总和。

听说过金斯福德(Kingsford)这个品牌吗?

这个品牌所聚焦的产品更是微不足道,它只聚焦于我们烧烤时用的木炭。很不起眼对吗?但它却占据了北美木炭市场的 60% 的份额,每年的销售额达到了 20 多亿人民币。

几乎每个用手机的人都知道苹果,但是很少有人听说过新突思(Synaptics)这个品牌,这是一家位于美国加州的企业,这家企业只专注于智能手机的触摸屏,全球每卖出 10 台手机里就有 6 台手机的触摸屏出自于新突思(Synaptics)公司。今天,这个品牌已经完全主导了全球智能手机的触摸屏市场。

听说过珍宝珠(Chupa Chups)这个品牌吗?

喜欢糖果的女孩和儿童可能会很熟悉,这是一个西班牙的棒棒糖品牌,也是全球棒棒糖绝对的领导者,占据全球棒棒糖市场近 30% 的份额。珍宝珠每年在全球要卖出几亿根棒棒糖,加起来都可以绕地球好多圈了,今天中国市场很多“绕地球”的广告语都是从珍宝珠这个品牌身上学来的。

听说过阿莫林这个名字吗?

阿莫林家族经营的东西更是小得不能再小,就是葡萄酒用的木塞。来自葡萄牙的阿莫林家族是全球最大的酒瓶木塞生产商,全球每四瓶葡萄酒就有一瓶使用的阿莫林木塞,每年生产木塞将近40亿个,已经不知道绕地球多少圈了,而阿莫林家族本身也是葡萄牙的首富。

听说过树研株式会社吗?

如果不是设备加工方面的人士,没有人会注意到这家企业。这是日本本土的一家小型制造企业,他们生产的产品就是手表和相机等设备里常见的小型齿轮,就是这样一家公司,生产的齿轮设备占领了全球超小齿轮市场70%以上的份额。树研生产的超小齿轮用肉眼观察几乎察觉不到,必须借助显微镜才能看到齿轮上的每一个小齿。

尽管这种被称为百万分之一的齿轮目前还没有实际的用途,但是却是一家高度专业化公司的专家级精神的完美体现。

今天,中国的企业界中越来越多的高级管理人员已经开始意识到聚焦的力量,在很多并不为人所关注的领域中也出现了一些隐形冠军。

像占据了中国高端指甲剪70%的圣雅伦,占据了中国国内高端收音机市场70%的德生收音机,它们是中国中小企业的典范,也是当之无愧的中国隐形冠军。

遗憾的是,在一些曾经被誉为隐形冠军的企业中,很多还是走在多元化的道路上,它们的业绩和市场份额完全无法和真正具有专注精神的企业相媲美。

这其中并不涉及太多的技术和管理问题,真正阻碍企业走向高度聚焦的还是观念中根深蒂固的一些误区。例如我们在本书中详细讲解的"整体一定大于局部"的思维,企业"一定要跟上创新"的误区,结果导致了大量企业为了创新而创新最终走向了愚蠢的品牌延伸和多元化。此外,企业面对聚焦战略时始终无法下定决心做减法,这也是大多数企业口号喊得响亮但是却最终不"舍"也最终不"得"的结果。

专注精神不仅仅是战略层面的一种激情的口号,更是企业从战术层面开始忠实履行的一种义务,一旦企业选择了这个方向,专注就必须像信仰一样融入血液。

快速发展的中国企业正在从生产中国货品转向中国品牌,这些中国企业如何从这场角逐中脱颖而出，最重要的工作就是找到一个可以高度聚焦的领域，无论是令人神往的高科技，还是一个小小的牙签一双小小的筷子，几乎在每一个领域中都存在着打造优秀品牌的机会，在中国，每一个看似不起眼的领域中都隐藏着未来中国乃至世界的隐形之王。

千里品牌路，聚焦第一步！